资助项目：国家社科
下企业社会责任群体行为
15CGL021）

管·理·学·论·丛

规范偏离视角下企业社会责任群体行为演化及其管理研究

Research on Group Behavior Evolution and Management of Corporate Social Responsibility from the Perspective of Norm Deviation

李祖兰 —— 著

知识产权出版社
全国百佳图书出版单位
—北京—

图书在版编目（CIP）数据

规范偏离视角下企业社会责任群体行为演化及其管理研究/李祖兰著. —北京：知识产权出版社，2022.3

ISBN 978-7-5130-8063-7

Ⅰ.①规… Ⅱ.①李… Ⅲ.①企业责任—社会责任—研究 Ⅳ.①F272-05

中国版本图书馆 CIP 数据核字（2022）第 019567 号

内容提要

本书以"规范偏离"理论为基础，重点从个体角色、群体互动和社会期望三个层面，借助政府、非营利组织和企业群体等外部力量，深入讨论该如何对 CSR 群体行为演化（个体 CSR 行为偏离—群体 CSR 行为互动—社会信任）进行适当管理，才能实现目前 CSR 群体行为抑制向群体助长局面的转变，并最终提升社会信任，促进和谐社会的建设与发展。

责任编辑：张水华	责任校对：潘凤越
封面设计：智兴设计室·张国仓	责任印制：孙婷婷

规范偏离视角下企业社会责任群体行为演化及其管理研究

李祖兰　著

出版发行：知识产权出版社 有限责任公司	网　址：http://www.ipph.cn
社　址：北京市海淀区气象路 50 号院	邮　编：100081
责编电话：010-82000860 转 8389	责编邮箱：46816202@qq.com
发行电话：010-82000860 转 8101/8102	发行传真：010-82000893/82005070/82000270
印　刷：北京九州迅驰传媒文化有限公司	经　销：新华书店、各大网上书店及相关专业书店
开　本：720mm×1000mm　1/16	印　张：13.75
版　次：2022 年 3 月第 1 版	印　次：2022 年 3 月第 1 次印刷
字　数：220 千字	定　价：78.00 元
ISBN 978-7-5130-8063-7	

出版权专有　侵权必究

如有印装质量问题，本社负责调换。

摘要
ABSTRACT

多年来，企业社会责任（corporate social responsibility，简称CSR）一直是营销领域的研究热点，企业履行社会责任对建设与发展和谐社会起着至关重要的作用。现有文献大多关注单个企业的社会责任行为，很少研究探索企业社会责任群体行为。然而，缺乏社会责任的事件常常从单个企业的问题衍生为行业"群体犯罪"，如三聚氰胺事件、长春长生问题疫苗事件。政府也出台了多项政策法规来监管企业履行社会责任。正式制度约束有其内在局限性，还不能成为企业履行社会责任的有效约束力量（Li and Liu，2010）。这促使我们从规范视角思考企业社会责任个体行为规范偏离（低规范/超规范）如何引发企业社会责任群体行为演化（群体抑制/群体助长）？

为此，我们试图从理论上来寻求答案。从企业社会责任发展的三个阶段、四个研究视角进行梳理后发现，鲜有学者从规范视角研究其对企业社会责任的影响。实际上，社会规范能够有效预测个体态度和引导个体行为，企业的行为决策也不可避免地受到社会规范的影响，以便应对合法性的压力，满足利益相关者的期望。因此，企业的社会责任群体行为将成为单个企业履行社会责任的行为规范，单个企业通过服从—认同—内化CSR行为规范，实现CSR行为从低规范—规范一致—超规范转变；而单个企业社会责任行为偏离也会引发政府、非营利组织以及企业群体等外部力量对个体行为予以惩罚/改

规范偏离视角下企业社会责任群体行为演化及其管理研究

变、诠释/引导、奖励/保障的反应，促使群体 CSR 行为呈现规范形成—规范转入—规范修订固化的演化，最终实现 CSR 群体行为抑制向群体助长的转变，进而提升社会信任，促进和谐社会的建设。

基于此，本书将从规范偏离视角，从个体角色、群体互动和社会期望三个层面，围绕企业社会责任个体行为偏离与企业社会责任群体互动展开五个方面的研究：其一，社会规范在不同层面上的 CSR 行为规范标准及 CSR 行为偏离的分类界定；其二，从企业个体层面研究 CSR 行为偏离的影响过程和机制；其三，从企业群体层面研究 CSR 行为互动竞争的影响过程与机制；其四，从群体和个体层面研究群体规范对个体 CSR 行为的影响过程与机制；其五，从社会层面研究 CSR 群体行为互动对社会信任的影响过程和机制。通过定性和定量研究方法的结合，本书发现一些重要的、有价值的研究结论和管理启示。本书不仅从理论的角度对社会责任相关文献做了有益的补充，而且还从实践的角度对企业社会责任个体行为和群体行为演化提供了指导和参考。下面将对这五个方面的研究内容逐一展开陈述。

1. 社会规范在不同层面上的 CSR 行为规范标准及 CSR 行为偏离的分类界定

在社会规范和行为偏离理论的基础上，从广义和狭义的层面对 CSR 偏离行为进行分类。首先是对 CSR 偏离行为的识别，从统计上的少数群体的一致性来判断；其次是 CSR 行为的偏离方向和偏离强度，按是否远超出/低于群体社会规范的水平、是否远远超出/低于利益相关者的预期来界定，最终将 CSR 偏离行为划分为 CSR 超规范行为和 CSR 低规范行为。

2. 从企业个体层面研究 CSR 行为偏离的影响过程和机制

该研究包括三个方面的内容，个体 CSR 行为特征、企业社会责任行为形成及演化的过程，以及通过案例研究探讨如何实现企业社会责任反应从服从到内化。

（1）根据社会学、政治学、经济学、心理学等不同学科领域中 CSR 个体行为分析的理论模型，总结出 CSR 个体行为特征如下：个体 CSR 不是独立存在的，是在与群体的互动中不断调整和演化的；制度不是企业履行社会责任的唯一理由，企业履行社会责任需要社会规范的作用；企业的社会责任行为在社会化学习过程中不断发生变化；在履行社会责任的过程中，企业并不是被动地对外界环境压力作出反应，而是可以选择的，具有主观能动性。

（2）企业在履行CSR过程中经历了服从—认同—内化的反应。首先通过严格的立法和惩罚机制强迫企业服从企业应该承担社会责任的指导思想，形成规范；其次通过群体规范使企业认同应该承担CSR，将规范转入企业行为，以便和群体保持一致；最后通过激励措施让CSR超规范行为内化为自身的行为，主动解决社会问题，将规范固化。

（3）通过案例研究，以国有企业为例分析个体CSR行为如何实现社会规范从服从到内化。

以武钢集团的CSR行为演化为主线，采用探索性单案例研究方法，通过对比战略性社会责任和反应性社会责任演化过程，采用动态视角，探讨规范视角下国有企业CSR行为演化的过程模型。研究结论表明：企业CSR行为演化受到外部制度环境和社会期望两个方面的社会规范约束。并非所有的社会责任都会与企业的战略进行融合，只有战略性的社会责任才能内化到企业的价值链活动中。战略性社会责任内化的过程经历了服从—认同—内化的路径，是天时、地利、人和综合作用的结果。天时表示外部政策环境已经形成，不服从制度的CSR行为规范会受到严惩；地利表示利益相关者也形成规范预期，企业服从CSR规范是顺势而为；人和表示对企业自身来讲，应对外界压力的反应措施成本太大，企业在寻找出路的过程中，把社会规范融合到企业的战略中才是竞争优势的来源，是利人利己的结果。而反应性社会责任主要是为了利他，企业不求从中得到回报，也不会通过一时的超规范行为来吸引眼球，因此，国有企业会服从或认可社会规范，但是不会内化到企业的价值链活动中。

3. 从企业群体层面研究CSR群体规范形成过程与机制

该研究包括三个方面的内容：群体CSR行为的形成、群体CSR规范的形成和变迁、政企行为共同演化对群体CSR规范形成和变迁的影响。

（1）个体CSR行为和群体CSR行为共同构成了CSR行为的目标系统。在履行CSR行为过程中，群体行为既依赖于个体行为，又制约个体行为，个体CSR行为也不是自发决定的，要遵循群体CSR规范。

（2）群体规范形成有三种解释，由群体经验积累（内在规范）、通过有意识地设计（外在规范）、介于内在规范和外在规范之间；群体规范演化分三个阶段：规范形成阶段、规范转入阶段和规范固化阶段，其中每个阶段的影响因素不同。

（3）我们通过案例研究，从钢铁行业的政企共演化为切入点，分析个体企业规范偏离行为对行业环保责任规范的形成和提升的影响。环保责任规范的形成和转入难度远高于其他社会规范，企业对环保责任规范的反应与政府主体的影响高度相关。钢铁行业是高能耗高污染行业，行业整体服从、内化环保责任规范对可持续发展有重要意义。研究采用演化理论，突破传统的"合法性压力—企业服从规范"的分析范式，通过对钢铁行业环保责任规范转入的纵向案例研究发现，政企环保行为表现出明显的共演化特征，而且这种共演化是环保责任规范形成和提升的基础机制。具体来讲，政府环保行为塑造了企业环保战略行为的方向、选择标准和复制概率，而企业环保行为又影响政府环保行为的选择标准和技术推广，政企环保行为经历了分离、替代、互补的共同演化过程，在行业层次上相互叠加，推动群体环保责任规范的形成和提升。

4. 从群体和个体层面研究群体规范对个体 CSR 行为的影响过程与机制

该研究包括两个方面的内容：群体规范对个体 CSR 行为的影响方式和群体规范对个体 CSR 行为的规范同构效应。

（1）群体规范对个体 CSR 行为的影响可以分为强制性的影响和渐进性的影响两种方式，以及规范性影响和信息性影响两个层面。群体规范对个体 CSR 行为影响主要包括形成社会网络、个体企业内化和规范同构三种情况。

（2）通过实证研究方法讨论群体规范对个体 CSR 行为的规范同构效应，研究认为企业必须与社会规范同构才能获得合法性和必要的生存资源。因此，同一行业的企业社会责任行为表现出一定的相似性。在规范理论的框架下，本书认为群体 CSR 规范通过社会规范和社会网络影响企业社会责任行为，群体 CSR 规范可以防止管理者从事不道德的经营活动，进而提升他们的企业社会责任形象。研究发现群体 CSR 规范与企业社会责任绩效正相关，这充分证实群体 CSR 规范是解释企业社会责任行为的重要因素。同时，我们还发现：当企业的行业竞争期望为正时，群体 CSR 规范与企业社会责任之间的正向关

摘　要

系更为显著；当企业的行业竞争期望为负时，企业更愿意履行社会责任偏离行为。

5. 从社会层面研究群体 CSR 行为互动对社会信任的影响过程和机制

该研究包括两个方面的内容：信任及其形成机制和群体 CSR 互动对社会信任的影响。

（1）社会信任从心理学角度来看是一种尚未发生的确定性行为，从社会学角度看是一种稳定的人际关系，从经济学的角度看是一种理性的选择。从形成机制来看，社会信任受到规范、经验、制度、个体对群体认同感的影响。社会信任的总体特征表现为：熟人关系占主导，总体上呈现出差序格局的形态；职业性的群体规范信任度较低，社会信用体系还需要完善。安全感和公平感是社会信任产生的主要因素。

（2）社会责任和社会信任的因果关系是双向的。已有社会责任方面的研究关注社会信任对企业履行社会责任规范一致行为的影响，认为社会信任通过规范同构让企业履行规范一致的行为。然而，这些研究总体上把企业的微观行为作为结果变量，容易导致社会责任的工具性目标；已有研究很少关注社会责任是如何提升社会信任的，即从社会层面来看，企业履行社会责任到底是为了什么？本部分研究以 2020 年春武汉新冠肺炎疫情期间的群体 CSR 互动事件为背景，研究群体 CSR 互动对社会信任生态系统建设的过程机制。在中国共产党的坚强领导下，群体 CSR 互动在疫情开始阶段主要致力于培养群体成员的责任意识，这有利于群体 CSR 规范的形成，并以制度的形式明确下来。当群体具备这种能力后，会促进个体 CSR 超规范行为的输出，在群体互动中构建生态化的信任系统有利于责任和爱心的传递及复制，这时系统产生的张力和影响力大于任何一个群体产生的价值，同时可以将这种信任复制到其他情境中。同时，社会信任又会促进企业更好地履行社会责任，整体上呈现出一种螺旋上升的趋势。

关键词：企业社会责任；规范偏离；群体 CSR 行为演化；社会信任；

目 录

第一章 导 论 ··· 001
第一节 问题提出和研究意义 ··· 001
一、问题的提出 / 001

二、研究意义 / 002

三、研究目标 / 003

四、创新之处 / 004

第二节 相关文献回顾 ··· 004
一、CSR 相关问题的研究 / 004

二、CSR 个体行为形成与改变的理论研究 / 006

三、CSR 个体行为与 CSR 群体规范的理论研究 / 007

四、研究现状述评 / 008

第三节 研究思路与技术路线 ··· 010
一、研究思路 / 010

二、研究内容 / 013

三、主要观点 / 015

四、结构安排 / 015

第二章　CSR 行为偏离的识别、分类界定和测量 ············· 017
第一节　企业社会责任 ··· 017
　　一、CSR 与 CSR 行为 / 017
　　二、CSR 行为所存在的争议 / 019
　　三、CSR 行为导向 / 021
　　四、CSR 行为主体层次 / 025
　　五、文献述评 / 035
第二节　社会规范与 CSR ·· 036
　　一、社会规范的定义 / 036
　　二、相关研究回顾 / 037
第三节　CSR 与行为偏离理论 ·· 039
　　一、CSR 行为偏离的定义 / 039
　　二、CSR 行为偏离的分类 / 041
　　三、CSR 行为偏离的测量 / 042

第三章　个体 CSR 行为改变与演化 ································· 047
第一节　个体 CSR 行为的特点和类型 ·································· 048
　　一、CSR 行为模式 / 048
　　二、不同视角对 CSR 行为模式的分析 / 049
　　三、企业社会责任行为模式的特点 / 051
第二节　企业社会责任行为的形成过程 ·································· 052
　　一、外因决定论 / 052
　　二、内因决定论 / 053
　　三、三方互惠论 / 054
　　四、企业社会责任行为反应过程 / 055
第三节　企业社会责任行为的改变与演化 ······························· 056
　　一、企业社会责任行为改变的原因 / 056
　　二、企业社会责任行为改变的影响因素 / 057
　　三、CSR 行为演化逻辑关系 / 058
　　四、CSR 行为演化理论框架 / 059

第四节　从服从到内化：武钢集团（现宝武集团）的 CSR 行为演化 …… 062
　　一、引言 / 062
　　二、文献回顾与分析框架构建 / 064
　　三、研究设计 / 068
　　四、案例描述 / 071
　　五、案例讨论 / 075
　　六、研究结论与展望 / 080

第四章　群体 CSR 行为规范的形成 ……………………………… 083
第一节　群体 CSR 行为的形成 …………………………………… 083
　　一、个体 CSR 行为与群体 CSR 行为 / 083
　　二、群体 CSR 规范 / 084
第二节　群体 CSR 规范的形成和演化 …………………………… 085
　　一、群体 CSR 规范的内涵 / 085
　　二、群体 CSR 规范的形成 / 088
　　三、群体 CSR 规范的演化 / 091
第三节　群体规范与群体 CSR 行为 ……………………………… 093
　　一、群体规范与群体 CSR 行为 / 093
　　二、CSR 低规范行为的治理 / 095
第四节　政企行为共演化对群体 CSR 规范形成的影响 ………… 097
　　一、问题提出 / 097
　　二、文献回顾 / 099
　　三、研究设计 / 104
　　四、案例分析 / 109
　　五、结论与讨论 / 116

第五章　从群体到个体：企业社会责任的传导机制 ……………… 120
第一节　群体规范对个体 CSR 行为的影响 ……………………… 120
　　一、群体 CSR 行为与个体 CSR 行为的不一致性 / 120
　　二、群体规范对个体 CSR 行为的影响方式 / 122

第二节　群体 CSR 目标与个体 CSR 目标的协调机制 ……………… 124
　　一、企业效能 / 124
　　二、企业效能的作用机理 / 125
　　三、群体效能的实现 / 126
第三节　群体 CSR 行为对个体 CSR 行为的影响 …………………… 127
　　一、个体 CSR 行为的固化过程 / 127
　　二、群体 CSR 规范对个体 CSR 行为的引导 / 127
　　三、群体规范对个体 CSR 行为的改变 / 128
第四节　群体规范对个体 CSR 行为的规范同构效应研究 ………… 130
　　一、引言 / 130
　　二、文献回顾与研究假设 / 132
　　三、研究设计 / 137
　　四、实证结果与分析 / 140
　　五、结论与影响 / 148

第六章　群体 CSR 行为互动对社会信任的影响 ……………………… 151
第一节　信任及形成机制 …………………………………………… 152
　　一、信任的内涵 / 152
　　二、信任的形成机制 / 154
　　三、社会信任的总体特征 / 156
第二节　信任危机与制度信任 ……………………………………… 157
　　一、信任危机 / 157
　　二、制度信任 / 159
第三节　群体 CSR 互动与社会信任 ………………………………… 160
　　一、社会信任对社会责任的影响 / 161
　　二、群体 CSR 互动对社会信任的影响 / 163

第七章　结论和建议 …………………………………………………… 173
第一节　研究总结 …………………………………………………… 173
第二节　理论贡献和管理启示 ……………………………………… 177

一、理论贡献 / 177
　　二、管理启示 / 181
第三节　研究局限和未来研究方向 …………………………………… 183
　　一、研究局限 / 184
　　二、未来研究方向 / 185

参考文献 ………………………………………………………………… 188

资料索引 ………………………………………………………………… 204

后　记 …………………………………………………………………… 205

第一章 导 论

本书从行为"规范偏离"的视角,重点从个体角色、群体互动和社会期望三个层面,深入探讨如何才能实现企业社会责任(corporate social responsibility,简称CSR)从低规范行为逐步向规范一致或超规范行为转变,以及如何才能实现目前CSR群体行为抑制向群体行为助长局面转变,最终形成良性的CSR群体行为互动循环,提高社会信任,并促进和谐社会的建设与发展。本章内容以作者所立项的国家社会科学基金青年项目申报书为基础进行修改而完成,主要说明本书研究的总体思路和内容体系,为后面章节的展开提供方向和铺垫。

第一节 问题提出和研究意义

一、问题的提出

我国"十二五"和"十三五"发展规划纲要指出:作为社会系统的重要组成部分、市场经济的主体和社会进步的推动者,企业履行社会责任对和谐社会的建设与发展起着至关重要的作用。然而,根据中国社科院发布的《企业社会责任蓝皮书(2018)》[1]中显示的CSR得分来看,近10年来,中国企

---

[1] 资料来源:http://m.cnr.cn/news/20181124/t20181124_524425010.html,搜索时间2020.11.11。

业300强CSR指数整体呈增长趋势，从2009年的15.2分上升到2018年的34.4分，卓越者（80分以上）始终占少数（33家），而旁观者（20分以下）总是占大多数（超40%），整体仍处于起步（20~40分）阶段。

面对这样的结果和局面，我们不禁深思：若是站在国家和整个社会发展的层面来看，究竟该如何打破这种CSR旁观者占大多数的局面，让更多的企业更好地履行社会责任呢？究竟该如何对CSR群体行为演化进行宏观管理才能提高CSR的表现呢？究竟该如何通过CSR群体行为的互动来促进和谐社会的构建呢？为此，我们试图从现有CSR相关研究中找到答案，结果发现以往学者：

（1）对CSR行为分类的研究大多依据Carroll（1991）金字塔层级（经济、法律、伦理、道德和慈善）模型，较少从"规范偏离"视角将CSR行为从角色、群体和社会规范三个层面进行划分来打破CSR旁观者占大多数的局面，让企业更好地履行社会责任。

（2）对CSR行为的研究大多立足于消费者与企业间的视角，集中于CSR个体行为的分析；较少从政府、非营利组织、企业群体等外部力量研究CSR群体行为演化的过程和机制，进而实现对CSR群体行为的宏观管理、提高CSR表现。

（3）对CSR行为结果变量的研究大多集中于企业个体层面的经济利益和社会效益，较少研究如何通过CSR群体互动来提升社会信任并促进和谐社会的建设与发展。

由此可见，以往学者对上述问题的回答依然是不够充分的。鉴于此，不同于以往的研究，本书拟以"规范偏离"理论为基础，重点从个体角色、群体互动和社会期望三个层面，借助政府、非营利组织和企业群体等外部力量，深入讨论该如何对CSR群体行为演化（个体行为偏离—群体行为互动）进行适当管理，才能实现目前CSR群体行为抑制向群体助长局面的转变，并最终提升社会信任、促进和谐社会的建设与发展。

二、研究意义

（一）理论价值

（1）以规范偏离为理论基础，结合个体角色、群体互动和社会期望三个层面，将CSR行为划分成低规范、规范一致和超规范三种行为，拓展了CSR行为分类、界定及测量方面的研究。

（2）借助政府、非营利组织和企业群体等外部力量对CSR个体行为偏离进行微观管理，实现CSR低规范—规范一致—超规范行为转变，是对CSR行为改变策略的丰富和完善。

（3）借助政府、非营利组织和企业群体等外部力量对CSR群体行为演化进行宏观管理，实现CSR行为由群体抑制向群体助长局面的转变，是对CSR群体行为互动过程和机制的深化和补充。

（4）以社会信任的提升为目标，将CSR影响的结果变量直接从消费者和企业层面提升至整个社会的层面，是对CSR影响结果变量的丰富与拓展。

（二）实践意义

（1）通过对CSR行为规范及其偏离的研究，可以从个体角色、群体互动和社会期望三个层面，帮助政府、非营利组织和企业群体识别并深刻理解CSR行为规范，为CSR个体行为偏离的微观管理以及CSR群体行为演化的宏观管理提供参考与指导。

（2）借助政府、非营利组织和企业群体等外部力量，通过对CSR个体行为偏离微观管理的研究实现CSR低规范—规范一致—超规范行为的转变，为CSR群体行为的良性互动打下基础，并提供思路和方向。

（3）借助政府、非营利组织和企业群体等外部力量，通过对CSR群体行为演化的宏观管理实现CSR行为由群体抑制向群体助长局面的转变，为提高社会信任、促进和谐社会的构建营造良好的氛围。

三、研究目标

本书拟以"规范偏离"理论为基础，重点从个体角色、群体互动和社会期望三个层面解决以下四个问题：

（1）不同层面CSR的行为规范是什么？如何对CSR行为偏离进行分类、界定和测量？

（2）借助政府、非营利组织和企业群体等外部力量，如何对CSR个体行为偏离进行微观管理，实现CSR低规范—规范一致—超规范行为的转变？

（3）借助外部力量，如何对 CSR 群体行为演化进行宏观管理，实现 CSR 行为由群体抑制向群体助长局面的转变？

（4）研究如何通过 CSR 群体行为的良性互动，提高整个社会的信任，并促进和谐社会的建设与发展？

四、创新之处

（1）从 CSR 行为分类来看，结合个体、群体和社会三个层面的规范，提出 CSR 行为偏离概念，并将其划分为低规范、规范一致和超规范行为，拓展了 CSR 行为分类、界定及测量方面的研究。

（2）从 CSR 个体行为偏离微观管理来看，借助政府、非营利组织和企业群体等外部力量，对 CSR 低规范、规范一致和超规范行为分别给予惩罚和改变、进行诠释和引导，以及提高奖励和保障。最终使 CSR 行为由低规范—规范一致—超规范转变，是对 CSR 行为改变策略的丰富和完善。

（3）从 CSR 群体行为演化的宏观管理来看，借助政府、非营利组织和企业群体等外部力量，按照服从—认同—内化的基本逻辑，在经历规范形成—规范转入—规范修订固化之后，使 CSR 群体行为抑制转向群体助长的良性互动局面，是对 CSR 群体行为互动过程和机制的深化和补充。

（4）从 CSR 群体行为影响结果来看，以社会信任提升为目标，将 CSR 影响的结果变量直接从消费者和企业层面提升至整个社会的层面，是对 CSR 影响结果变量的丰富与拓展。

第二节　相关文献回顾

一、CSR 相关问题的研究

多年来，CSR 都是理论研究和实践关注的热点话题，所取得的丰硕成果主要体现在以下五个方面。

第一章 导 论

（一）CSR 的定义及内涵

代表性观点有：从社会绩效视角看，管理的义务不仅是为了保护和改善企业的利益，还包括整个社会的福利（Davis et al., 1975）。从利益相关者视角看，企业在创造利润、对股东负责的同时，还要承担对员工、消费者、社区和环境的社会责任（Brown and Daccin, 1997）。而普遍认可的还是 Carroll (1991) 提出的 CSR 金字塔模型：经济、法律、伦理、道德和慈善责任。

（二）CSR 与财务绩效间的关系

关于 CSR 与财务绩效间的关系，学界已争论了半个多世纪，由于样本、行业及研究方法的不同，所得出的结论也有很大的差异。研究显示：有 12 个结论认为两者是正向关系，有 1 个结论认为两者是负向关系，有 8 个结论认为两者没有关系（Luo and Bhattacharya, 2006）。而本书认为单纯从财务绩效来看 CSR 是片面的，因为它忽视了社会层面的绩效。

（三）CSR 的驱动因素

主要体现在两个方面：外部主体需求和内部价值取向。前者重点分析与企业有关联的各种资源提供者或利益相关者，尤其是消费者的期望和要求。后者着重分析企业家及其行为对社会责任的推动和影响。

（四）CSR 的沟通策略

整体来看，关于 CSR 沟通策略的研究相对较多。例如：有学者从 CSR 与业务领域的匹配、行为发生的时机以及消费者对 CSR 行为动机的感知（利己/利他），细致深入地对沟通策略进行了研究（Karen et al., 2006）。还有学者研究了消费者对 CSR 的伪善感知（言行是否一致），并从反应（主动/被动）、信息（抽象/具体）和嵌入免疫三个方面探讨了消除伪善感知的沟通策略（Wagner et al., 2009）。

（五）CSR 的影响结果

主要体现在两个层面：企业和消费者。前者主要指 CSR 对企业品牌资产、社会声誉、公司认同、市场价值等方面的影响（Berens et al.，2005）；后者主要指 CSR 对消费者满意、忠诚及购买意向等方面的影响（Lichtenstein et al.，2004）。在此过程中，有学者还研究了消费者（如 CSR 支持、道德身份认同等）和公司层面（如规模大小、CSR 和公司能力匹配等）相关因素的调节（Sen and Bhattacharya，2001）。

二、CSR 个体行为形成与改变的理论研究

（一）内因决定论

内因决定论认为 CSR 个体行为是由企业的认知、态度、动机等心理特征决定的，是由企业的内部价值取向决定的（弗洛伊德，1913）。CSR 的内因驱动主要体现在经济激励和利他主义。经济激励表现为，CSR 能提高企业的知名度和品牌形象，从而获得竞争优势和长期的财务绩效回报。利他主义表现为企业高层管理团队，特别是企业家精神和企业伦理文化。企业家作为企业的灵魂人物，其道德责任价值观对 CSR 的政策方向起着决定性的作用（黄静、王新刚，2011），直接决定企业是否履行社会责任，以及在多大程度上履行社会责任（贾兴平、刘益，2014）。

（二）外因决定论

外因决定论认为 CSR 个体行为是对外界环境压力的被动反应，通过遵从群体规范和社会期望，企业能获取合法性和生存需要的社会资源。根据制度理论（Scott，1995），企业不会主动从事社会责任行为，除非受到外部制度约束。制度对个体 CSR 的影响分为两种，一种是通过外显的价值观念和群体互动过程影响企业认知和规范维度的合法性；另一种是通过强化（正强化和负强化）来引导和改变 CSR 个体行为。消费者支持是企业重要的外部环境，当消费者更愿意支持承担 CSR 的企业、惩罚不承担 CSR 的企业时，企业受到消费者决策行为的刺激后会做出履行 CSR 行为的反应（童泽林等，2016）。

（三）互惠理论

CSR 个体行为受到内部价值取向和外部环境压力的影响，具体来说就是

环境、自身条件和自身 CSR 行为三个方面的相互作用（班杜拉，1977）。互惠理论认为 CSR 个体行为依赖于企业的自身条件、外界环境的强化，以及榜样企业 CSR 行为在社会学习中的作用。通过社会学习改变 CSR 个体认知就可能引导和改变 CSR 个体行为方式。正向的社会化学习能改变企业的 CSR 行为，例如：当学习到企业履行 CSR 行为能够提升产品的竞争力、企业的声誉时，企业会积极履社会责任（Berens et al.，2005；费显政等，2010）；负向的社会化学习也能改变企业的 CSR 行为，例如：当学习到企业主动披露 CSR 信息后地方政府会"投桃报李"，对企业放松税收执法，非国有企业可能更积极地披露信息向地方政府寻租（邹萍，2018）。

三、CSR 个体行为与 CSR 群体规范的理论研究

CSR 个体行为与 CSR 群体规范的关系是经济社会学、制度经济学、公共选择学和利益相关方理论的研究内容之一，它们从不同的视角解释为什么 CSR 个体行为会遵从 CSR 群体规范。

（一）经济社会学视角

经济社会学在解释 CSR 个体行为与 CSR 群体规范的关系时认为，企业是理性"经济人"，应当追求经济目标，受"无形之手"的引导。然而，市场在资源配置的过程中会产生市场失灵问题，因此，企业应在理性选择的基础上，将社会目标融合进来，追求企业经济目标和社会目标的融合（肖红军等，2019）。经济社会学家认为市场引导主要靠价格体系，而社会利益则为供求平衡（吴帆，2005）。价格体系用于引导 CSR 个体行为，CSR 群体规范则是最终达到一般均衡的过程。

（二）制度经济学视角

制度经济学派认为，企业的行为嵌入社会环境中，受到外部群体（社会）规范的引导和控制，企业个体的"自然行为"转变为群体的"规范行为"。制度是由许多企业个体在长期的经验积累的基础上形成的，一旦相互作用形成一种固定的期望或行为模式时，制度或规范就产生了。

根据新制度理论，制度被定义为企业群体的游戏规则，或者为企业间行

为互动而设定的约束,制度包括正式制度(如法律、法规和政策)和非正式制度(如价值观和信仰、道德规范和行为准则)。企业不仅需要提高市场中的经营效率,还必须在非市场环境中获得社会合法性,才能生存和发展。

组织合法性是指企业所持有或反映在其活动中的社会价值观与在其运作的社会环境中可接受的行为准则之间的一致性(Dowling and Pfeffer,1975)。因此,合法性的核心要素包括满足和符合群体的规范、价值观和规则所设定的期望(Deephouse and Carter,2005;Hirsch and Andrews,1984)。基于新制度和合法性理论,企业通过满足外部环境对它的期望(如群体规范)改变自身的 CSR 行为,以获取社会合法性和生存所需的资源(Deegan,2002)。

(三)公共选择学视角

公共选择学派认为,企业个体选择和群体选择是两种不同的机制。企业个体选择更偏向利己动机,群体选择更偏好利他动机。根据《集体行动的逻辑》,企业的理性行为往往无法产生群体的理性结果;相反,企业的利己行为常常导致对群体不利甚至有害的结果,如三聚氰胺事件。因此,需要制定群体规范来制约企业个体的理性行为(Mancur Olson,2018)。同样,企业个体 CSR 行为也需要受到群体 CSR 规范的指引。

(四)利益相关方理论

利益相关方理论认为,企业的利益相关方不仅影响企业的价值创造,而且参与企业的价值创造。除了股东,利益相关方还包括员工、消费者、竞争者、供应商、政府部门及环境(Clarkson,1995;肖红军等,2019)。经济目标不应该是企业的唯一目标,企业应该基于多元利益相关方为社会创造价值。消费者对参与解决社会问题的企业评价越高,企业越会通过改变自身 CSR 行为以满足利益相关者的期望。而群体 CSR 规范则是在满足经济目标的同时为社会环境产生正的外部性以满足社会期望。

四、研究现状述评

尽管以往学者关于 CSR 的研究已经取得了丰硕的成果,但在以下几个方面依然存在着不足和局限。

（1）对CSR行为分类的研究大多依据Carroll的金字塔层级（经济、法律、伦理、道德和慈善）模型，较少针对CSR行为"规范偏离"，从个体角色、群体互动和社会期望三个层面进行系统研究。可是CSR的两个前提条件（社会契约和道德代理）却指出：履行CSR行为的过程和结果，要符合社会规范和期望（Abagail and Donald，2001）。而社会规范和期望究竟是什么却并不清晰。尽管在《企业逼捐现象剖析：是大众无理还是企业无良》一文中，黄敏学等（2008）对CSR行为规范进行了探索研究，但并未得出系统的CSR行为规范体系。

为此，本书根据规范偏离理论，结合个体角色、群体互动和社会期望三个层面的行为规范，进一步将CSR行为划分为三种类型：低规范行为（远远低于现有规范标准）、规范一致行为（符合现有规范标准）、超规范行为（远远超出现有规范标准）。

（2）对CSR行为主体层面的研究大多从消费者与企业间的视角，集中于CSR个体行为分析；较少从政府、非营利组织、企业群体等外部力量的影响研究CSR群体行为内在的演化过程和机制。但是，无论是从利益相关者理论来看，还是从社会三元结构理论（政府、非营利组织和营利组织）来看，消费者只不过是其中一个主体，并不能对CSR行为的驱动和影响起到完全决定的作用。因此，无论是对CSR低规范行为的惩罚与改变、CSR规范一致行为的诠释和引导，还是对CSR超规范行为的激励与保障，消费者群体的力量都是有限的。所以，需要借助于政府、非营利组织、企业群体间的相互影响才能实现CSR低规范行为向规范一致行为，甚至是CSR超规范行为的转变，才能打破目前CSR群体抑制的局面，形成良性的互动竞争，最终有利于整个社会信任的提升，以及和谐社会的构建。

（3）对CSR行为结果变量的研究大多集中于企业个体层面的经济利益和社会效益；较少有人将其上升至社会层面，研究CSR群体行为对社会信任的提升，乃至整个和谐社会的构建所产生的影响。从三聚氰胺到瘦肉精，从地沟油到染色馒头，从企业被逼捐到空口慈善秀和诈捐……这一连串的连锁反应早已大大降低了公众的社会信任感（沈杰，2011）。可是针对财富价值的创造者和社会经济的主体，从整个社会的系统思维出发，究竟该如何对CSR个体行为偏离进行管理呢？又该如何通过CSR群体行为的演化来提高公众的社会信任，最终促进和谐社会的构建呢？显然，现有的研究未能给出清晰明确的答案。

本书拟从行为"规范偏离"的视角，重点从个体角色、群体互动和社会期望三个层面，借助政府主导、非营利组织引导和企业间的相互比较等力量，采取惩罚、引导与奖励的方式，按照服从、认同和内化的逻辑，深入讨论如何才能实现 CSR 低规范行为，逐步向规范一致或超规范行为的转变，以及如何才能实现目前 CSR 群体行为抑制向群体行为助长局面的转变，最终形成良性的 CSR 群体行为互动循环，提高整个社会的信任，并促进和谐社会的建设与发展。

第三节　研究思路与技术路线

一、研究思路

本书从规范偏离视角，从个体角色、群体互动和社会期望三个层面，围绕 CSR 个体行为输出对 CSR 群体行为影响的过程和机制展开论述。为此，本书的理论研究思路如图 1-1 所示。

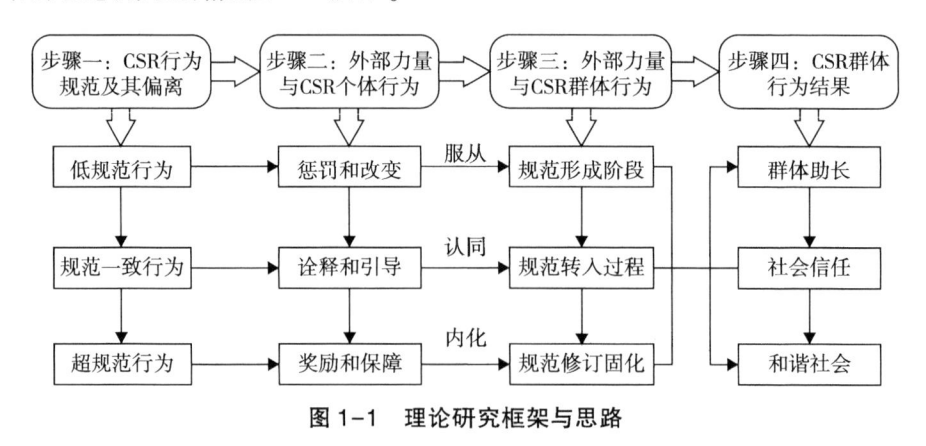

图 1-1　理论研究框架与思路

（一）研究逻辑

该思路的基本逻辑是：第一，根据规范偏离理论，从个体角色、群体互动和社会期望三个层面着手，进一步将 CSR 行为划分为三种类型——低规范行为（远远低于现有规范标准）、规范一致行为（符合现有规范标准）、超规范行为（远远超出现有规范标准）。

第二，研究借助外部力量的影响，对 CSR 个体行为偏离进行微观管理。根据规范偏离理论，要想实现 CSR 个体行为从低规范—规范一致—超规范行为的转变，就要通过政府、非营利组织和营利组织等外部力量的刺激（惩罚/诠释/激励）建立条件反射，强化企业行为。具体为：对 CSR 低规范行为示以惩罚与改变，对 CSR 规范一致行为进行诠释和引导，对 CSR 超规范行为予以激励与保障。

第三，研究借助外部力量的影响，对 CSR 群体行为演化进行宏观管理。根据凯尔曼（Kelman, 1961）提出的态度变化的三阶段过程说（服从—认同—内化），企业在履行 CSR 的过程中，首先必须通过严格的立法和惩罚机制强迫企业服从企业应该承担社会责任的指导思想，形成规范；其次使企业认同应该承担 CSR，将规范转入企业行为；最后通过激励措施让 CSR 超规范行为内化为自身的行为，主动为解决社会问题做出努力，将规范进行固化。

第四，研究 CSR 群体互动对社会信任和和谐社会建设的影响。通过 CSR 群体选择和规范构建，打破目前 CSR 群体抑制的局面，促进 CSR 群体行为的助长；最终有利于整个社会信任的提升，以及和谐社会的构建。

（二）研究步骤

步骤1：主要研究三个层面的 CSR 行为规范及其偏离。具体从个体、群体和社会规范三个层面探讨 CSR 行为规范具体是什么，然后以此将 CSR 行为划分为低规范行为、规范一致行为和超规范行为，在此基础上对营销实践中的 CSR 行为偏离进行识别、分类、界定及量表开发。

研究方法：本部分主要采用文献研究、扎根理论、焦点小组和专家访谈、关键事件法、内容分析和问卷调查等方法。首先，根据文献研究和扎根理论提炼 CSR 行为偏离的内涵；其次，结合关键事件，采用焦点小组和专家访谈法进行量表开发的定性研究；最后，对访谈结果进行内容分析，设计问项，采用问卷调查对其信度和效度进行检验。

步骤2：主要研究借助外部力量的影响对 CSR 个体行为偏离进行微观管

理。对不同层面的 CSR 个体行为偏离（低规范、规范一致、超规范）的企业，借助政府、非营利组织以及企业群体等外部力量，采取何种方式分别给予惩罚/改变、诠释/引导以及奖励/保障，实现 CSR 低规范—规范一致—超规范行为的转变。

研究方法：本部分主要采用探索性单案例研究方法。第一，本研究旨在回答企业 CSR 行为"如何"演化，属于回答"如何"问题的范畴。本研究采用的是动态过程的视角，展现一个动态的 CSR 演化过程，因此，适用于案例研究方法（崔淼，2013；Yin，2002）。第二，在不同阶段，企业不同类型的社会责任演化路径，并找出不同类型社会责任的驱动因素，属于文献没有涉及或深入解答的问题，因此，需要采用探索性案例研究方法（陈晓萍、徐淑英等，2008；崔淼，2013）。第三，由于本研究深入探索的需要，要求有丰富的案例数据做支持，因此，采用单案例为基础进行分析（Yin，2002）。

步骤 3：主要研究借助外部力量的影响对 CSR 群体行为演化进行宏观管理。在外部监管力量的影响下，按照服从—认同—内化的思路，结合 CSR 三个层面的行为规范，研究如何借助政府、非营利组织和企业群体间的力量，才能促使 CSR 行为规范形成—规范转入—规范修订固化的演化，并最终实现 CSR 群体行为抑制向群体助长的转变。

研究方法：本研究采用纵向案例研究方法。第一，本研究旨在回答政企社会责任行为的共演化规律，属于回答"如何"问题的范畴，适用案例到理论的分析性归纳（江鸿、吕铁，2019）。第二，行为共演化是动态的过程，在规范形成的不同阶段，政企行为的互动和反馈方式会发生变化。纵向案例分析通过厘清关键事件和行为演化的关系，有利于识别政企 CSR 行为共演化的互动机理。第三，本案例研究包括一个主分析单元及多个子分析单元（Scholz and Tietje，2002），以主分析单元为出发点，提出研究问题，但不仅是对主分析单元的整体考量，而且要对子分析单元进行分析，最终回归主分析单元，得出研究结论，适合探讨不同层次主体互动演化对关键变量影响的现象。本研究跨越了行业和行为主体两个层次，行为主体的出发点和角色都有异质性，可以采用案例研究方法。

步骤 4：主要研究 CSR 群体行为互动对社会信任及和谐社会建设的影响。在上述三个步骤的基础上，探索 CSR 群体行为抑制/助长对社会信任降低/提升的过程和机制,从国家和整个社会发展的层面来看,该如何对 CSR 群体行为及其偏离进行宏观管理,以促进和谐社会的建设与发展?

研究方法:本部分主要采用案例研究方法。首先,借助案例分析,研究 CSR 群体行为互动对社会信任影响的过程和机制。其次,采用事例法来增加对该结论解释的说服力,运用理论分析使最终的推理更加严谨。最后,采用诠释法对前面得出的研究成果进行总结、概化和系统解释,为"规范偏离视角下,对 CSR 群体行为的演化如何进行管理,才能提高社会信任,促进和谐社会的建设与发展"这一根本性问题提供治理思路。

二、研究内容

(一)不同层面 CSR 行为规范标准,对 CSR 行为偏离进行分类、界定和测量

CSR 行为规范主要体现在三个层面:个体角色、群体互动和社会期望(David,2006),但这三个层面的 CSR 行为规范的标准是什么,目前来看是不清晰的。而只有当三个层面的 CSR 行为规范体系明确之后,才能进一步对 CSR 行为偏离进行识别、分类界定和测量。基于此,本部分在弄清楚各个层面 CSR 具体行为规范之后,将依据该标准对 CSR 行为进行分类。正如图 1-1 所示,当 CSR 行为符合每个层面的具体标准时,称为 CSR 规范一致行为;当 CSR 行为与每个层面的具体标准不一致时,称为 CSR 规范偏离行为。然后根据偏离的方向将其划分为低规范行为和超规范行为。最后,根据探索性分析发展可测量的问项,对每个层面的 CSR 超/低规范行为进行测量。

(二)在上述研究基础上,借助政府、非营利组织以及企业群体等外部力量,探讨如何对 CSR 个体行为偏离进行微观管理

因为企业在社会责任价值观念方面存在显著差异,并且 CSR 行为规范较主观、抽象,难以清晰界定,所以在履行 CSR 行为过程中,个别企业难免会出现规范偏离行为。因此,需要借助政府、非营利组织和企业群体等力量的影响,才能实现 CSR 行为由低规范—规范一致—超规范的转变。基于此,本部分主要研究:

(1) 从不同层面来看，个体 CSR 行为模式及其特点是什么？企业社会责任的形成过程由什么因素来决定？

(2) 企业社会责任行为改变的原因是什么？个体企业社会责任演化的基本逻辑是什么？个体 CSR 行为、外部力量、群体 CSR 行为和社会信任之间的逻辑关系是什么？

(3) 从企业社会责任演化视角来看，如何实现企业社会责任从服从—认同—内化的转变？企业内化社会责任规范对实现企业规范一致行为至关重要，那么，在外部力量的推动下，企业如何才能内化 CSR 规范？

(三) 在上述研究基础上，借助政府、非营利组织以及企业群体等外部力量，探讨如何对 CSR 群体行为演化进行宏观管理

结合 CSR 三个层面的行为规范，研究如何借助政府、非营利组织和企业群体等力量，才能促使 CSR 行为规范形成—规范转入—规范修订固化的演化，并最终实现 CSR 群体行为抑制向群体助长的转变。基于此，本部分主要研究：

(1) 个体 CSR 行为是群体 CSR 行为的基础，但不是 CSR 行为的简单叠加，那么群体 CSR 行为与个体 CSR 行为的不一致在哪里？

(2) 针对 CSR 超/低规范行为，该采取怎样的奖励/惩罚等方式，使该企业内化三个层面的 CSR 行为规范，并形成 CSR 群体助长良性循环，促使 CSR 行为规范不断修订和固化？

(3) 如何借助政府、非营利组织和企业群体间的力量促使群体 CSR 行为规范形成和提升？

(四) 在上述研究基础上，探讨如何通过 CSR 群体行为的良性互动来提升整个社会的信任，并促进和谐社会的建设与发展

此部分主要以社会信任的提升、和谐社会的建设与发展为目标，从 CSR 群体行为互动的层面探讨对整个社会的信任，以及和谐社会构建的影响。基于此，本部分主要研究：

(1) 什么是社会信任？社会信任的形成机制是什么？

(2) 负向来看，主要探讨如何治理 CSR 低规范行为或群体抑制局面给整

个社会信任所带来的信任缺失。

（3）正向来看，主要研究如何通过 CSR 群体行为的良性互动来提升整个社会的信任，进而加快和谐社会的建设与发展。

三、主要观点

（1）CSR 行为规范的存在会影响 CSR 个体和群体行为的发生。在个体、群体和社会三个层面，CSR 行为存在规范偏离，即 CSR 超/低规范行为。企业个体在不同层面的 CSR 行为偏离会直接影响到群体中其他企业对 CSR 的态度和行为。

（2）可借助政府、非营利组织和企业群体间的力量对 CSR 个体行为偏离进行微观管理。对 CSR 低规范、规范一致和超规范行为而言，可分别给予惩罚和改变、进行诠释和引导、提高奖励和保障等方式，最终实现 CSR 低规范—规范一致—超规范行为的转变。

（3）可借助政府、非营利组织和企业群体间的力量对 CSR 群体行为演化进行宏观管理。按照服从—认同—内化的基本逻辑，结合 CSR 三个层面的行为规范，在经历 CSR 规范形成—规范转入—规范修订固化之后，形成 CSR 群体行为抑制转向群体助长的良性互动局面。

（4）CSR 群体行为互动对社会信任以及和谐社会的构建存在着正负两个方向的影响。即 CSR 群体行为抑制/助长会显著降低/提升社会信任，并最终减缓/加快和谐社会建设与发展的进程。

四、结构安排

本书的结构安排主要有五个方面的内容：第一，从不同层面 CSR 行为规范标准入手，对 CSR 行为偏离进行识别、分类界定和测量，为 CSR 个体行为偏离的管理提供理论基础。第二，探讨不同学科领域对 CSR 个体行为模式的分析，建立 CSR 个体行为模式的改变机制，为外部力量影响 CSR 个体行为偏离提供理论依据，即个体行为是可改变、可引导和可规制的；以及如何实现企业 CSR 规范从服从到内化；第三，通过对 CSR 个体行为进行规范管理，分析群体 CSR 规范的形成、政府等外部力量在群体 CSR 规范形成过程中的作用；第四，群体 CSR 规范如何影响个体企业 CSR 行为和企业社会责任的传导机制；第五，从 CSR 个体偏离行为出发，解释群体 CSR 互动如何推动社会信任的构建。

全书共分为七章：

第一章导论主要阐述了问题提出的理由和过程，回顾和评价以往文献的研究成果，建立了全书的理论分析框架，提出群体助长是在群体理性的选择下通过社会规范约束 CSR 个体行为而实现社会目标的过程。

第二章从不同层面 CSR 行为规范标准入手，对 CSR 行为偏离进行识别、分类界定和测量，把 CSR 行为偏离分为低规范—规范一致—超规范行为，并给出测量标准。

第三章分析了个体 CSR 行为演化的规律。通过分析不同学科领域对 CSR 个体行为分析的理论模型，提出正式制度并不是唯一能激发 CSR 个体行为的原因；在 CSR 个体行为的影响因素中，企业的认知因素、环境因素和学习因素都会影响其 CSR 行为选择。为了进一步论证个体 CSR 行为的可引导性、可规制性和可改变性，本章通过案例分析方法，归纳和总结出企业 CSR 行为如何实现从服从到内化的转变。

第四章讨论群体 CSR 规范的形成和变迁。本章认为群体规范能减少个体企业的 CSR 投机行为，群体 CSR 行为比个体 CSR 更理性，群体对个体的功能主要通过群体规范起作用。规范如何形成及变迁的过程也是群体约束个体的过程。本章通过案例分析方法研究政府和企业共演化对群体 CSR 规范形成和变迁的影响。

第五章探讨 CSR 个体行为与群体 CSR 行为影响的社会传导机制。群体规范建立后会对个体行为产生各种影响。本章讨论从群体到个体的社会影响机制：信息影响和规范影响。群体规范介入到 CSR 个体行为的形成和再形成过程中，进而作用于个体 CSR 的行为选择。最后，本章通过实证研究证实群体 CSR 规范对个体 CSR 行为的规范同构效应，以及行业竞争期望对上述规范同构效应有调节作用。

第六章探讨群体 CSR 互动对社会信任的影响，通过对武汉新冠肺炎疫情期间的群体 CSR 互动事件分析，提出群体 CSR 互动推动社会信任的提升。

第七章是结论和建议。

第二章 CSR行为偏离的识别、分类界定和测量

不同领域的专家学者对企业社会责任进行了上百年的研究，他们从不同的方面取得了丰硕、显著的成就，并闪烁着智慧的光芒。在此基础上，本章第一节首先阐述 CSR 和 CSR 行为的定义及内涵，其次梳理以往学者对 CSR 行为实施的争论，最后从 CSR 个体行为和 CSR 群体行为两个层面对企业社会责任研究成果予以评价分析。第二节讨论社会规范与 CSR，对社会规范的定义和相关研究进行梳理与分析；第三节讨论规范偏离与 CSR，首先界定为企业群体，然后结合行为偏离的定义对 CSR 行为偏离进行分类和测量。

第一节　企业社会责任

一、CSR 与 CSR 行为

（一）CSR 定义

学术界普遍认为，现代企业社会责任的研究真正开始于 1953 年鲍恩（Bowen）发表《商人的社会责任》之后。当年，鲍恩率团队对美国企业考察之后，认为制订计划、执行政策或者依据社会目标和价值采取行动都是商人的义务，是他们必须遵守的。商人们应该从更广泛的视角对他们经营行为的后果负责，而不是单纯地考虑他们财务报表当中的损益表。以此为基础，20

世纪 60 年代，学者们对企业社会责任产生了极大的研究兴趣。有学者认为：企业高层领导的经营管理决策至少要超出他们的直接经济利益，并提出与社会权力对等的社会责任等观念（Davis，1960）。换句话来说，就是企业对社会的影响越大，就应该承担越多的社会责任。之后，McGuire（1963）给出了更加明确清晰的定义，认为企业社会责任不仅指应该承担经济和法律方面的义务和责任，还应该对社会问题承担部分责任。❶ 实际上，言外之意就是企业家应该认识到企业和社会间的紧密联系，希望企业群体在追逐利润的时候，不要忘记企业的行为不仅影响到具体的利益相关者，而且还可能影响到整个社会系统（Walton，1967）。

随后，学者们在前人的基础上，根据不同的理论从不同的视角对 CSR 进行了定义，代表性的观点有：企业社会责任也指企业为解决社会问题做出的努力（Murray and Vogel，1997）；企业社会价值创造（Turban and Greening，1997），企业经营不仅要保护和提高企业的效益，还要为社会提供福利。❷ 利益相关者理论认为，社会责任是指企业在创造利润、对自身负责的同时，还要承担对利益相关者如员工、对消费者、供应商、社区和环境的责任。❸ 根据美国社会责任监控单位对 600 多家企业的社会责任报告统计分析，社会责任主要体现在六个方面：社区责任、包容性（种族、家庭等方面）、员工责任、环境责任、供应链责任（血汗工厂、人权等方面）、产品安全责任。❹

学术界普遍认同的还是 Carroll（1991）按照"社会义务—社会责任—社会响应"的逻辑所提出的 CSR 金字塔层级模型：经济、法律、伦理和慈善四个方面的责任。经济责任主要包括企业在每股利润最大化原则下的运作，追求尽可能多的利润，保持竞争优势和较高的运作效率，成功企业是能够获得持续利润的企业。法律责任主要包括在法律规定和政府期望下运作，遵守联邦政府、州政府和地方政府的法规，并且所提供的产品与服务至少满足最低

---

❶ McGuire J., *Business and Society*. New York: McGraw-Hill, 1963.

❷ Davis K. and Blomstrom R. L., *Business and society: Environment and responsibility*. New York: McGraw-Hill, 1975.

❸ Brown, Tom J. and Dacin, Peter A., The Company and the Product: Corporate Associations and Consumer Product Responses. *Journal of Marketing*, 61, 1997, pp. 68-84.

❹ Kinder, Lydenberg, Domini, and Co., the Domini 400 Social Index. *Statistical Review*, March, 1999.

的法律要求等。伦理责任主要包括企业运作与社会道德观念和伦理规范期望要一致，认可与尊重被社会所接受的新道德标准，防止为完成企业目标而在伦理标准上做出让步。慈善责任主要包括企业运作与社会的博爱和慈善期望相一致、资助私人和公共教育机构，企业的管理者和员工都在他们自己的社区内自愿参加慈善活动，旨在提高社区生活质量。

（二）CSR 行为

黑格尔认为行为是主观或道德意志的外在表现形式。[1] 行为科学研究认为有两种不同的行为观念：一种观念认为行为是个体作用于外界，与外界打交道的那部分；另一种观念认为，行为是个体在外界环境刺激下所引起的反应，包括心理反应和行为反应。因此，行为是个体与环境交互作用产生的结果。

以 CSR 定义及内涵为依据：一方面，CSR 行为主要指将 CSR 付诸实践的具体体现与表达方式（Sen and Bhattacharya, 2001），即 CSR 行为后果；另一方面，CSR 行为是企业受内在价值观和外界环境影响而表现为外在的 CSR 反应与活动的总和。CSR 行为不仅强调 CSR 行为过程，更强调企业履行 CSR 行为过程中与社会环境的相互作用，即 CSR 行为后果和 CSR 行为环境之间的交互。企业的 CSR 行为表现错综复杂，但基本规律是一致的，都是为了社会的福祉和企业的生存与发展，在适应动态社会环境的过程中做出的各种亲社会行为反应的集合。换句话说，CSR 侧重于研究什么是正确的事（what），而 CSR 行为侧重于研究如何正确和聪明地做事（how）（Smith, 2003）。

根据 CSR 行为的主体层次，CSR 行为可以分为两种类型：个体 CSR 行为和群体 CSR 行为。个体 CSR 行为是企业与周围环境相适应的亲社会行为，是通过社会化过程确立的。群体是企业个体按各种关系结成的共同体，个体 CSR 行为是群体 CSR 行为的最基本单元，群体 CSR 行为都是通过个体 CSR 行为来实现的，是个体 CSR 行为相互影响的结果。

二、CSR 行为所存在的争议

关于企业是否应当承担社会责任的争议，20 世纪 30 年代，分别以 Berle

---

[1] 黑格尔，《法哲学原理》，商务印书馆，1961 年，第 116 页。

(美国哥伦比亚大学)和 Dodd (美国哈佛大学)两位教授为首的团队就引发了著名的"哈佛论战"。以 Berle 为首的一方代表了传统古典经济学的观点：认为企业管理者只需对股东的利益负责，因为他们仅仅是股东权益的受托人❶。此观点与弗里德曼（Friedman，1970）的看法不谋而合，即企业若是提供市场产品之外的"社会产品——企业社会责任"，将会大大削弱市场机制的基础。他们从成本—收益的视角，结合利益相关者理论进行了深入的分析，发现无论企业何时将资源用于承担"社会责任"，都是在增加运行成本，而这些成本转嫁给任何一个利益相关者都是不合适的（鲁宾斯，2004）。支持这一观点的还有著名经济学家哈耶克，他认为任何偏离利润最大化目标的行为都是危险的，都有可能危及企业的生存与发展❷。

而与之对应的以 Dodd 为首的一方，他们认为企业既要获取利润，也要服务社会。因为企业不仅只对股东负责，还应该对雇员、消费者以及更加广大的公众负责。而之后大批的经济管理学家们，像德鲁克、安德鲁斯、格里芬等均发表观点支持企业应当履行社会责任。德鲁克认为：企业的目的必须在企业之外，但一定是在社会之内的，因为企业不能脱离社会，它们只是整个社会的一种器官。❸ 格里芬认为：企业应当在追求利润最大化的同时，对保护和增加整个社会的福利也承担责任。❹

为了让某一方的观点更具有说服力，学者们开始致力于企业社会责任行为与财务绩效间关系的研究。但是由于选取的样本不同、行业特性不同、研究方法的各异，得出的结论也有很大的不同。主要的观点有以下三种：第一种观点认为履行社会责任与财务绩效之间是正相关关系（Preston and Op Bannon，1997；Simpson and Kohers，2002），也就是说在大多数情况下，企业履行社责任都将会获得财务绩效的增加；第二种观点支持履行社会责任与财务绩效之间是负相关关系（Ingram and Frazier，1980；Bansal，2004）；第三种观点认为履行社会责任与财务绩效之间不相关（McWilliams and Siegel，2001；

---

❶ Berle, A. A., Modern Functions of the Corporate System. *Calumbia Law Review*, 62 (3), 1962, pp. 433-449.
❷ F. A. 哈耶克：《致命的自负》，冯克利、胡晋华译，中国社会科学出版社，2000 年版，第 132-133 页。
❸ 彼得 F. 德鲁克：《管理：任务、责任、实践》，中国社会科学出版社，1987 年，第 81-82 页。
❹ 里奇 W. 格里芬：《实用管理学》，杨洪兰、康芳仪编译，复旦大学出版社，1989 年，第 73-75 页。

Hadi，2003)。由此可见，关于企业承担社会责任对财务绩效表现的影响效果还有争议（Stanwick，1998）。

有学者针对此做过统计，1972—1992年，关于企业社会责任与财务绩效间关系的21个研究当中，有12个研究结果为正相关关系，有1个研究结果为负相关关系，有8个为无相关关系（Pava and Krausz，1996），如图2-1所示。为了进一步解释上述争议，张璇等（2019）从投资者的视角研究CSR与市场价值的关系，发现履行社会责任对市场价值具有正向的影响，这一效应会受到企业性质的调节，投资者对国有企业履行CSR反应更正面。而本书的主题企业社会责任超/低规范行为的演化及管理恰恰是对争议的进一步研究。以往研究侧重于研究单个企业履行社会责任行为之后财务绩效有无变化，而本书的研究则侧重于单个企业CSR行为对企业群体CSR行为的影响，并且结果较侧重于社会绩效，而非财务绩效。

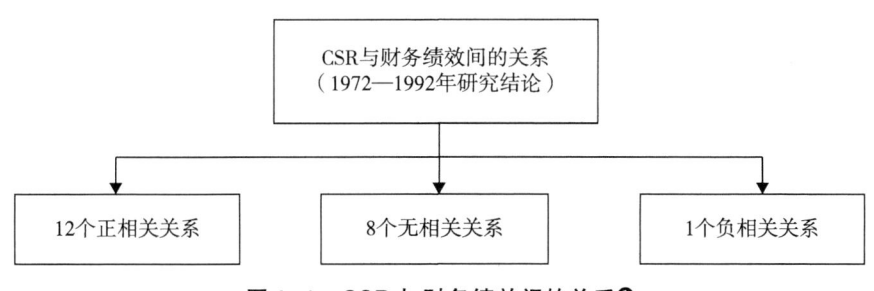

图2-1 CSR与财务绩效间的关系[1]

三、CSR行为导向

关于这一点，以往学者的研究主要从三个方面出发：资源基础导向、利益相关者导向和社会问题导向。整体来看，实际上三个方面就是个内外匹配的问题，它们之间并非孤立，而是相互联系、不可分割的。企业履行社会责任首先要看自己所拥有的资源和实力，一方面要针对现实社会和未来社会中所存在的问题进行分析，另一方面还要平衡各相关者主体间的利益。三者间的关系（如图2-2所示）。

---

[1] Pava, Moses L. and Joshua Krausz, *Corporate Social Responsibility and Financial Performance: The Paradox of Social Cost*, Westport, CT: Quorum Books, 1996.

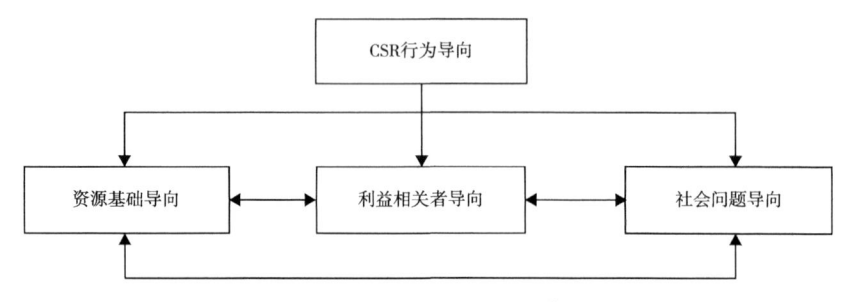

规范偏离视角下企业社会责任群体行为演化及其管理研究

图 2-2　CSR 行为导向❶

资源基础导向主要是从企业内部视角看待 CSR 行为的资源输入，研究企业所拥有资源的多少与 CSR 战略选择间的关系。大企业在社会上的影响力比较大，可见度比较高，所以应该承担更多的社会责任；而与此相对应的小企业，由于受到各类资源的限制和约束，在社会上的影响力和可见度均不如大企业，所以应该承担较少的社会责任（Meznar and Nigh，1995）。也有学者认为大企业由于拥有资源较多而对资源的配置较为宽松，这将会显著提高其社会责任承诺和行为；而小企业则相反，因对资源的配置斤斤计较而降低其社会责任行为（Johnson and Greening，1999）。大企业需要对外部环境进行管理，借此来营造企业良好的经营环境，并推动内部管理的提高；而小企业则缺乏对外部环境管理的能力，所以从这方面来看，大小企业对社会责任的反应也是存在一定差异的（Brammer and Millington，2006）。但事实上，最终的实证研究表明（Krishna，2008）：小型企业和大型企业在制定 CSR 战略及实施方面有着同样积极的态度和行为，而中型企业在这方面要显著低于小型企业和大型企业。❷

利益相关者和社会问题导向则偏重于从企业外部视角看待 CSR 行为的输出。利益相关者导向暗示企业生存与发展主要是通过持续满足利益相关主体的需求以实现企业经济和非经济的目标。最初企业利益相关主体的定义是任何影响或被影响企业目标实现的团体和个人，主要由股东、员工、消费者、公众、

---

❶ Meznar, M. B. and D. Nigh, Buffer or Bridge? Environmental and Organizational Determinants of Public Affairs Activities in American Firms. *Academy of Management Journal*, 38, 1995, pp.975-996.

❷ Krishna Udayasankar, Corporate Social Responsibility and Firm Size. *Journal of Business Ethics*, 83, 2008, pp.167-175.

供应商以及政府等组成（Clarkson，1995）。对于利益相关者管理的观点有三个：①规范性观点（normative viewpoint），认为企业对待所有利益相关主体应该是平等的，而不仅仅只重视消费者和股东。这暗示在制定CSR计划和政策时，企业需要做出复杂、多维度的方案来同等程度地满足所有利益相关主体。②工具性观点（instrumental viewpoint），认为经济利润对于企业来说是最重要的，更加关心哪些CSR元素能够直接改进和提高经济绩效，甚至不惜以某一方利益相关主体为代价。③描述性观点（descriptive viewpoint），认为CSR的投入应该视利益相关主体的价值、主体间相对的影响以及具体情境来定，与规范性观点不同的是描述性观点在CSR投入方面有侧重点。❶（如图2-3所示）

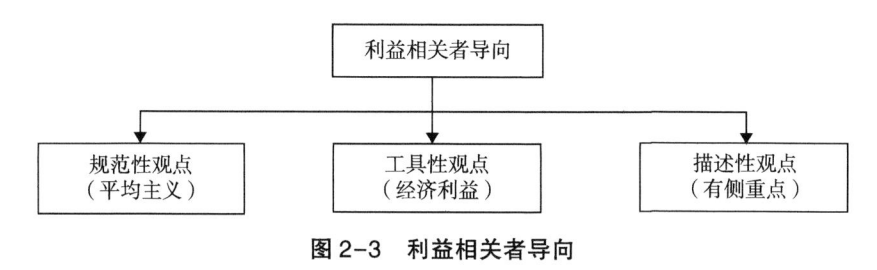

图2-3 利益相关者导向

总体来说，利益相关者导向主要研究如何通过CSR的输出来平衡股东、员工、消费者、公众及供应商等的关系（Max，1995）。结果表明：当CSR的输出在所有利益相关者之间达到平衡时，CSR与企业的财务绩效是呈中立关系的。社会问题导向主要研究如何通过CSR的输出来选择并解决社会问题（Archie，1979），而在此过程中主要受社会需要与公司需要的匹配、社会需要的严重性、高层领导的兴趣、社会行动的公共关系价值、政府的压力五个方面因素的影响。随后有学者将资源基础（CSR输入）与利益相关者导向（CSR输出）相结合，从资源基础理论视角逐一探讨了不同群体对CSR输出的需求（Abagail and Donald，2001）。例如：员工方面包括福利待遇、职业规划、安全健康等，消费者方面包括产品安全、顾客抱怨等，公众方面包括环境保护、资源节约、社会投资等。❷ 也有学者将资源基础（CSR输入）和社

---

❶ Jones, T. and Wicks, A. Convergent stakeholder theory. *Academy of Management Review*, 24, 1999, pp. 206-210.

❷ McWilliams, Abagail and Donald Siegel. Corporate social responsibility: a theory of the MNE Perspective. *Academy of Management Review*, 26 (1), 2001, pp. 117-127.

会问题导向（CSR 输出）相结合，研究分析了在 CSR 与企业战略融合的过程中，如何根据企业自身的资源来选择并解决社会问题，以此输出 CSR。[1]（见表 2-1）

表 2-1　CSR 与企业战略目标融合框架

	CSR 主题发现	CSR 主题选择	CSR 主题策划	CSR 主题评价
战略层面	理解社会问题，认识问题本质；社会问题分类	选择合适的社会主题，制定参与计划	主题细化分解，活动方式匹配，合作对象选择	实施过程和社会反应监控及评价；主题参与动态调整
战术层面	审视企业目标；寻找企业与社会问题的最优组合	选择长期最切合的主题，对特定社会问题参与纳入	企业资源分配与调整，活动的协调与配合	对正常经营活动影响的监控及评价
	分析-analysis	设计-planning	执行-doing	控制-control

实际上，根据上述的 CSR 行为导向来看，大多数学者还是较侧重于利益相关者导向，而在利益相关者导向当中还是以消费者需求导向的研究成果最多。但是以往研究的局限在于对消费者需求的理解不够全面，从以往文献研究来看，多数学者较重视提供什么样的 CSR 行为，而较少重视怎样提供 CSR 行为。换句话来说，也就是忽视了 CSR 输出过程中所要遵守的行为规范，并且较少从企业群体层面关注 CSR 行为的互动与竞争（王新刚等，2015）。实际上，CSR 早已成为企业间竞争的手段之一，大多数企业对 CSR 内涵的理解基本上来自金字塔层级模型。因此，所提供的 CSR 行为同质化比较严重，难以形成差异，无法产生竞争优势。因此，作为社会产品 CSR 行为的输出，需要以企业个体竞争和群体互动为导向（Narver et al., 1990）。前者主要指与竞争对手相比，企业应提供差异化和针对性的 CSR 行为以满足利益相关者的需求；后者主要指群体要持续地提供超期望的 CSR 行为来满足社会期望。因此，本书的研究结论及成果将丰富和拓展对 CSR 行为的宏观管理。

---

[1] 许正良，刘娜：《基于持续发展的企业社会责任与企业战略目标管理融合研究》，《中国工业经济》，2008 年第 9 期，第 129-140 页。

四、CSR 行为主体层次

根据 CSR 行为的主体层次，CSR 行为可以划分为两种类型：个体 CSR 行为和群体 CSR 行为。企业群体是由个体企业按各种关系结成的共同体，个体 CSR 行为则是群体 CSR 行为中最基本的单元。实际上，群体 CSR 行为都是通过个体 CSR 行为来实现的，从这个角度来看，群体 CSR 行为都是个体行为。

（一）个体 CSR 行为研究

个体 CSR 行为是指企业在其内在的价值观和外在环境因素的作用下，在追求经济收益的同时，采取对环境和社会负责任的经营理念和实际行动（Aguilera et al.，2007）。个体 CSR 行为是企业与周围的环境相互适应的结果，是通过社会化过程确立的。

1. 自变量

从总体来看，自变量可分为正面的 CSR 行为和负面的 CSR 行为。正面的 CSR 行为包括 CSR（Luo and Bhattacharya，2006）、CSR 信息（Wagner et al.，2009）、CSR 不同层面的行为（Donald et al.，2007）以及捐时间和捐钱（Americus et al.，2007）；负面的 CSR 行为研究包括道德相关和能力相关（Votolato and Unnava，2006）、绩效相关和价值相关（Pullig et al.，2006）、可辩解产品伤害和不可辩解产品伤害（方正，2007）。（如图 2-4 所示）

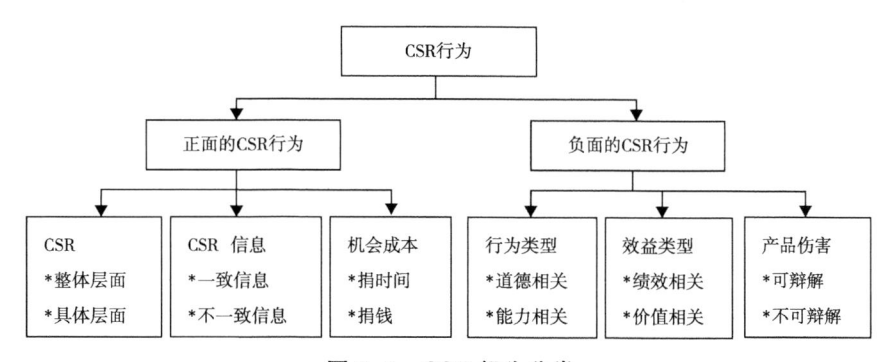

图 2-4 CSR 行为分类

具体来讲，正面的 CSR 行为研究最多的依然是根据 Carroll（1991）所提出的金字塔层级模型，或者是以此为基础做了细微的调整。有些在实证研究中直接以 CSR 的身份出现在自变量的位置，例如：Luo 和 Bhattacharya (2006) 在研究企业社会责任、顾客满意及市场价值间的关系时，在自变量的选择上就直接使用的是 CSR。也有些实证研究使用的是 CSR 不同层面的行为，例如：李海芹和张子刚（2010）在研究 CSR 对企业声誉及顾客忠诚的影响时，就将 CSR 具体划分为经济责任、环境责任、消费者责任、员工责任、法律责任和慈善责任，以此来作为自变量。也有学者以 CSR 信息为自变量，例如：Sen 和 Bhattcharya (2001) 通过操控一家真实企业的社会责任信息和产品质量信息，研究了企业社会责任行为对消费者购买行为的影响。结果发现：在消费者对企业社会责任反应的过程中，企业因素和消费者个体因素均起着重要的调节作用。消费者—企业认同在企业社会责任和消费者对企业的评价之间起中介作用。最后还发现在某些情况下，企业社会责任还会降低消费者对产品的购买意向。

也有学者以 CSR 不一致信息为自变量，在企业社会责任承诺与其商业实践背离的情况下，研究该如何通过聪明的沟通策略缓和消费者对公司伪善的感知，降低消费者对企业负面态度的评价（Wagner et al., 2009）。通过研究三个实验发现：首先，与被动反应的沟通策略相比（当企业社会责任承诺紧跟所观察到的商业实践时），积极主动的沟通策略（当企业社会责任承诺先于所观察到的负面商业实践时）将会让消费者感知到更高伪善。其次是抽象的信息沟通策略将会降低积极主动沟通策略背后的潜在风险，同时可以改善被动反应的效果。最后是不考虑积极主动和消极被动的沟通策略，当采取嵌入式沟通策略时，将会降低消费者对伪善的感知和最小化负面结果。

比较具有创新思想的是 Americus, Karl 和 Eric (2007) 从机会成本的角度将社会责任行为划分为捐时间和捐钱，针对社区关系的促进，研究了消费者道德身份认同及慈善行为之间的关系。研究表明：当机会成本相等时（主观的劳动时间成本和客观的金钱成本），道德身份认同度较高的消费者认为捐时间比捐金钱更能突显其道德身份和自我表达。同时，还发现与较高地位企业保持关系的消费者偏好于捐钱而不是捐献劳动时间，但是对于那些道德身份认同较高的消费者来说，这种偏好的差异显得相对较弱。此外，当道德身份被操控，并且在捐时间是为了一定的道德目的时，与捐献金钱相比，消费者更倾向于捐献劳动时间。

除此之外，还有不少学者研究了负面的 CSR 行为。有的按照行为类型划分为道德相关和能力相关（Votolato and Unnava，2006）；有的按照效益类型划分为绩效相关和价值相关（Pullig et al.，2006）；还有的按照产品伤害类型划分为可辩解产品伤害和不可辩解产品伤害（方正，2007），等等。实际上，有关负面的 CSR 行为研究成果很多，对 CSR 负面行为的分类也很多，由于这些内容在产品伤害危机、品牌危机及负面事件等方向中已做研究，所以此处不再赘述。

2. 中介变量

除上述文献当中所提到的消费者—企业认同、企业伪善和企业社会责任信仰几个中介变量之外，以往学者还从多个不同的角度对其进行了研究，并取得了丰硕的成果。例如：谢佩洪和周祖城（2009）在研究中国背景下 CSR 与消费者购买意向关系的过程中，提到目前学者们对 CSR 在消费者层面的影响机制，消费者对 CSR 的心理反应等方面的研究仍然十分有限。于是，他们通过研究发现消费者—企业认同、公司声誉在 CSR 行为对消费者购买意愿的影响中起着中介作用。结果表明：CSR 行为不仅直接正向地影响消费者购买意向，还可通过良好的公司声誉和消费者—企业认同感对消费者购买意向产生间接正向的影响，而且数据显示间接作用的强度要远远大于直接作用。（如图 2-5 所示）

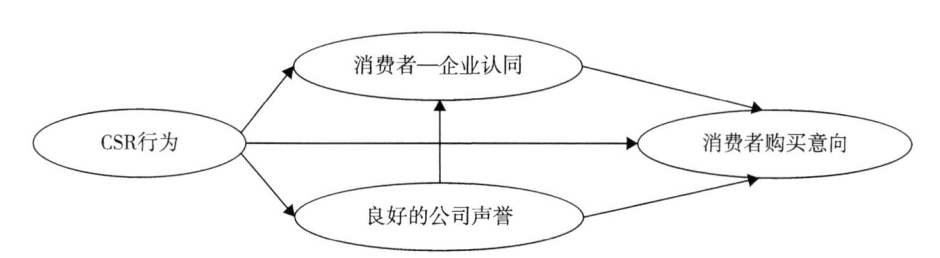

图 2-5　CSR 行为对消费者购买意愿的影响❶

随后，李海芹和张子刚（2010）在研究 CSR 对企业声誉及顾客忠诚度影响过程中，将企业声誉划分为认知和情感声誉，构建了 CSR 对企业声誉和顾

---

❶ 谢佩洪，周祖城：《中国背景下 CSR 与消费者购买意向关系的实证研究》，《南开管理评论》，2009 年第 12 卷第 1 期，第 64-70 页。

客忠诚影响的模型，通过实证检验，探索 CSR 不同层面的行为对顾客忠诚的影响程度，以及认知声誉和情感声誉作为中介变量的合理性。结果表明：CSR 对顾客忠诚的影响主要来自于经济责任、企业对消费者的责任、法律责任和慈善责任；将企业声誉划分为认知声誉和情感声誉是比较合理的；它们在 CSR 行为对顾客忠诚影响的过程中均起到显著的作用，而企业声誉一方面可以直接影响顾客忠诚度，另一方面可以通过顾客满意度间接影响顾客忠诚度。也有学者将公司声誉转化为消费者对公司的认同，检验了在 CSR 信息与公司评价间的中介作用（Sen and Bhattacharya，2001）。

有学者更进一步直接将顾客满意度中介于 CSR 与市场价值，深入研究了三者之间的关系，最终通过数据检验发现：在 CSR 影响市场价值的过程中，顾客满意度只是部分中介；CSR 的财务回报无论是正面的还是负面的均取决于公司的创新能力和产品质量（Luo and Bhattacharya，2006）。而在负面事件的研究中，有学者研究了归因中介于 CSR 行为对公司责备的影响（Jill and Niraj，2004）。具体指与先前负面的 CSR 行为相比，当先前 CSR 行为是正面的时候，若是现在发生产品伤害危机事件：①消费者更加可能将责任归因于外部而非内部；②消费者更加可能将责任归因于不稳定而非稳定；③消费者更加可能将责任归因于不可控而非可控。

3. 调节变量

在调节变量方面，以往学者的研究主要集中于三个层面：消费者层面、企业层面和文化层面。消费者层面的调节变量包括道德身份和角色承诺（Americus et al.，2007）、CSR 信念和 CSR 支持（Sen and Bhattacharya，2001）。企业层面的调节变量包括 CSR 行为与企业业务领域的匹配、CSR 行为发起的时机（主动和被动）、CSR 的动机（Karen et al.，2006），CSR 信息（抽象和具体）、CSR 的能力、嵌入策略（Tillmann et al.，2009）。文化层面的调节变量则比较单一，研究结论认为：不同文化背景下的消费者对 CSR 及其行为的认识和需求是不同的（Isabelle，2001）。（如图 2-6 所示）

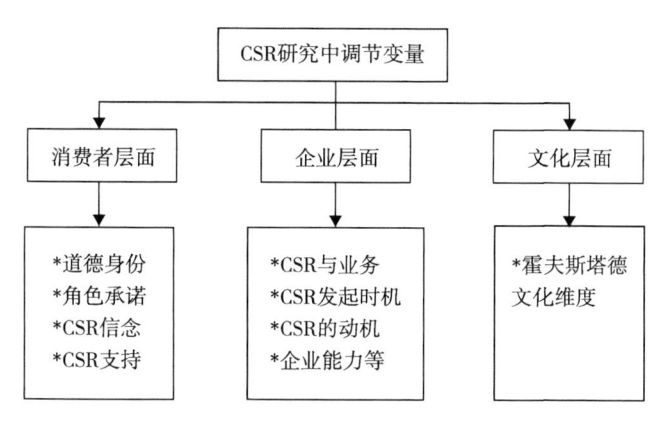

```
              CSR研究中调节变量
        ┌──────────┼──────────┐
     消费者层面    企业层面    文化层面
        │           │           │
     *道德身份   *CSR与业务   *霍夫斯塔德
     *角色承诺   *CSR发起时机  文化维度
     *CSR信念   *CSR的动机
     *CSR支持   *企业能力等
```

图2-6　CSR研究中调节变量

但以往文献缺少对品牌个体特征、社会情景及社会文化思维等变量的研究，而实际上，黄敏学等（2008）发现在CSR行为表达和展示过程中品牌个体特征起着一定的调节作用。Aaker等（2010）提出营利组织看起来比较有能力（competence），而非营利组织看起来比较和蔼可亲（warmth），也暗示品牌个体特征对CSR行为有一定的影响作用。对于社会情景，早有学者研究暗示（Bonsu and Belk，2003）：当消费者面对灾难性事件或带有时间压力的情景时，会产生不同的思维方式。[1] 因此，在不同社会情景下展示CSR行为，消费者的认知和情感反应有可能不同。最后是社会文化思维，以往研究只是简单地对比了不同国家的消费者对CSR不同层面的影响，很少深入研究不同文化思维（尤其是东西方文化思维间的差异）背景下，CSR行为演化对社会信任的影响机制。

4. CSR行为影响结果

关于CSR行为影响结果，以往学者主要聚焦于两个方面：财务绩效和社会绩效。从财务绩效的视角来看，CSR的影响结果是模棱两可的（Stanwick，1998），由于样本、行业及研究方法的不同，所得出的结果存在较大的差异，具体在前文"CSR行为所存在的争议"部分已做详述。除此之外，鉴于股票市场机制的不同，国内也有学者（李正，2006；温素彬、方苑，2008）以上

---

[1] Bonsu, S. K., and Belk, R. W., Do not go cheaply into that good night: Death-ritual consumption in Asante, Ghana. *Journal of Consumer Research*, 30, 2003, pp.41-55.

市企业为样本，分别以截面数据和面板数据为依据，研究了 CSR 与财务绩效之间的关系。研究结果均认为：短期/长期来看，CSR 行为对财务绩效的影响为负/正。❶

从社会绩效的视角来看，以往的研究主要集中于消费者对 CSR 的支持和认同。在此基础上，Sen and Bhattacharya（2001）把消费者对 CSR 的支持划分为两种：外在支持，它是研究关于消费者的购买意愿和购买忠诚等；内在支持，它是关于消费者意识、态度以及消费者对公司所采取的 CSR 行为归因。❷ 比较而言，国内外学者侧重于研究消费者的外在支持。例如：CSR 行为能够带来积极的购后产出和顾客忠诚（Mohr and Webb，2005），也能够激发消费者的情感依恋（陈业玮，2010）。从公司层面来看，较高的 CSR 行为会使消费者对企业评价更高，从而带来对产品的较高评价（Brown and Dacin，1997），也会增加消费者对公司的认同（Sen and Bhattacharya，2001）、提高对公司的品牌资产（Hoeffler and Keller，2002；Berens et al.，2005）以及产品延伸的评价（Biehal and Sheinin，2007）。（见表 2-2）

表 2-2 与本书研究相关的个体 CSR 文献汇总

研究主题	代表性观点
CSR 与 CSR 行为	主要观点：古典经济学视角（Friedman，1970）、利益相关者视角（Brown et al.，1997）、社会绩效视角（Davis et al.，1975）、金字塔层级模型（Carroll，1991）。CSR 侧重于研究什么是正确的事，而 CSR 行为侧重于研究如何正确和聪明地做事（Smith，2003）。
CSR 行为导向	主要观点：资源基础导向（Krishna，2008）、利益相关者导向（Max，1995）、社会问题导向（Archie，1979）、资源基础与利益相关者导向相结合（Abagail et al.，2001）、资源基础与社会问题导向相结合（许正良、刘娜，2008）。

---

❶ 李正：《企业社会责任与企业价值的相关性研究》，《中国工业经济》，2006 年第 2 期，第 78-83 页。

❷ Sen, S. and C. B. Bhattacharya. Does Doing Good Always Lead to Doing Better? Consumer Reactions to Corporate Social Responsibility. *Journal of Marketing Research*（*JMR*）38（2），2001，pp. 225-243.

续表

研究主题	代表性观点
CSR 行为沟通策略	自变量：CSR 本身（Luo et al.，2006）、CSR 信息（Wagner et al.，2009）、CSR 不同层面的行为（Donald et al.，2004）、捐时间和捐钱（Americus et al.，2007）、道德相关和能力相关（Votolato et al.，2006）、绩效相关和价值相关（Biswas，2006）、可辩解产品伤害（方正，2007）、管理层能力（李虹、王娟，2019）。
	中介变量：公司声誉（谢佩洪、周祖城，2009）、认知声誉和情感声誉（李海芹、张子刚，2010）、消费者对公司的认同（Sen and Bhattacharya，2001）、消费者满意（Luo and Bhattacharya，2006）、归因（Jill and Niraj，2004）。
	调节变量：道德身份和角色承诺（Americus et al.，2007）、CSR 信念和 CSR 支持（Sen and Bhattacharya，2001）、CSR 行为与企业业务领域的匹配、CSR 行为发起的时机（主动和被动）、CSR 的动机（Karen et al.，2006）、CSR 信息（抽象和具体）、CSR 的能力、嵌入策略（Tillmann et al.，2009）、国家文化（Isabelle，2001）。
CSR 行为 影响结果	财务绩效：CSR 与财务间的关系，12 个研究结果为正，1 个为负，8 个无关（Pava and Krausz，1996）；短期/长期来看，CSR 行为对财务绩效的影响为负/正（李正，2006；温素彬、方苑，2008）；市场价值（Tobin's q 和股票回报）（Luo and Bhattacharya，2006；张璇等，2019）；员工反生产行为（王哲、张爱卿，2019）。
	社会绩效：购后产出和顾客忠诚（Mohr and Webb，2005）、情感依恋（陈业玮，2010）、产品评价（Dacin，1997）、消费者对公司的认同（Sen and Bhattacharya，2001）、提高对公司的品牌资产（Hoeffler and Keller，2002；Berens et al.，2005）、公司的声誉（Brown and Dacin，1997）以及产品延伸的评价（Biehal and Sheinin，2007）。

(二) 群体 CSR 行为研究

群体 CSR 行为不是个体行为的简单叠加，而是受到群体内个体 CSR 行为相互影响的结果，是在群体目标和社会期望影响下的 CSR 个体行为。因此，群体 CSR 行为是参与者（即个体企业）受共同行为规范的指引，通过一致的行为方式实现群体 CSR 目标的过程。

Lickel（2000）等认为不同类型的企业群体的 CSR 行为规范的一致性感知是不同的。他们根据成员的共同目标、结果及彼此间的互动将群体分为四类：亲密群体（如企业集团）、任务群体（如供应链上的企业等）、社会类别（如国有企业、非国有企业等）和松散关系群体（如同一个区域的企业）。亲密群体的每个成员都很重要，并且拥有共同的 CSR 目标，这类群体能被感知为最一致的行为规范；与之相反，同一个区域的企业被认为是规范的一致性最弱。

1. 自变量

总体来看，群体 CSR 行为研究的自变量主要集中在制度环境、行业因素、企业性质和利益相关者的反应等几个方面。

第一，制度环境。一国的制度环境会影响企业群体的 CSR 行为。国家的制度环境越强，企业越愿意履行社会责任（Campbell，2007），制度环境越弱，越会产生 CSR 投机行为（郑琴琴、陆亚东，2018）。同一企业在不同的制度环境下可能表现出不一样的 CSR 行为。因此，各级政府需要制定与 CSR 相关的法律法规，出台社会责任国家/地方标准，约束并规范 CSR 行为。此外，社会信任能影响当地的群体 CSR 表现（Xiangyu Chen and Peng Wan，2019）。

第二，行业因素。研究表明，严格的行业自律和非政府组织在推动群体 CSR 行为方面起着关键作用（Ali and Frynas，2018；Campbell，2007；Marquis 等，2007）。由于关系网络的存在，行业的平均社会责任水平会影响企业 CSR 行为（Manski，1993；刘柏、卢家锐，2018）。同样，行业领先者和竞争对手的 CSR 行为也可能激起企业群体采取类似的 CSR 行为，以获得社会的合法性和生存性（Matten and Moon，2004）。行业类型决定了特定企业群体专注于社会责任的不同方面（Amor-Esteban 等，2019）。此外，激烈的行业竞争可以鼓励企业承担社会责任（Flammer，2015；Polemis and Stengos，2019）。

第三，企业性质。社会责任是国有企业存在的价值反应，国有企业的国有性质决定了它的使命功能、目标取向及行为方式（包括 CSR 行为）。国有企业主要承担三种类型的责任：政治责任、经济责任和社会责任。政治责任是国有企业最重要的实践内容。国有企业在贯彻落实宏观层面的国家战略与企业社会责任方面做得更好（肖红军等，2018）。与国有企业的 CSR 行为相比，民营企业的 CSR 行为更多的是一种工具性的"绿领巾"行为（高永强等，2012），通过承担社会责任为可能存在的自利行为提供掩护（刘建秋、朱益祥，2019），或者为企业犯错时抵消负面影响形成缓冲效应（刘柏、卢家锐，2018）。

第四，利益相关者的反应。研究表明，资本市场对环境事件的反应会影响企业群体的 CSR 行为。短期来看，资本市场对环境事件存在"惩恶扬善"的效应，促使企业重视环境责任（王景峰、田虹，2017），这可能促使企业群体 CSR 实现。如果消费者购买对社会负责的企业生产的产品，不购买对社会不负责的企业生产的产品，那么消费者手中的货币选票也会激励企业从事社会责任行为（黄静、王新刚，2009）。然而，从长期来看，CSR 负向作用市场机制传导不畅，负面的 CSR 事件似乎不会长期影响企业的市场反应，市场对 CSR 事件产生"隐恶扬善"的后果（王景峰、田虹，2017），可能导致企业群体 CSR 抑制。

2. 中间变量

第一，从资源基础的视角来看，公司资源的异质性是产生竞争力差异的重要因素。当群体履行 CSR 行为时，履行 CSR 行为的企业将拥有竞争优势，不履行 CSR 行为的企业将会失去竞争力，群体中的企业对资源的竞争促使个体 CSR 行为与群体 CSR 行为趋于一致。

第二，从信号理论的视角来看，管理层可以通过承担 CSR 行为向利益相关者传递一种信号，显示管理层的能力和企业的声誉。而当前大多企业对管理者的绩效考核往往会参考同行业其他企业的平均水平，社会比较驱使管理层根据同行其他企业的 CSR 行为来选择自己的 CSR 决策，因此，个体 CSR 的行为将与群体 CSR 行为存在比较高的趋同性（刘柏、卢家锐，2018）。

第三，从新制度理论学视角来看，企业履行 CSR 行为帮助企业获得更好的合法性，降低外来者劣势（Mithani，2017），从外人变为自己人（童泽林等，2019）。合法性使得企业改变自己的 CSR 行为以便与群体 CSR 行为趋同。

第四，从利益相关者角度来看，企业履行社会责任有助于在企业和利益相关者之间建立良好的关系，满足不同的利益诉求（Bitekine，2011；Bravo等，2012；Wang and Qian，2011；吴剑峰、乔璐，2018），为了达到一定的战略保险效应（Shiu and Yang，2017），促使 CSR 个体行为高于群体 CSR 行为。

3. 调节变量

群体 CSR 研究实质上是 CSR 个体行为对其他企业个体的溢出效应，主要集中于负面事件，其研究视角有两种：品牌系统内和竞争对手间。对于前者，Lei（2006）等认为溢出效应不仅要考虑品牌间的联想强度，还要考虑品牌间的联想方向。关于后者，Roehm 和 Tybout（2006）发现：一个品牌所发生的负面事件能否对市场上整个产品大类产生溢出效应，取决于这个品牌是否为本产品大类代表性品牌，以及被曝光产品属性是否与整个产品大类有较强联系。

而费显政等（2010）将溢出效应上升至社会责任声誉，研究受讯/发讯企业的相似度、公众对企业社会责任议题的卷入程度及受讯企业的澄清策略是如何影响溢出效应方向和强度的。邹萍（2018）研究企业 CSR 信息披露与企业实际税负的关系，发现政府引导显著调节群体 CSR 信息披露质量。此外，刘柏等（2018）提出 CSR 行业敏感度会促使企业出于"投机取巧"的心态去"顺应潮流"。

4. 结果变量

消费者对 CSR 行为的感知评价是通过企业群体间的比较而获得的（Gibbons et al.，1999），包括向上/下（与公司能力较强/弱）比较，由于受社会背景的影响，常常会出现两种相反的效应：同化效应和对比效应（邢淑芬、俞国良，2006）。前者/后者主要指 CSR 行为跨越了企业的边界，对其他相关且类似/但不同的主体产生了类似/相反的影响（Sarahetal.，2006）。在此基础上，同化效应主要指消费者面对向上/下比较信息时会提升/降低受讯企业的评价水平；对比效应主要指消费者面对向上/下比较信息时会降低/提升发讯企业的评价水平。那么，在向上/下比较的过程中，由于同化/对比效应的存在，一方面，群体 CSR 行为是个体间 CSR 行为互动和选择的结果；另一方面，群体 CSR 水平会影响个体 CSR 行为。因此，从个体企业层面来看，群体 CSR 水平会规范和引导 CSR 个体行为；从社会层面来看，群体 CSR 行为良性

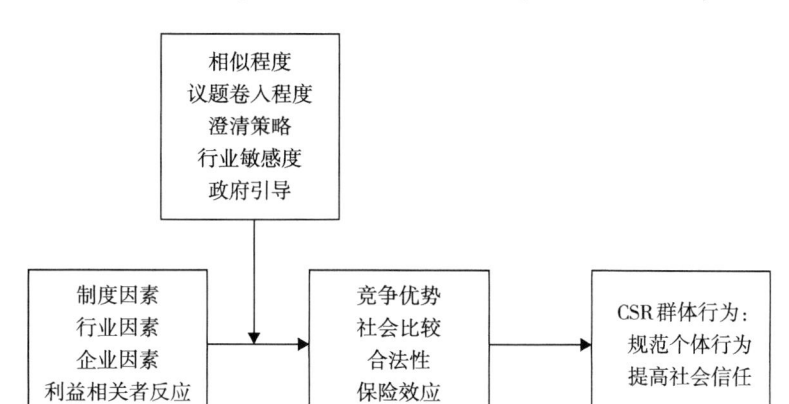

互动会提高社会的信任度，促进和谐社会建设。（如图 2-7 所示）

图 2-7　群体 CSR 行为研究概念模型❶

五、文献述评

综观前文，学者们已取得丰硕的成果和辉煌的成就，但经过仔细深入的分析发现，关于 CSR 行为的研究依然存在一定的局限性，而这恰恰为本书留下了一定的研究空间。

第一，以往学者对 CSR 的研究在自变量的界定过程中较多将其界定为责任而非行为。由于责任具有同质性，企业行为具有异质性，利益相关者可以根据行业的平均水平对企业社会责任的实际行为做出判断，企业也可以根据利益相关者的反应和其他企业的 CSR 行为来调整自己的 CSR 行为。为此，本书将研究 CSR 行为而非简单的责任。

第二，以往学者对 CSR 的研究大多是以 Carroll（1991）所提出的金字塔层级模型为基础，而较少采用其他依据进行划分。比较有创新思想的划分就是 Americus，Karl 和 Eric（2007）从机会成本的角度将社会责任行为划分为：捐时间和捐钱。而实际上企业社会责任行为属于道德范畴的内容，既然是行为就应该探讨利益相关者，尤其是消费者眼中的 CSR 行为规范标准是什么。但遗憾的是以往学者并未从社会规范的角度系统研究 CSR 行为。为此，本书拟以社会规范理论为基础将 CSR 行为偏离划分为超规范行为和低规范行为。

---

❶ 作者根据文献资料整理。

第三，以往学者对 CSR 的研究侧重于探讨个体企业该提供哪些社会责任给利益相关者，或者是提供哪些社会责任将会给企业带来较大的经济绩效和社会绩效，而实际上企业 CSR 行为会受到政府、非营利组织、企业群体间的相互影响。以往学者很少研究 CSR 群体行为内在的演化过程和机制，比如如何才能实现 CSR 低规范行为向规范一致行为甚至是 CSR 超规范行为的转变。

第四，对 CSR 行为结果变量的研究大多集中于企业个体层面的经济利益和社会效益，较少有人将其上升至社会层面去研究 CSR 群体行为对社会信任的提升，乃至整个和谐社会的构建所产生的影响。为此，本书拟从规范偏离视角，结合 CSR 超/低规范行为，探讨 CSR 个体行为互动对 CSR 群体行为内在的演化过程和机制。

第二节　社会规范与 CSR

社会规范理论是 CSR 行为偏离划分的基础和依据。本节回顾社会规范的相关文献，提出从广义和狭义两个层面对社会规范进行测量。社会规范对 CSR 行为的影响方式体现在三个维度：规制、社会期望和认知。

一、社会规范的定义

规范一词来源自拉丁文"norma"，原意是指木匠用于测量的"尺规"，后来用它来约束人的行为，并作为衡量行为的标准——社会规范（social norms）。文献显示如何理解社会规范有四种代表性的观点：从社会学视角来看，社会规范是经沉淀而形成或固化的人的行为及活动的指南，起到调节、选择、系统和评价等一系列功能，它是人们之间的关系的规制（Snow and Benford，2000）。从行为学视角来看，社会规范是社会所有成员共同拥有的行为规范和判断标准，规范可以通过服从、内化为个人价值观来约束人的行为（Ernst et al.，2004）。从心理学视角来看，社会规范是一种社会行为准则，是社会群体成员认同或不认同某种行为的全部文化价值标准（Andrew，2003）。从法律学视角来看，社会规范是人们的社会行为的规则和社会性活动的判断标准，具体表现为风俗习惯、法律法规、道德规范和宗教规范四种形式。社会规范也可分为正式的社会规范和非正式的社会规范,其中风俗习惯、道德规范和部分宗教规范是非正式的社会规范;而法律条文和宗教制度是正式的社会化规范(范忠信,1992)。社会规范反映出整个社会共同的价值观念,是人类在社会化进程中逐渐形成的共享价值体系,对社会体系的运行起着游戏规则的作用,是适应社会运营系统的某种社会"需要"。

从广义上看,社会规范是在社会文化的基础上形成的,是社会或群体成员必须遵守的价值标准、行为准则、道德规范、法律制度等。人们如何掌握社会规范呢?主要是通过社会学习和积累约定俗成的经验。从狭义上看,社会规范是一种群体行为规范和行为标准,约束群体成员的行为,以实现群体目标,保证成员行为的一致性。因此,本书中的社会规范包括广义的规范和狭义的规范。同时,我们可以看到很多研究将社会规范等同于道德规范,介于法律制度和风俗习惯之间。因为道德规范是历史传承下来约定俗成的价值观念或规范。人们在社会化学习中,不同教育背景和文化思维的个体对道德规范的理解和解读不同,很难给出一致的标准。我们从两个方面来衡量:第一,从广义上看采用投射方法来测量企业行为是否符合消费者内心的主观道德规范,他们认为企业应该履行什么责任,不需要履行什么责任。第二,从狭义上看采用群体一致行为作为衡量的客观标准,企业偏离行为是本书的研究对象。

二、相关研究回顾

根据《社会规范的跨文化比较》(凌文辁等,2003),该文以中国、美国、日本为研究对象,探讨不同地域(东方 vs 西方)、不同发达程度(发达国家 vs 发展中国家)、不同制度背景(资本主义制度 vs 社会主义制度)、不同文化背景(儒家文化与基督教文化)下社会规范的构成及异同。研究结果指出:从社会规范基本维度来看,中美两个国家具有一致性,都包含四个维度——法律制度、价值观念、伦理道德和风俗习惯。其中内控规范包括伦理道德和价值观念;外控规范包括法律制度和风俗习惯。亚洲国家的社会规范主要体现在内控方面,西方国家的社会规范主要体现在外控方面。在以内控规范为主的亚洲国家,规范的重要性也有所不同,中国人看重伦理道德,价值观念其次；而在外控规范中以法律制度为主，然后是风俗习惯，如图2-8所示。根据上面的描述，内控规范主要包含伦理道德和价值观念两个维度，为本书研究 CSR 偏离提供了很好的理论支撑。该文以国家为研究对象，并未对群体进行划分，不同群体的道德标准和价值取向选择是不同的。因此，本书拟在此基础上深入研究群体 CSR 规范。

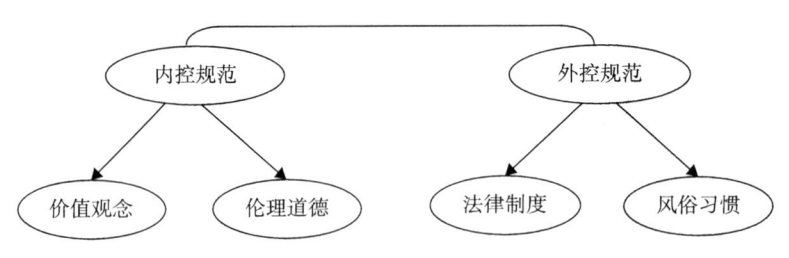

图 2-8 社会规范的基本维度[1]

营销领域更多关注消费者行为的研究，对企业行为规范的研究比较少，黄静等（2010）对企业家的违情违法行为进行探讨。该文的研究对象是企业家而不是企业，但我们认为企业家决定企业行为，企业家适用的行为规范与对企业行为的判断标准是相似的。该文分析了 8 个违情行为、9 个违法行为，一共 17 个企业家负面行为的样本，以探讨企业家违情行为和违法行为对企业品牌形象的不同影响。该文指出，当人们评价行为合适的标准时，情—理—法是评价行为常用的逻辑（范忠信，1992）。人们评价行为不合理的标准时，会从天理、人情、国法的角度来评判是否违背情理或是构成犯罪，并对错误的行为承担责任（范愉，2003；范忠信，1992）。研究结果表明：在同等情况下，企业家违法行为要比违情行为对品牌的负面影响更小。尽管情—理—法是一贯标准，经历了多年的文化传承和沉淀，最终形成行为规范，但情—理—法这些抽象的概念很难被严格地区分。在中国文化中，理包括情和法，情中有理称为情理，法中也有理称为法理，那么不管是违情还是违法都是违理（张岱年，1982）。情—理—法是否是企业规范一致行为判定的唯一标准呢？中国文化也强调仁义礼智信，这些文化元素是否也可以用来判断企业规范一致行为？结合前文跨文化社会规范研究的结果，我们是否可以把情视为

---

[1] 凌文辁、郑晓明、方俐洛：社会规范的跨文化比较，《心理学报》，2003 年第 35 卷 2 期，第 246-254 页。

内控规范，法视为外控规范，情理和法理体现的是伦理道德和价值观念两个不同维度？最后，本书认为，对企业社会责任规范一致行为暂不适宜提出具体的行为标准，但可以从主观（广义）和客观（狭义）两个角度对社会规范进行测量，广义上采用投射法测量，主要判断企业的社会责任行为是否符合利益相关者主观的道德规范，狭义层面根据企业的行为与群体行为是否出现背离或是具有一致性。

第三节　CSR 与行为偏离理论

根据上节的叙述，如果企业的 CSR 行为背离群体规范，那么我们就认为企业发生了社会责任偏离行为。在社会学领域，对行为偏离的研究是非常重要的，有利于我们从已有的研究中构建新的理论框架。社会学的研究表明，行为偏离主要集中在社会秩序方面，是为了控制或改变个体的行为。因此，认为行为偏离是负面的，应该被禁止、不讨人喜欢的社会行为（Scull, 1988）。以往学者对偏离的研究对象聚焦于行为发生后的偏离者，很少根据偏离者的社会身份或群体身份展开研究。本书认为，企业首先要具有群体身份才会发生偏离行为，因此本书将研究对象确定为企业群体，结合群体规范来研究行为偏离，探讨企业社会责任偏离行为对群体规范及群体 CSR 反应的影响。

一、CSR 行为偏离的定义

从社会角度来看，行为偏离多指在某一群体当中，个体违背了群体能够接受的行为规范或外貌判断标准的条件和属性（Title and Paternoster, 2000）。也有部分学者指出行为偏离是个体在某些社会系统内被认为输出不符合社会规范的行为。还有一些学者指出行为偏离应该被认定为个体违背社会规范的标准到一定程度，能够引起社会一定的反应（Best and Luckenbill, 1982）。尽管偏离的定义不同，学者们一致认为，行为偏离可以体现出两个重要指标：违背社会规范标准和引起社会反应（Liska, 1981）。社会规范偏离（即客观主义）是指当个体违背社会群体规范时产生偏离，一个背离者也被当作一个行为偏离的主体（Cohen，1966）；社会的反应（即主观主义）强调偏离行为引起社会公众的不满，并对该行为做出反应（Becker，1963）。

那么，这两个标准（社会规范、社会反应）是否适合我们来定义行为偏离呢？从社会规范的层面来看：如果不考虑社会公众的反应就界定和测量规范有一定困难；社会规范是一组抽象的思想，适用于各种情景，但是在具体的情景或背景下表现形式不一样。如果不交待情景或背景，如何知道行为是偏离还是规范一致呢？社会规范不考虑权力的问题，而群体中有少数意见领袖或是特权者，他们能够引领行为标准的判断观点。如果从社会反应的程度来看：社会公众是正面反应行为偏离，还是负面反应行为偏离呢？其中反应的方向是什么？除了对反应方向的判断，公众对行为偏离的反应的强烈程度不同（Gibbs，1981）。如果个体在不被公众发现的情况下实施偏离行为，并没有引起公众的反应，这样算偏离行为吗？

针对以上问题，我们梳理了社会学者有关行为偏离的文献，主要从四个方面来界定行为偏离：统计上的不一致，群体行为上的不一致性，群体规范上的不一致，与公众期望的不一致性。

以往研究对上述行为偏离的四个不一致并没有达成一致的意见，但对统计上的不一致性基本达成共识（Clinard and Meier，1989；Heckert，1998）。如果群体中的个体行为表现为正态分布的话，统计上的不一致指处于正态分布图中两端的个体都是偏离者，可以从数字统计上体现出这些个体行为是不常见的，或是少见的。而群体行为的不一致指个体的行为与群体中的大多数行为不一样，或者与普遍的群体成员存在行为不一致。例如：在一个企业里，大家都穿休闲服去上班，而行为偏离者则穿礼服去上班，这就构成了与群体行为的不一致。大多数人的行为在时间的沉淀下会形成群体内非正式的行为规范，当群体中有人违背了这些规范，其背离行为就被视为与群体规范产生了不一致性。这些背离行为超出了群体规范标准的界限（Dodge，1985）。举一个例子，大家过马路时都会遵守交通规则，会闯红灯的个体就属于行为偏离者。与公众期望的不一致性是从社会公众的预期来进行评价和界定的，社会公众根据自身的规范和道德标准对个体行为有具体的预期，个体行为一旦超出或低于这个预期会被视为行为偏离。

因此，本书在界定 CSR 偏离行为时需要同时满足四个条件。首先，企业的 CSR 行为在统计上是属于少数；其次，企业与群体中其他个体的社会责任在行为上是背离的；再次，企业社会责任行为是不符合群体规范的；最后，企业的社会责任行为也不符合社会公众对企业身份的预期。通常情况下，我们通过上述四个方面来衡量和识别企业社会责任的偏离行为。

二、CSR 行为偏离的分类

根据上文的叙述，有关行为偏离的研究主要关注负向的偏离，比如社会规范认为不好的行为、被排斥的个体等。Sagarin（1975）编辑了 40 个关于偏离行为的定义，其中 38 个是负面行为，只有 2 个不是负面行为。之后，也有学者以是否达到公众的预期，或是超出公众的预期，提出正偏离的概念，与负面偏离相对应（Goode，1991；Sagarin，1985）。这些学者认为当个体行为超出规范性要求，并得到公众正面评价时，是正偏离；与之相反，如果行为未达到或低于规范的要求，而被公众指责时，则为负偏离（Ben–Yehuda，1990）。

那是什么构成偏离行为呢？一些学者认为由于行为本身的客观性，公众可以直观地按自身的标准进行对比，或是与群体行为进行对比，很容易找出行为与社会规范偏离的程度和方向（Hawkes，1975；Tittle and Paternoster，2000）；除此之外，也有学者把社会公众对行为偏离的态度作为划分的标准，比如对偏离行为的正面（或负面）的评价（Becker，1973）。结合上述两个方面的考虑，Heckert（2002）用四象限的矩阵来划分行为偏离：①负向偏离（negative deviance），从社会规范的标准来看行为未达到规范要求，从公众的反应来看行为引起公众负面的评价；②破产性指责（rate busting），从社会规范的标准来看行为超出规范要求，从公众的反应来看行为引起公众负面的评价；③羡慕性偏离（deviance admiration），从社会规范的标准来看行为未达到规范要求，从公众的反应来看行为引起公众正面的评价；④正向偏离（positive deviance），从社会规范的标准来看行为超出规范要求，从公众的反应来看行为引起公众正面的评价。

当然，这种分类方法也存在一定的局限性。首先，由于不同个体对信息选择存在差异，对社会规范的理解、对偏离动机的感知都存在差异，导致同一偏离行为出现有的个体给出正面评价、有的个体给出负面评价的情况，这种分类并没有就个体差异进行分类。其次，对同一偏离行为能不能根据社会公众的不同反应给出不同的定义，如可能是正向偏离，也可能是破产性指责偏离（或者可能是羡慕性偏离，也可能是负向偏离）。如果我们对同一偏离行为只给出一种定义，那么，通过排除社会公众反应这一维度，根据是否符合社会规范的一致性要求，可以将企业社会责任行为偏离划分为超规范行为（over-conformity behaviour）和低规范行为（under-conformity behaviour）（王新刚，2009）。（如图 2-9 所示）

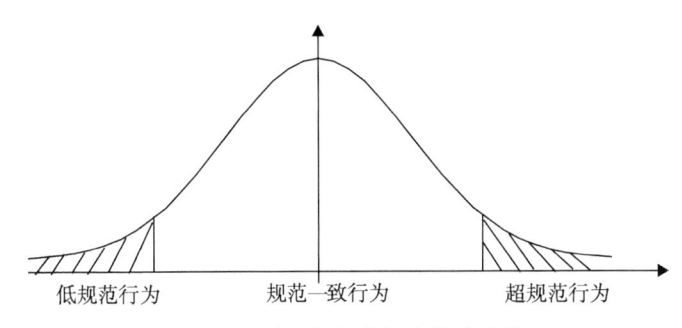

图 2-9 超/低规范行为的分类❶

从图 2-9 可以看出，我们可以具体地定义社会责任的超规范行为和低规范行为：一方面，从统计上来看，它们分布于正态分布的两端；从表现形式来看，很少见，并与群体中其他个体表现有明显的不同。另一方面，社会责任的超规范行为位于正态分布的右端，从规范要求来看，远远地超出社会规范的标准；而从公众的反应来看，也远远超出公众的预期。社会责任的低规范行为位于正态分布的左端，从规范要求来看，远远地低于社会规范的标准；而从公众的反应来看，也远远低于公众的预期。

三、CSR 行为偏离的测量

随着 CSR 理论的不断演绎，CSR 实践的不断深入，CSR 领域积累了丰富的研究成果。根据对文献的梳理，本书将 CSR 研究分为三类：规范性研究、描述性/实证研究和工具性研究（郑海东，2007）。规范性研究从不同的视角解释企业为什么要承担社会责任（why）；描述性研究阐述企业该承担什么责

---

❶ 作者根据文献整理。

任（what）；工具性研究探讨企业如何承担社会责任（how）。CSR 研究内容体系如图 2-10 所示。测量方法主要包括以下五类。

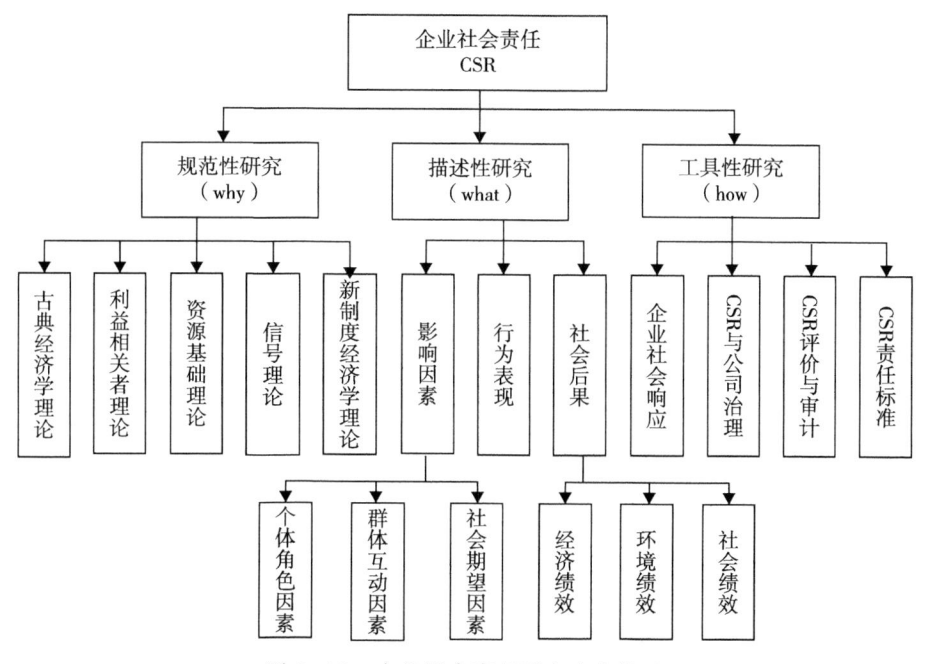

```
                        企业社会责任
                            CSR
         ┌──────────────────┼──────────────────┐
     规范性研究          描述性研究           工具性研究
      （why）            （what）             （how）
  ┌────┬────┬────┬────┐  ┌────┬────┬────┐  ┌────┬────┬────┬────┐
 古典 利益 资源 信号 新制 影响 行为 社会  企业 CSR CSR  CSR
 经济 相关 基础 理论 度经 因素 表现 后果  社会 与公 评价 责任
 学理 者理 理论      济学              响应 司治 与审 标准
 论   论              理论                   理   计
                        ┌──┬──┬──┐    ┌──┬──┬──┐
                       个体 群体 社会   经济 环境 社会
                       角色 互动 期望   绩效 绩效 绩效
                       因素 因素 因素
```

图 2-10　企业社会责任研究内容体系

（一）基于 CSR 报告分析的测量

CSR 报告主要来源于沪深 A 股上市公司，研究主要集中于社会信任、利益相关者期望、政治体制、行业竞争、企业性质、管理者特征等因素对企业 CSR 行为的影响。2009 年开始，上交所和深交所要求部分企业必须披露 CSR 报告，上市公司的 CSR 报告数量越来越多，数据获取变得越来越容易。根据第三方评级机构润灵环球责任评级（RKS），2018 年，A 股上市公司中，有 851 家披露了社会责任报告，50% 以上的公司主动披露社会责任信息。❶

研究根据变量的界定，通过爬虫技术对选取的 CSR 具体信息进行归类，并将信息进行量化用于测量，进一步验证所提出的模型。数据一般选用 5

---

❶ 资料来源：http://finance.eastmoney.com/a/201901161028143934.html.

年面板数据，可以克服时间序列分析受多重共线性的影响。同时，并非所有样本均纳入模型中，一般按以下标准筛选：第一，剔除金融类上市公司样本，因为其财务数据与其他企业的财务数据有较大差异（邹萍等，2018）；第二，剔除当年被 ST 的上市公司样本；第三，剔除数据有缺失的样本；第四，剔除内部控制指数为 0 的样本；第五，研究认为有必要剔除的其他情形。

（二）基于问卷调查的认知测量

这种方法通过设计开发 CSR 量表，采用抽样技术来调查利益相关者对问卷各题项的看法，最后根据各题项的得分来评价 CSR。如根据 Aupperle 等（1985）开发的企业社会责任导向（Corporate Social Responsibility Orientation，CSRO）量表来测量 CSR，但是该量表实际测量的是被试对 CSR 的看法或态度，而不是 CSR 行为。

（三）基于实验方法的 CSR 行为测量

实验法广泛用于个体企业的 CSR 行为研究，通过 CSR 行为的情景描述及相关问项的测量，在尽可能减少干扰变量的前提下，实验法可以获得相对客观的 CSR 行为评价数据。下面是 CSR 行为的情景材料（王新刚，2009）。

最近，在北京举办的一场慈善捐赠讨论会上，大批企业针对中国社会慈善捐赠发表了声明，此事受到广大媒体和社会公众的热切关注。会上大多数企业承诺捐款 50 万~200 万元人民币不等，而本国品牌 B（国外品牌 B）则公开宣称："……我们将向中国社会捐赠 1 亿元人民币……"

以上情景材料从广义（主观）和狭义（客观）两个层面对社会规范进行测量，广义层面主要采用投射法测量企业的捐赠是否符合消费者个体内心主观的道德规范标准，狭义层面主要以企业群体行为一致性作为参照进行对比。

此外，在有关慈善组织的绩效偏离（performance deviation）的研究中，绩效偏离用两种方式来衡量，第一种方式是与群体平均水平的偏离，超低规范远大于（小于）平均水平。

第二种方式是与历史平均水平的偏离，操纵超规范行为比平均水平提高 15% 以上，低规范行为比平均水平降低 15% 以下。

总的来看，CSR 超低规范行为的操纵主要形成两个方面的对比：一是符合行为主体的内心主观的行为规范，二是远高于/低于群体平均 CSR 行为。

（四）基于案例研究方法

案例研究通过过程视角分析动态的企业互动过程。同时，如果研究问题在文献资料上没有很好的答案，或是没有基于某一时间点上的数据，可以采用探索性的案例研究方法（陈晓萍、徐淑英等，2008）。探索性研究需要丰富的案例做支撑，可以采用单案例或是多案例进行分析（Yin, 2002）。

案例研究从企业 CSR 实践中发现研究问题，构建 CSR 管理理论，从某个时间维度梳理企业社会责任行为的演变过程。比如陈艺妮等（2018）基于民营企业成长集团的 CSR 案例，分析企业在员工、客户及社会三个层面的 CSR 行为，提出履行社会责任会提升民营企业的价值的观点。

（五）基于第三方社会责任评级数据库的测量

采用第三方社会责任评级数据库对 A 股上市公司的 CSR 行为打分，来定量评价企业的社会绩效。但第三方机构对社会责任指标的权重不同，侧重点不同，评价体系也不完全相同。研究常用的第三方数据库有润灵环球责任评级得分、和讯网企业社会责任综合评分等。

润灵环球责任评级从 2009 年开始针对我国 A 股上市公司的社会责任报告披露情况进行打分，共有 63 个二级指标用于分析上市公司发布的企业社会责任报告。这 63 个指标分为 3 个维度：宏观指标（3 个一级指标和 16 个二级指标）、内容指标（6 个一级指标和 30 个二级指标）和技术（6 个一级指标和 17 个二级项目）。同时，该报告考虑了行业异质性，并为每个行业建立了行业特定指标，特定行业的指标数量从 2 个到 14 个不等。专家根据这些指标对上市公司的社会责任状况进行评价，以 0.5 为间隔，以 0~4 为锚定尺度。根据这三个维度的得分和特定行业的指标得出综合企业社会责任绩效得分，并将最终得分计算为 0~100 的加权平均值。最后将评级报告的得分转换为评级结果，出具企业 CSR 评级报告。❶

---

❶ 以上信息根据润灵官方网站对于上市公司 CSR 报告评级系统的说明，http://www.rksratings.cn/。

和讯网上市公司 CSR 评分体系包括五项责任，分别是股东责任、员工责任、供应商、客户和消费者责任、环境责任和社会责任。每个指标下设 2 级指标对企业的社会责任进行综合打分评价（孙芝慧，2016）。

综上所述，每种研究方法都有适用的情景，本书采用案例研究方法和实证研究方法。对个体企业社会责任行为演化，采用单案例研究的方法。通过对案例企业（如武钢集团）的社会责任行为演化规律进行分析，提出企业的社会责任行为从低规范行为到规范一致的转变，受到内部因素和外部因素的共同作用。企业内化社会规范有一个过程，会根据社会责任的内容进行选择，需要天时、地利、人和的共同作用。

对群体社会规范的形成，采用案例研究方法。通过对案例企业的环保责任规范形成和演化的规范进行分析，指出社会规范的形成和演化受到政企共同作用，在战略指引、环保规范与生产融合、评价标准三个方面政企共演化呈现分离、替代和互补的关系，共同推动企业环保责任从低规范行为向规范一致行为转变。

群体社会责任规范对个体企业社会责任行为的影响，采用实证研究方法研究，通过收集 2013—2017 年沪深 2 市 A 股上市公司的社会责任得分，采用回归分析，提出群体规范对个体社会责任行为有规范同构效应，群体规范水平高，企业更愿意履行社会责任行为，这一规范同构效应受到行业竞争期望的调节。

第三章 个体CSR行为改变与演化

本章研究个体 CSR 行为的改变与演化。第一节介绍个体 CSR 行为的特点和类型，在界定 CSR 个体行为模式的基础之上，根据社会学、政治学、经济学、心理学等不同学科领域中 CSR 个体行为分析的理论模型，总结 CSR 个体行为的特点。

第二节讨论企业社会责任的形成过程。企业社会责任的形成受到内部因素、外部因素和企业自身的责任行为的共同作用。

第三节论述企业社会责任行为的改变与演化，指出企业在履行 CSR 时经历了服从—认同—内化的过程。首先通过严格的立法和惩罚机制强迫企业服从企业应该承担社会责任的指导思想，形成规范；其次通过群体规范使企业认同应该承担 CSR，将规范转入企业行为，和群体保持一致；最后通过激励措施让 CSR 超规范行为内化为自身的行为，主动解决社会问题，将规范固化，并提出群体社会责任的演化逻辑、个体 CSR 行为演化影响机理和动态机理以及群体 CSR 行为演化机理。

第四节通过案例研究分析个体 CSR 行为是如何实现社会规范从服从到内化的。以武钢集团的 CSR 行为演化为主线，采用探索性单案例研究方法，通过对战略性社会责任和反应性社会责任演化做对比，采用动态视角，探讨规范视角下企业 CSR 行为演化的过程模型。

第一节 个体 CSR 行为的特点和类型

一、CSR 行为模式

多年来，企业社会责任不仅吸引了众多学者的关注，还引起大量企业管理者的重视。相关研究表明：消费者在做出购买决策时，越来越看重企业的社会责任。[1] 消费者对企业社会责任的感知将在很大程度上影响企业及其品牌形象，最终影响企业的财务绩效（Luo and Bhattacharya，2006）。

因此，越来越多的企业开始把 CSR 作为一项重要的战略目标融入企业的经营活动中（Bielak，Bonini and Oppenheimer，2007），并希望借此来满足利益相关者的期望，提高企业的品牌形象。但是为了能够从众多企业当中脱颖而出，吸引媒体和公众的眼球，不少企业纷纷展示了社会责任超规范行为（例如：2020 年武汉新冠肺炎疫情暴发后，恒大集团捐赠 3 亿元，其行为远远超出了企业群体行为规范的要求，也远远超出了社会公众的期望，广州恒大被誉为"有温度的足球队"），希望通过传递对社会负责的形象得到利益相关者对企业的认同。

更多企业结合自己的能力资源和解决社会问题的需要，表现出社会责任规范一致行为，既符合企业群体行为规范的要求，也符合社会公众的期望。通过经济责任和社会责任的融合，经济责任为社会责任提供物质基础，而社会责任可以为经济责任提供方向引导，打破企业经济责任和社会责任必然相互矛盾的传统观念（肖红军等，2018）。

然而，理论界和企业界也有不少人对此提出质疑和反对意见。根据股东至上论：企业的使命是让股东利益最大化，任何承担社会责任的行为对企业来讲都是成本。[2] 为此，这些企业在面对社会责任时选择了社会责任低规范行

---

[1] Wagner, T., R. J. Lutz, et al. Corporate Hypocrisy: Overcoming the Threat of Inconsistent Corporate Social Responsibility Perceptions. *Journal of Marketing*, 73 (6), 2009, pp. 77-91.

[2] Friedman, M. The Social Responsibility of Business Is to Increase Its Profits, *The New York Times Magazine*, 13 (9), 1970, pp. 122-26.

为（甚至是不规范行为，比如问题疫苗事件），即指企业在履行社会责任时，其行为远远低于企业群体规范的要求，同时也远远低于社会公众的期望。媒体和公众对企业社会责任行为的关注和监督，使得企业社会责任低规范行为最终被曝光并被放大。

在面对社会问题时，由于在资源、能力、认知、价值观念等方面的差异，不同企业对社会问题的认识和反应存在差别，管理层不同的意识和指导思想形成了企业选择上的差异。当选择上的差异表现为CSR行为（超规范行为、规范一致行为、低规范行为）时，就体现出不同的CSR行为模式。企业采用不同的行为模式与社会发生各种联系，进而导致不同的群体CSR行为选择结果。因此，通过对行为模式进行分析，找出背后的影响机制，才能对行为进行规范和引导。

二、不同视角对CSR行为模式的分析

CSR行为模式是根据不断重复发生的、类似的CSR行为及习惯的CSR反应，提炼出CSR行为的共同点，并抽象成一定的描述和规范。CSR行为模式分析是对有代表性的CSR行为特征进行归纳和演绎的过程（吴帆，2005）。

企业在做出CSR决策时，需要在不同的行为模式之间进行抉择。企业CSR行为及其选择过程不仅是群体CSR的基本内容，也是经济学、社会学、心理学和政治学等学科的研究内容。不同学科对企业社会责任行为模式有很多不同的分析，具体包括经济学的利润最大化模式、社会学的适应性行为模式、政治学的制度规范性行为模式和心理学的复杂行为模式。

（一）经济学社会责任行为模式分析

经济学假设企业是理性的"经济人"，企业的所有行为都应当追求经济目标，受市场调节。市场引导主要靠价格体系，而社会利益则为供求平衡。由于市场在资源配置的过程中会产生市场失灵问题，因此，企业应在理性选择的基础上，将社会目标融合进来，追求企业经济目标和社会目标的融合（肖红军等，2019）。

(二) 社会学社会责任行为模式分析

韦伯认为企业及其行为是社会的"原子",社会现实是以企业的典型行为为基础的。他构建了四种不同的基本社会行为类型:目的理性行为、价值理性行为、情感行为和传统行为。他认为这四种行为类型导向了企业的所有行为。帕森斯在韦伯的基础上提出社会行动理论,他认为行动是有目的的,在一定情境中发生的,会受到规范性的调节。

哈贝马斯在帕森斯的基础上提出交往行为理论,把行为分为四个不同的方面:目的行为、规范行为、戏剧行为和交往行为。目的行为是企业通过一定的资源和手段来实现一定的目的,强调企业行为的目的性。规范行为是企业行为应具有共同的价值取向,规范行为不仅具有认知意义,更具动机意义,即企业群体的共识,企业服从规范也是为了满足对行为的普遍期待。戏剧行为认为企业是群体的互动参与者,它们在互动中向他人输出自己的印象,形成自己的角色。交往行为强调通过沟通将计划和行为协调起来。

在社会学中,CSR 行为也是为了适应社会的需要。企业是基本的社会组织,CSR 活动是一种社会建构,被嵌入在特定的社会网络和社会结构中(肖红军,2018),是所在社会环境的产物,社会责任行为受到社会制度和社会规范的约束。企业在社会中的关系嵌入和结构性嵌入使得企业的行为不仅要承担经济责任,更应该承担社会责任。此外,企业在履行经济活动、社会活动的过程中,需要按照外部环境的制约不断调整自己的行为来适应社会。同时,企业作为特定社会关系中的一员,其社会责任行为不仅是自身的事情,而且对整个企业群体和社会系统也会产生影响。

(三) 政治学社会化责任行为模式分析

在政治学中,企业被认为是社会治理的重要主体,是公共产品和公共服务的重要提供者,必然会受到社会制度规范的约束和影响。波特认为,政府推进企业社会责任行为的主要手段是制定一系列的规章制度,并辅以奖惩措施,要求企业遵守相关规定。

企业社会责任相关制度体系规定企业的义务和责任,企业按照制度的要求在限定的范围内做出理性选择,促使企业的经营决策行为符合社会期望。制度安排对企业的价值观念、经营方式和管理方式有着根本性的意义，对企业社会责任行为有预设性的指导。对于企业在追求利益最大化过程中产生的负的外部性问题，政府通过健全企业社会责任履行的制度体系，对不承担社会责任的行为进行约束，提高企业解决社会问题的能力，实现整个社会的效率和公平。因此，在政治学领域中的社会责任行为可以称为制度规范的行为模式。

（四）心理学社会责任行为模式

心理学社会责任行为模型强调行为背后的主观认知和动机的作用。行为主义学派认为学习对企业行为起决定作用。学习的机制体现在四个方面：联想、强化、模仿和观察学习。联想是通过经典条件反射促成企业社会责任行为；强化是通过对企业社会责任的超规范行为进行奖赏，对低规范行为进行惩罚，将企业的社会责任行为固定下来；模仿是企业通过观察榜样企业的社会责任行为，调整自己的社会责任行为与榜样企业的行为保持一致的过程；观察学习包括四个过程，即注意、保持、复制、内化。

认知学派认为外界环境的刺激对企业行为虽然重要，但不是促使行为发生的根本原因。行为发生的根本原因在于企业的认知和动机。在动机的驱动下，通过认知过程把外部刺激和行为反应联系起来才促成行为。因此，根据认知学派的理论，企业社会责任行为并不是企业对外界环境刺激的被动反应，而是经过自己设计的，是企业根据自身的资源和能力对外界刺激的顺势而为。

三、企业社会责任行为模式的特点

上述四种企业社会责任行为模式是在不同的理论背景下提出来的，总的来看，这些模式都强调个体社会责任行为与群体社会责任行为的互动联系，认为个体行为通过制度、规范是可以被管理和改变的。心理学视角强调社会责任行为主体的能动性，认为外界刺激不是激发企业履行社会责任的唯一原因，企业的社会责任行为是可以通过社会学习获取的，是一个从注意—改变—内化的过程，根据外界环境的变化采用适应性和主动性的行为。企业社会责任行为模式的特点体现在以下四个方面：

（1）企业社会责任行为不是独立存在的，是在和群体的互动过程中形成的，从这个意义上说，个体行为也是群体行为。

（2）制度并不是企业履行社会责任行为的唯一原因，企业社会责任行为的输出也需要依靠一定的社会规范。社会规范是一个社会所有成员共有的行为规范和标准，是组成社会群体成员可接受或不可接受行为的各项文化价值标准。社会规范可以内化为企业的责任主体意识，约束企业的责任主体行为。

（3）企业社会责任行为以企业的价值观、指导思想、拥有的资源和能力为基础。因此，通过学习和竞争是可以改变企业的行为的，也就是说，企业的社会责任行为是可以引导、可以规范、可以改变的。

（4）企业社会责任行为具有主观能动性。通过外界刺激产生的行为不具有长期的稳定性，但认知和动机可以促成企业社会责任的自觉行为。这一能动性是激发企业社会责任行为从低规范—规范一致—超规范转变的重要机制，也为规范和引导企业社会责任行为提供了前提条件。

第二节 企业社会责任行为的形成过程

正如前文所述，企业社会责任行为的形成和改变受到三个因素的影响：一是外因决定论，认为CSR行为是对外部环境的反应；二是内因决定论，认为CSR行为是内在的价值驱动；三是"互惠论"，认为CSR个体行为是由环境、自身条件和自身CSR行为相互作用决定的。

一、外因决定论

根据制度经济学，企业社会责任行为是与外界环境相互作用的结果，通过控制环境的刺激和对企业社会责任行为的奖惩的强化作用，可以塑造和改变企业的社会责任行为。群体社会责任行为是企业个体行为的集合，企业个体的社会责任偏好是通过群体社会责任行为体现出来的。

关于企业社会责任的相关文献也认同外部环境对企业社会责任选择的影响，当外部面临社会腐败和道德风险滑坡时，企业更关注生存和长期发展问题，选择履行社会责任低规范行为（郑琴琴、陆亚东，2018）。相反，在外部社会信任高的地区，企业更愿意选择社会责任高规范行为。社会责任事件本身的可控程度也影响企业的社会责任行为选择，若事件被感知为不可控的（如地震、瘟疫等灾害），企业更愿意选择社会责任高规范行为；若事件被感知为可控的，企业更愿意选择履行社会责任低规范行为。

二、内因决定论

内因决定论认为 CSR 行为是由企业的价值观、动机、道德意识等认知因素决定的，是由企业的内部原因决定的（弗洛伊德，1913）。关于企业内部行为，以往学者的研究主要基于五个方面的视角：内部经营管理、内部营销、内部品牌建设、企业家社会资本和名人背书。从内部视角来看，以往学者侧重于研究如何通过企业行为对员工的影响来提高经营绩效、组织认同和品牌建设。从外部视角来看，以往学者侧重于研究如何通过企业行为对利益相关者的影响来获取社会绩效。不难看出，在企业内部和外部不同的情景下，企业所扮演的角色也将会从经营管理转向社会影响者。研究表明：企业对非市场（公益、公关等）活动的参与度已越来越高，并且这些非市场活动占据了他们大量的资源。由此可见，作为财富拥有者和社会影响者，企业承担和履行社会责任已成为趋势，而这也符合企业内在的价值驱动和社会的期望。

越来越多的企业提出，要把社会责任提到战略高度，结合企业资源与社会期望选择参与业务相关的社会问题，创造价值与社会共享（杨东宁，2007）。为此，许正良、刘娜（2008）从分析、设计、执行、控制等方面将企业社会责任和企业战略目标融合起来。陈爽英等（2012）通过案例研究，从融合理念、识别维度、履行活动、共享收益四个过程维度，提出要将社会责任融入企业价值观，并基于价值链活动与外部竞争环境分析来识别并履行社会责任，为社会创造价值。

此外，社会企业概念的提出拉开了学者们对企业社会责任行为内因驱动研究的序幕，并使其成为未来企业行为研究的趋势之一。社会企业运用市场化经营为社会创造价值，利用市场机制来解决社会问题。社会企业就是为解决社会问题而存在的，不是为了适应外部的环境要求，而是受内部价值取向驱动的。

三、三方互惠论

企业的社会责任行为是企业与环境交互的产物，受企业内在需要和外部期望的影响（勒温，1936）。当企业内在因素驱动社会责任行为时，企业主动承担社会责任，往往采取社会责任高规范行为；当企业为满足外部期望而履行社会责任行为时，企业被动承担社会责任，往往采取社会责任低规范行为。群体 CSR 行为是内部驱动力与外部期望值达到一种均衡状态的产物。

企业对社会责任认知不同，在不同的环境刺激下常常会导致其社会责任行为偏离方向和强度的不同，也就是社会责任超/低规范行为。这符合班杜拉（1977）提出的三方互惠理论，其认为行为、认知和环境三者两两交互，会影响社会责任的输出行为。比如企业履行社会责任必须在社会规范的指导下进行，要与社会价值规范一致。但是从媒体报道的视角来看，媒体捕捉偏离的行为或是将行为进行戏剧化的加工处理，更能引起观众的关注。一些研究中将媒体关注和社会舆论压力代替规范的压力（比如非正式制度的压力，或外部制度环境约束；贾兴平、刘益，2014；唐亮等，2018）。一些企业在履行社会责任行为时做出与众不同的行为，并借此来影响其在公众心目中的形象。综上，企业的社会责任行为可能受到行为（如偏离行为/规范行为）、认知（如价值观、道德意识）和环境（如规范、媒体）三者的影响。

企业的价值观、动机等认知因素决定着社会责任行为，同时，社会责任行为的结果反过来影响对 CSR 的认知。同样，在 CSR 行为和环境的交互中，环境决定了社会责任行为的方向和强度，但是 CSR 行为也会影响周围的小环境。

综合考虑企业社会责任的认知因素、外部因素和行为因素，首先，企业社会责任行为模式取决于企业社会责任认知，体现在企业平时的责任行为中。同时，社会责任行为的经验和反馈也会加强企业对社会责任的认知。其次，企业社会责任行为模式的形成也取决于外部环境，是对外部制度约束的条件反应，外部约束发生变化时会改变企业的 CSR 行为方式。最后，企业认知和环境的交互也会影响企业推断自己的行为能力，从而选择合适的社会责任行为。企业的社会责任形成过程如图 3-1 所示。

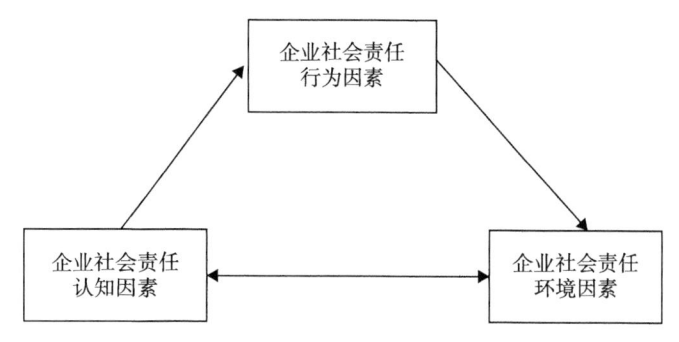

图 3-1 企业社会责任行为形成过程

四、企业社会责任行为反应过程

上述三种理论对企业社会责任行为的形成和改变提供了相对完整的解释。CSR 行为不仅受自身认知的影响，也受外在环境的影响，以及认知和环境的交互影响。在不同的社会责任环境下，同一个企业可能有不同的社会责任行为；在同样的环境下，不同的企业由于认知不同，也可能采取不同的社会责任行为。企业的社会责任行为并不是机械地反应外在环境的刺激，而是受到自身认知水平的影响。在研究企业的社会责任行为时，不仅要研究外在的环境刺激条件，也要分析企业内部因素，企业社会责任反应机理如图 3-2 所示。

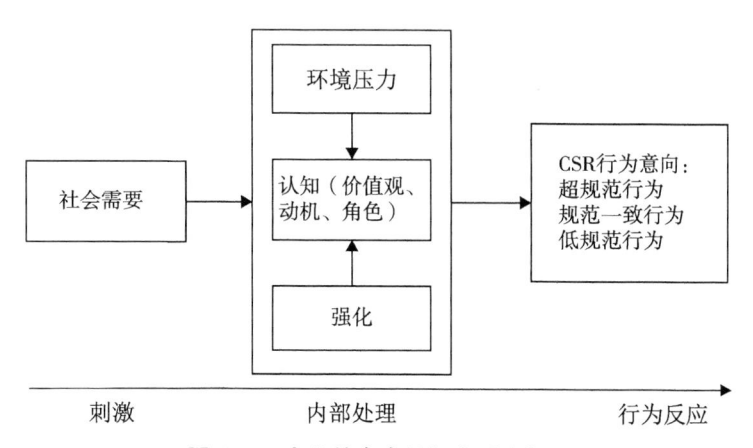

图 3-2 企业社会责任行为反应机理

在企业社会责任行为的反应中，企业始终具有能动性。第一，企业能够对环境刺激形成行为意向。第二，能动性不仅形成行为意愿，也会根据对结果的预期来强化行为。第三，能动性还包括企业在履行社会责任行为过程中根据自己的角色、动机和外部评价反应来调整自己的行为。因此，正是企业社会责任决策过程中产生的能动性促使企业要么选择超规范行为，要么选择规范一致行为或低规范行为。

第三节　企业社会责任行为的改变与演化

一、企业社会责任行为改变的原因

CSR 行为，从静态的角度看，是企业与企业、企业与社会事件之间的关系；从动态的角度看，随着企业与企业之间的竞争、互动，社会环境的变化、利益相关者的期望等力量的作用，企业会不断调整自己的社会责任行为。因此，CSR 行为是不断地与外界环境进行调适的动态平衡。

企业从被动的社会责任反应到主动的社会责任参与过程中，如果现有的社会责任行为模式能满足企业需要的所有条件，那么企业的社会责任行为就不会发生改变。实际上，企业的社会责任行为总是发生着变化，那么 CSR 行为为什么会改变呢？第一，利益相关者越来越关注企业的社会责任行为，企业需要调整社会责任行为模式来满足利益者的需要；第二，企业间的竞争加剧，履行社会责任能提高企业声誉，而声誉是一种重要的竞争资源，因此，企业会为获得竞争优势而调整企业社会责任行为模式。第三，企业对承担社会责任的观念在发生变化，特别是社会企业的出现，其将社会责任与经营战略联系起来，直接影响企业的社会责任行为模式。

作为静态的企业社会责任行为可以从社会责任行为后果进行改变，作为动态的社会责任行为可以从社会责任行为过程来进行改变。因此，本书从规范偏离视角对动态的企业社会责任行为及其群体演化进行研究。

二、企业社会责任行为改变的影响因素

计划行为理论（Theory of Planned Behavior，TPB）从企业内部视角研究企业行为模式的改变，认为企业行为改变是计划的结果（Ajzen，1988、1991）。那么，CSR 行为模式的改变也是理性选择的结果。根据计划行为理论，CSR 行为改变（低规范行为—规范一致行为—超规范行为）受到以下几个因素的影响：CSR 行为态度（企业对 CSR 行为的立场）、感知 CSR 行为的可控程度、主观规范。CSR 行为意愿起到中介作用。同时，感知 CSR 行为的可控程度也能直接改变 CSR 行为。CSR 行为计划理论如图 3-3 所示。

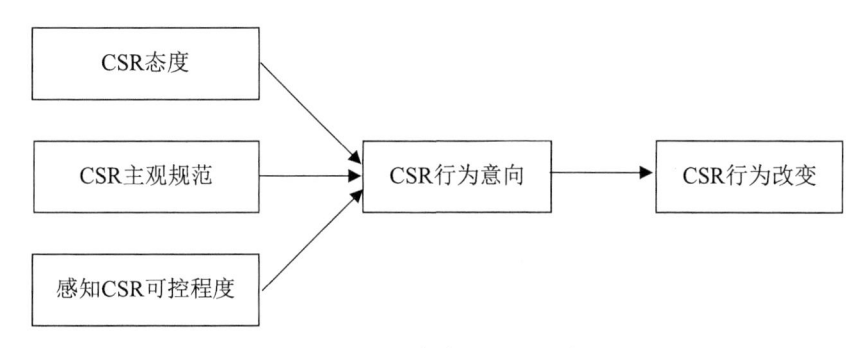

图 3-3 企业社会责任行为改变理论

从企业外部视角来看，企业社会责任行为是与外界环境相互作用的结果，企业对外部力量刺激的反应会改变企业的社会责任行为。凯尔曼（Kelman，1961）认为，态度变化是分三阶段来实现的：服从—认同—内化。服从（compliance）是指企业受到外在压力，为了实现某一重要的目标而改变企业的态度或行为，这种是在表面上与群体一致。认同（identification）是指企业与群体存在依赖关系，为了与社会角色保持一致，需要接受某种态度或行为。与服从相比，认同是企业自愿改变态度，而不是被迫改变态度；认同的态度变化不是表面、临时的反应，而是认知因素的变化。内化（internalization）是指企业获得新的认知信念或价值观，并以此为标准判断和指引自己的行为，是态度改变的最深刻层次。

企业在履行 CSR 的过程中，首先必须通过严格的立法和惩罚机制强迫企业服从企业应该承担社会责任的指导思想，形成规范；其次通过群体规范使

企业认同应该承担 CSR，将规范转入企业行为，以便与群体保持一致；最后通过激励措施让 CSR 超规范行为内化为企业自身的行为，使企业主动解决社会问题，将规范固化。

三、CSR 行为演化逻辑关系

CSR 行为演化内容主要体现在三个层面：第一，个体 CSR 行为演化的影响机理；第二，个体 CSR 行为演化的动态机理；第三，群体 CSR 行为演化的动态机理。

CSR 行为演化是指企业在履行社会责任过程中，通过认知因素、行为因素、环境因素之间的相互作用过程，实现从低规范—规范一致—超规范的转化，同时个体 CSR 行为会影响群体 CSR 行为。在 CSR 行为演化上体现为两个阶段，从低规范行为向规范一致行为演化，规范一致行为向超规范行为演化。企业内部认知因素和外部环境对演化的影响构成个体 CSR 行为演化的影响机理，个体 CSR 行为和外部环境对演化的影响构成演化的动态机理，个体 CSR 行为和外部环境力量共同构成群体 CSR 行为演化的动态机理。

企业内部因素与个体 CSR 行为、CSR 行为与外部环境、企业内部因素与外部环境相互作用，形成个体 CSR 行为演化闭环；个体 CSR 行为、外部环境力量、群体 CSR 行为形成群体 CSR 行为演化闭环。具体演化机理体现在三个层面：第一，内部认知因素与外部环境影响个体 CSR 行为演化，解释个体 CSR 行为演化的影响机制；第二，CSR 行为与外部环境交互促进演化的发生，揭示个体 CSR 行为演化的动态机理；第三，个体 CSR 行为、外部环境力量、群体 CSR 行为构成群体 CSR 行为演化的动态机理。逻辑关系如图 3-4 所示。

第三章 个体 CSR 行为改变与演化

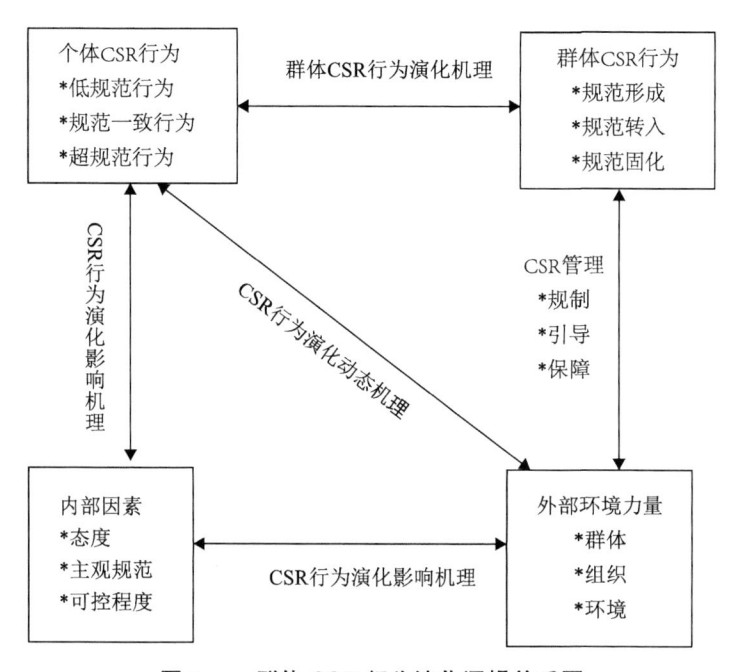

图 3-4 群体 CSR 行为演化逻辑关系图

四、CSR 行为演化理论框架

根据计划行为理论，CSR 行为演化受到企业认知因素和外部环境因素的推动。企业内部因素是 CSR 行为演化的内因，外部环境是 CSR 行为演化的外因，因此企业认知因素和外部环境因素是 CSR 行为演化的前因变量，推动个体 CSR 行为从低规范行为—规范一致行为—超规范行为演化。个体 CSR 行为演化机理如图 3-5 所示。

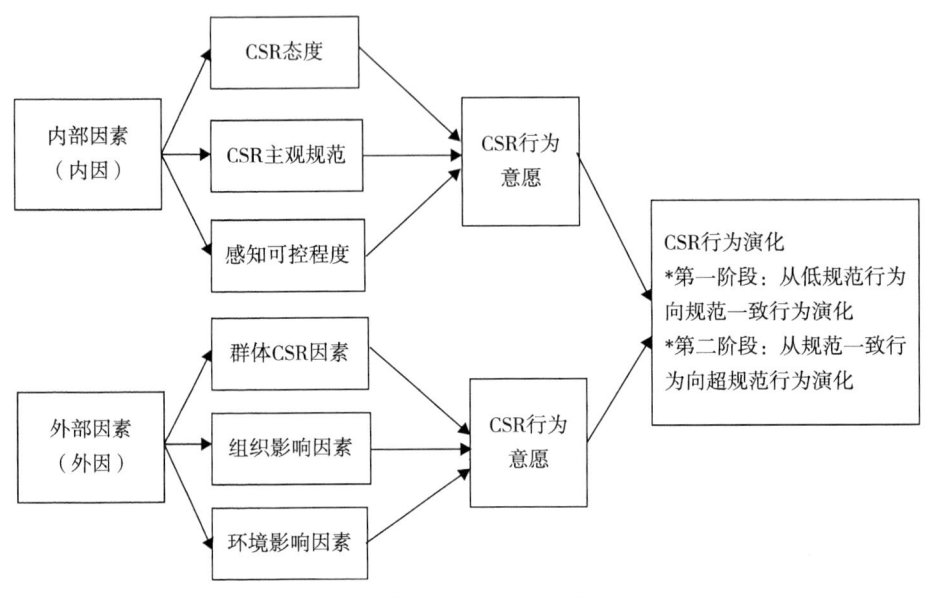

图 3-5 个体 CSR 行为演化影响机理

理性行为演化理论认为 CSR 行为演化受到企业内部因素和环境的交互作用。在演化的第一阶段（低规范行为向规范一致行为演化），企业做出 CSR 低规范行为，外部力量对 CSR 低规范行为实施惩罚措施，迫使企业 CSR 行为改变。在演化的第二阶段（规范一致行为向超规范行为演化），企业做出 CSR 规范一致行为，外部力量对 CSR 规范一致行为实施引导，鼓励企业 CSR 行为改变，最终企业履行 CSR 超规范行为。个体 CSR 演化动态机理如图 3-6 所示：

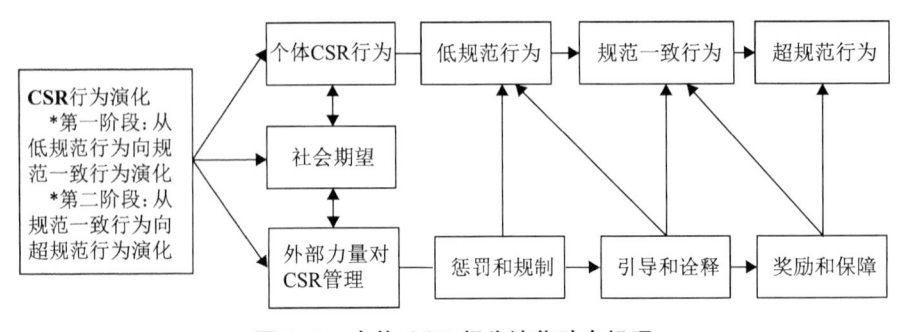

图 3-6 个体 CSR 行为演化动态机理

企业群体 CSR 行为是个体 CSR 行为的理性选择，个体 CSR 行为偏离时会影响企业群体 CSR 行为。根据行为转变理论（Transtheoretical Model of Behavior，TMB），群体 CSR 行为改变是一个循序渐进的过程，一般可以分为三个阶段：第一，规范形成阶段，CSR 群体互动初步形成规范；第二，规范转入阶段，企业间开始认同 CSR 规范一致行为；第三，规范固化阶段，形成新的 CSR 群体规范一致行为模式。以上三个阶段依次发展，每个阶段的影响因素不同。在第一阶段，应该关注个体 CSR 行为的意向和动机；在第二阶段要关注群体 CSR 行为的规范和引导；在第三阶段，应该通过自激励和保障来保持 CSR 规范一致行为。行为转变理论强调对 CSR 行为的干预应以 CSR 行为所在阶段为基础。群体 CSR 行为演化动态机理如图 3-7 所示。

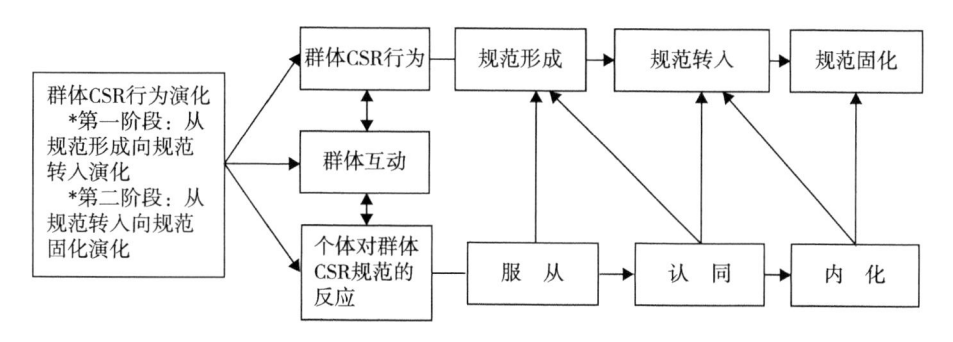

图 3-7 群体 CSR 行为演化动态机理

从前文的分析中可以看出，CSR 行为演化包括个体 CSR 行为的演化和群体 CSR 行为的演化，本章内容主要关注个体 CSR 行为的演化，第四章将研究群体 CSR 行为规范的形成。

个体 CSR 行为演化包括影响因素和动态演化的研究。本章拟采用案例研究法对武钢集团的社会责任行为进行动态研究。企业社会责任受到内部因素和外部因素的共同作用，外部因素更显现，内部因素相对隐性。因此，下一节将关注两类外部因素对 CSR 活动的影响、外部政策环境和社会期望。内部的企业认知程度将通过企业是内化社会规范还是对主动/被动反应社会规范来判断。

在企业 CSR 行为演化过程中，外部环境和社会期望共同影响企业从低规范行为—规范一致行为—超规范行为转变。但是，国有企业履行四种社会责任：政治责任、经济责任、环境责任和社会责任。前两种责任属于企业生产的基础，企业必须承担，不是本书的主要关注对象。而环境责任对武钢集团来说是战略性的社会责任，可能会经历从服从—认同—内化的态度转变。而社会责任对武钢集团来说是反应性社会责任，与战略性社会责任的演化轨迹不同，经历从服从—认同的态度转变。主要的差别在于战略性社会责任出于利他和利己双重动机，而反应性社会责任主要是出于利他动机。

第四节　从服从到内化：
武钢集团（现宝武集团）的 CSR 行为演化

一、引言

国有企业作为一种制度安排（黄速建、余菁，2006；肖红军，2018），履行社会责任被认为是应该的，也是必然的。国有企业是履行社会责任的主要力量，根据《企业社会责任蓝皮书（2019）》，国企 100 强的社会责任发展指数连续 11 年领先于民营企业和外资企业。[1] 国有企业 CSR 行为与生俱来的重要性，使得国有企业履行 CSR 行为备受社会规范约束，社会规范对 CSR 行为的影响引起了理论界和企业的普遍关注（贾兴平、刘益，2014）。近年来，国家出台多项政策法规引导国有企业的 CSR 规范行为，积极发挥其社会功能和社会影响。同时，媒体和公众对 CSR 缺失问题的关注与日俱增，特别是重污染企业的环境保护问题备受争议，使得社会规范如何内化为国有企业 CSR 行为再次成为研究的重要课题。

国有企业的 CSR 行为也是在追求经济目标和社会目标的过程中持续演化的结果（肖红军，2018），CSR 行为有助于企业和社会的共同发展。与其他企业一样，国有企业的 CSR 行为的出发点也是企业和社会的相互依存（Porter and Kramer，2006；祝继高等，2019），包括战略性社会责任和反应性社会责任。战略性社会责任关注企业和社会利益的融合，有助于企业通过解决社会问题来获取外部竞争优势，实现企业的持续健康发展（Porter and Kramer，2006；祝继高等，2019）。相反，反应性社会责任则以减轻企业对社会的负面

---

[1] 资料来源：https://baijiahao.baidu.com/s?id=1650871098631948617 and wfr=spider and for=pc.

影响为指导思想，通过基本回应利益相关者的要求（包括政府政策要求、公众的期望等），适应企业的经营环境。

已有研究认为，企业应将两者进行整合，根据内部价值链的活动和外部竞争环境的需要来履行社会责任（陈爽英等，2012；戴天婧、汤谷良，2015）。一些研究用企业反应性社会责任代表企业的 CSR 水平，比如研究用原王老吉（现在的加多宝）为汶川地震捐赠 1 亿元代表企业的 CSR 超规范行为（王新刚，2009），认为原王老吉的 CSR 行为是超规范状态。信号理论视角支持这种观点。信号理论认为 CSR 是一种线索，能揭示企业的实际经营状况。信号理论关注市场中具有信息优势的个体如何通过"信号传递"将信息可信地传递给处于信息劣势的个体以实现有效率的市场均衡。因而，信号理论认为 CSR 超规范行为能避免逆向选择，是提高市场效率和公司绩效的工具线索。

更多研究认为战略性的社会责任能代表企业的 CSR 实际水平，比如企业在绿色环保方面投资的技术创新（王景峰、田虹，2017），会提高企业的价值和 CSR 整体水平。资源基础理论和制度理论均支持这种观点。资源基础理论认为企业花费资源从事 CSR 行为会形成良好的声誉，这些声誉是独特的 CSR 竞争优势，是企业的社会资本，能提升企业的价值。企业的价值提升后就有更多的资源投入到 CSR 活动中，进而提升企业整体的 CSR 水平。制度理论认为，企业受到外部环境压力的制约，只有将外部环境压力内化为企业的价值链生产活动，企业才能得到外部的合法性资源，而这些合法性资源是企业赖以生存的基础，会提升企业的价值，进而有更多的资源投入到企业的价值链活动中，最终带动整体的社会责任水平的提高。从上面的逻辑来看，企业履行社会责任就是企业价值和社会责任水平相互成就，呈螺旋上升的态势。

上述静态过程视角都有一个基本的假设，企业的一类社会责任的超规范行为自发带动另一类社会责任行为同向演化，进而提高企业整体的 CSR 水平。然而，一些研究也承认，企业履行社会责任也有可能是一种工具性行为，也有可能是企业的伪善行为（樊帅等，2019）、趋利避害行为（刘柏、卢家锐，2019）、声誉恢复行为（Shiu and Yang，2017）、寻租行为（邹萍，2018）。可能是为了吸引眼球、满足公众的期望，这种情况并不一定代表企业长期的 CSR 状态。由此可见，一方面，已有文献缺乏对企业 CSR 行为演化的动态关注，以及对战略性社会责任和反应性社会责任关系的分析。另一方面，已有文献也没有很好地解释社会规范如何内化到企业价值链行为中，进而影响企业的 CSR 行为演化，实际上，企业常常出于实际困难或监管不力而履行 CSR 行为低规范行为。综上所述，基于社会规范和动态过程视角深入研究企业两类社会责任如何演化，不仅具有理论价值，而且对于解释中国情景下国有企业在规范压力下如何进行社会责任选择问题有深远的指导意义。

本书基于社会规范视角，通过归纳国有企业在外部环境压力下战略性社会责任和反应性社会责任的演化过程模型，以打开国有企业社会责任演化"黑箱"。具体包括以下三方面的研究问题：第一，国有企业社会责任的演化路径；第二，战略性社会责任的社会规范内化机制及反应性社会责任的服从机制；第三，归纳、提炼社会规范与 CSR 演化的过程模型，解释国有企业 CSR 从低规范行为到规范一致行为的根本动因。

二、文献回顾与分析框架构建

（一）相关理论回顾

1. 国有企业的社会属性与社会责任行为演化

国有企业的社会责任行为备受关注，因为国有企业天生的经济属性和社会属性具有统一性（肖红军，2018），而在非国有企业，这两个属性被认为是一组矛盾的目标，需要在企业内部进行平衡。因而，国有企业被期望履行 CSR 超规范行为。然而，在国企的成长过程中，经历过"企业办社会"阶段（1978—1993 年），国有企业（下文简称"国企"）起着"小社会"的角色，公众对国企超规范承担社会责任具有普遍的预期，这一阶段的国企履行的是对内 CSR 超规范行为，还没有环境责任意识。

沉重的社会负担让国企渐渐地失去经济活力，于是开始"政企分离"为主导的国企制度改革。国企承担的过度的社会责任转移到社区和社会团体，国企进入 CSR 弱化阶段（1994—2005 年）。由于国企过于追求经济目标而忽视承担非经济责任，社会责任意识和社会责任行为严重弱化，这一阶段国企履行的是 CSR 低规范行为。

针对经济体制改革带来的社会问题，2006 年《公司法》明确要求企业承担社会责任。由此，国企被重新定义为融合经济功能和社会功能的现代企业

（2006—2013年）。为解决"社会失灵"问题，国企被嵌入社会关系和结构中，不仅要经济理性，还要社会理性，经济理性应当受到社会理性的制约。因此，这一阶段国企从 CSR 低规范行为到规范一致行为转变。

随着国企改革进入攻坚期（2014至今），国企存在"国家使命冲突"（黄群慧等，2013），给国企发展造成困扰。2015年国务院发布《关于国有企业改革的指导意见》，提出要建设新型国有企业。国企与社会之间超越了之前的嵌入关系，形成一种共同体社会的共生关系（袁纯清，1998）。国企社会责任更加突出政治使命和国家战略导向，比如落实节能减排政策、"一带一路"建设、精准扶贫建设等，同时，社会责任实践变得更理性，这一阶段国企履行 CSR 规范一致行为。国有企业并不鼓励大包大揽的 CSR 超规范行为，而是主张发挥自愿性的企业公民行为等规范一致的社会责任行为。

因此，国企的社会责任行为在追求社会目标与经济目标的博弈过程中演化，经历了从对内 CSR 超规范行为到对外低规范行为的转化，以及从低规范行为到规范一致行为的转化。

2. 国企的战略性社会责任与反应性社会责任行为

祝继高等（2019）提出，国企履行社会责任既包括战略性社会责任，也包括反应性社会责任，战略性社会责任受到内部价值链延伸的驱动，而反应性社会责任受到社会期望的驱动。

战略性社会责任强调企业主动将自身的业务发展与社会利益联系起来，预期在解决社会问题的过程中能建立竞争优势，如果解决社会问题不能和价值链进行融合，或是不能带来实际的经济回报，不影响企业的生存和发展，那么企业就不会主动履行战略性社会责任。国企主动参与环境保护治理，不仅是因为环境友好型企业形象能够带来好的声誉，更重要的是该企业可能本身就存在污染排放的问题，如果不主动参与环保责任，会影响到企业的生存问题和产品的竞争力。因此，国企的战略性社会责任有一定的反应性特征（利己）。

相反，反应性社会责任是企业对社会期望的被动反应，国企从事反应性社会责任并不指望获得市场回报，而是为了满足利益相关者的需要，为了营造更好的经营环境，对产品在市场上的表现没有直接的作用，仅起着锦上添花的作用。因此，国企的反应性社会责任具有一定的战略性特征（利他），可能与政策规定相关。

综上可以看出国企的战略性社会责任和反应性社会责任分别用来解决自己的问题和社会的问题，社会责任输出将呈现出分离状态，并不会自发地同向演化。

3. 社会规范与国企企业社会责任行为

社会规范对国企社会责任行为的制度压力表现在三个方面：管制、社会期望和认知。这三个维度进行同构，使得国企 CSR 行为趋同，以获得存在的合法性（徐玲、冯巧根，2014）。社会规范通过内在的价值观和社会互动过程，形成社会期望维度的合法性，使得国企在履行社会责任问题上统一认识。同时，社会规范通过正式的制度约束企业的 CSR 规范偏离行为，形成社会政治的合法性和认知合法性，最终形成一种行为惯例。国企的社会责任行为演化不仅受到利益驱动，更受到规范影响（徐玲、冯巧根，2014）。

哈耶克（Hayek）指出，正式制度和社会期望是 CSR 行为演化的切入点，共同作用于企业认知，进而构成 CSR 演进的动力。当政府政策强制性要求高、社会期望高时，企业会提高 CSR 认知，从而内化为企业的整体战略理念，并通过对国企的资源优势和社会期望进行分析，找到体现战略意图的责任维度，融入企业的价值链活动中，推动 CSR 向规范一致行为演变。若政府政策强制性一般，社会期望不高，企业不会改变自己的 CSR 认知，虽然会满足社会期望和制度要求，但不会内化为自己的行动。

然而，企业对社会规范的认知程度比较隐性，是通过企业的 CSR 行为反应和动机体现出来的，因此，国企战略性 CSR 责任行为受到公众和媒体的广泛关注，社会期望高。在利己和利他动机的共同推动下，有可能将社会期望和规章制度内化为企业的价值链活动，这样能促使国企战略性 CSR 行为从低规范行为—规范一致行为—超规范行为转变。

反应性 CSR 行为同样受到政府政策和社会期望的影响，在利他动机的推动下，企业没有内化社会规范的动机，但是会服从相关政策的基本要求，企业的 CSR 行为可能从低规范行为向规范一致行为演化。

(二) 案例分析框架

一些学者在社会规范对国企社会责任行为的影响上进行了大量深入的研

第三章 个体 CSR 行为改变与演化

究，但还有几个问题需要进一步研究。第一，已有文献分别对国企的各个发展阶段中社会规范和国企社会责任行为进行探讨，但这些研究多采用静态视角，缺乏对国企社会责任演化过程的动态关注，不能全面细致地展现出社会期望对国企社会责任行为演化的关系图景。第二，已有文献假定战略性社会责任和反应性社会责任可能不同步，存在两者背离的情形，因此，对这两种社会责任的关系演化还需要进一步研究。已有文献已经初步揭示了社会规范内化到国企社会责任行为影响的机理，但是却没有解释国企履行不同社会责任时为什么有不同反应。

为了回答上述的问题，在已有研究的基础上，本节采用动态过程视角分析社会规范对国企社会责任行为演化的关系，分析框架如图 3-8 所示。根据国企追求经济目标和社会目标的博弈过程，可以将国企的社会责任承担过程分为企业办社会阶段、责任弱化阶段、责任重塑阶段和责任共生阶段。企业办社会阶段指企业过度承担员工责任而使其他责任缺失的阶段；责任弱化阶段指国企过于强调其经济功能、弱化其社会功能、社会责任制度缺失的阶段；责任重塑阶段指国企嵌入在某种社会结构中，在追求经济利益的同时也要履行社会义务的阶段；责任共生阶段指国企在社会命运共同体中，既强调经济目标，也强调社会目标，经济目标受到社会目标制约的阶段。

阶　段	企业办社会 ┈▶	责任弱化阶段 ┈▶	责任重塑阶段 ┈▶	责任共生阶段
外部环境	制度 P_1	制度 P_2	制度 P_3	制度 P_4
企业社会责任行为	行为 B_1	行为 B_2	行为 B_3	行为 B_4
社会期望	期望 S_1	期望 S_2	期望 S_3	期望 S_4

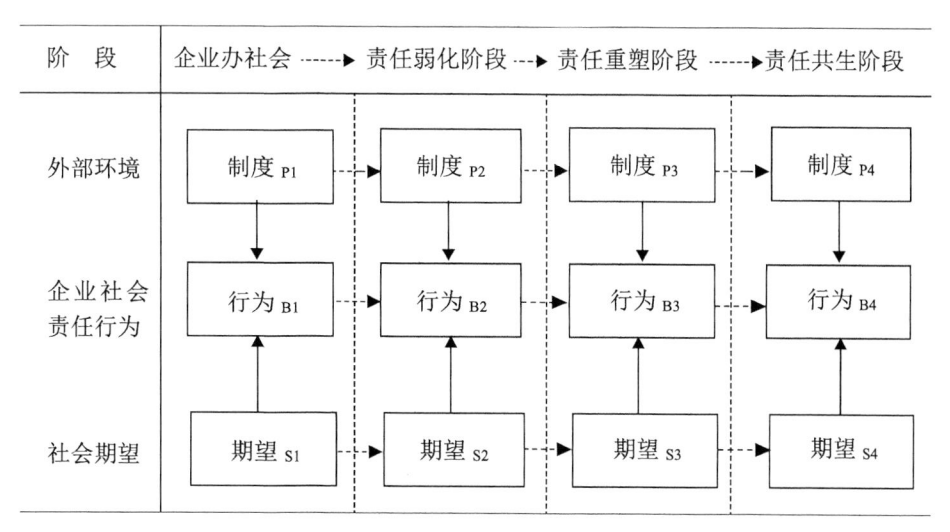

图 3-8　分析框架

三、研究设计

本书采用探索性单案例研究方法。第一，本节研究旨在回答国有企业 CSR 行为"如何"演化，属于回答"如何"问题的范畴。本书采用的是动态过程的视角，展现一个动态的 CSR 演化过程，因此，适用于案例研究方法（崔淼，2013；Yin，2002）。第二，本项目需要研究在不同阶段，企业不同类型的社会责任演化路径，并找出不同类型社会责任的驱动因素，属于文献没有涉及或没有深入解答的问题，因此，需要采用探索性案例研究方法（陈晓萍、徐淑英等，2008；崔淼，2013）。第三，由于本节研究深入探索的需要，要求有丰富的案例数据做支持，因此，采用单案例为基础进行分析（Yin，2002）。

（一）研究样本

本节研究遵循典型性原则，选取原武钢集团（现宝武集团）社会责任行为作为案例研究样本。该案例能代表类似国有企业的 CSR 行为演化决策和实践。

首先，就企业本身来说，武钢集团代表典型的国有企业。武钢集团 1958 年建成投产，是新中国成立后建设的第一个特大型钢铁联合企业集团。武钢集团经历了国企改革的各个阶段，企业的发展战略深受国企体制改革的影响，也是国企体制改革的受益者。武钢集团与其他国有企业都经历了从"企业办社会"、社会责任弱化、社会责任嵌入、社会责任共生的阶段。

其次，武钢集团的社会责任实践代表性在于：钢铁行业是高能耗、高排放产业，其社会责任行为受到政府制度的强制性压力，也受到公众的广泛关注。武钢集团高度重视企业社会责任，自觉把社会责任要求融入企业发展战略，融入日常的生产经营活动中。同时，武钢集团也积极履行政治责任，贯彻党中央脱贫攻坚决策部署，将扶贫作为企业重大的政治任务，实施扶贫资金倍增计划。此外，武钢集团作为 A 股上市公司，其社会责任行为备受关注，武钢集团与众多高能耗的国有企业的社会责任演化过程、起因和实践是一致的。

（二）数据收集与分析策略

本节研究严格遵循案例研究的流程，包括文献回顾、案例研究设计、案例数据收集、案例数据分析，同时在最后两个阶段运用了循环往复的策略（崔淼，2012；Yin，2002）。

（1）在文献回顾阶段，收集并总结社会规范和国企社会责任管理理论的相关文献，确定研究问题和本节研究的探索性性质。

（2）在案例设计过程，明确数据收集的方法和分析策略，并设计访谈提纲。

（3）在数据收集阶段，本节研究使用多种来源的数据，使研究者能"三角验证"不同数据，从而提高研究的信度和效度（刘玉焕等，2014），数据来源有访谈数据、档案数据。

访谈数据。本书的访谈数据来源有两部分，媒体对武钢集团高层的访谈和作者对武钢集团内部员工的访谈。我们把媒体对武钢集团高层及相关人员的访问作为本节重要的访谈数据的原因在于，武钢集团是上市公司，其履行社会责任的过程和演化细节被媒体广泛披露，特别是《经济日报》《21世纪经济报道》《经济参考报》《证券日报》《中国冶金报》《中国工业报》《湖北日报》《长江日报》《企业家日报》等国内主要媒体对武钢集团高层曾做过深入的访谈，因此，本书选用中国知网和一些重要报纸数据库的媒体访谈资料：陈德荣（27篇）、马国强（23篇）、邓崎琳（37篇），以及其他高管人员对社会责任、绿色环保的相关访谈资料（32篇）。后续通过E-mail联系，我们对访谈资料中不确定的信息进行补充和确认。表3-1描述了本节选用媒体信息的详细资料。另外，为了获取武钢集团日常运营的信息，我们对武钢集团进行实地考察，并对2名热轧总厂总工程师、2名营销公司副总进行半结构化访谈，访谈提纲包括三个部分：①访谈者的个人背景，在武钢集团的成长历程；②产品生产过程中在节能减排方面的措施，环境保护政策的变化情况，产品在绿色环保方面的技术创新和执行情况；③产品在市场上的竞争力，市场的宣传策略，消费者对企业参与社会责任的预期，企业哪些行为对产品的市场表现产生影响。访谈时间30~90分钟不等，我们对访谈做了录音和记录。

档案数据。武钢集团有丰富的社会责任方面的二手数据，包括1996年以来的武钢集团年鉴，2009—2018年度社会责任报告和年度财务报告。其中武钢集团的社会责任报告详细记录了社会责任行为，包括政治责任、经济责任、社会责任和环境责任行为。年度财务报告则验证了企业社会责任投资的数量和使用去向情况，以及与武钢集团有关的学术文章（如宝钢集团、武钢集团合并的案例研究，供给侧改革问题、社会责任评价体系建设，以及与环境保护相关的技术性文章）也被收集和整理。此外，本书还通过武钢集团网站和各类媒体收集到相关数据（见表3-1）。

表3-1 案例数据来源的详细情况

访谈对象	来源	数量	访谈内容
陈德荣（宝武集团党委书记、董事长）	《中国冶金报》《现代物流报》《中国环境报》《新华日报》《经济日报》《经济参考报》《第一财经日报》等	27	发展战略、企业面临的机遇与风险、市场风险的防范、去产能措施、绿色环保、智能制造、节能减排、对口扶贫交流等
马国强（宝武集团前任党委书记、董事长）	《长江日报》《中国证券报》《21世纪经济报道》《中国安全生产报》《中国矿业报》《中国能源报》等	23	宝钢集团、武钢集团合并问题、市场导向、供给侧改革、企业跨越式发展、去产能、节能减排、环境治理等
邓崎琳（武钢集团总经理）	《经济日报》《21世纪经济报道》《经济参考报》《证券日报》《中国冶金报》《中国工业报》《湖北日报》《长江日报》《企业家日报》等	37	混合所有制改革、行业寒冬、创新驱动、转型发展、产业升级、企业多元化发展、环境友好、社会责任等
王建跃（宝武集团总经理助理等其他高管团队）	《经济日报》《21世纪经济报道》《中国证券报》《中国冶金报》《湖北日报》《重庆日报》《金融时报》等	32	市场环境、产能过剩、技术转型升级、政府要求能耗与环保标志、大气、水、土壤污染治理、产业发展措施、工艺特性、固体废弃物处理技术等
热轧总厂总工程师	本书作者	2	产品生产过程中在节能减排方面的措施，环境保护政策的变化情况，产品在绿色环保方面的技术创新和执行等
营销公司副总经理	本书作者	2	产品在市场上的竞争力，市场的宣传策略，消费者对企业参与社会责任的预期，企业哪些行为影响产品的市场等

第三章　个体 CSR 行为改变与演化

在案例分析过程中，首先，本书对不同数据来源提供的数据进行比对，选用能够得到多重支持的数据进行分析；其次，项目团队对数据进行数据筛选，并完成案例描述部分；再次，遵循 SPS（Structural, Pragmatic, Situational）案例研究的阶段式建模框架，在案例分析框架的指导下构建模型（崔淼等，2012）；最后，通过团队讨论，分析构建的模型与数据的契合性，采纳一致的结论，对不一致的结论由作者再次进行独立分析，直到达成一致意见为止。

四、案例描述

武钢集团成立于 1955 年，是新中国成立后建设的第一家特大型钢铁企业，于 1958 年投产，是中央和国务院国资委直管的国有重要骨干企业。集团本部产区位于武汉市青山区，占地面积约 21 平方千米。拥有矿山采掘、炼焦、炼铁、炼钢、轧钢及辅助配套设施等整套钢铁生产工艺设备。武钢集团生产规模居世界钢铁行业第四位，并于 2010 年跻身世界 500 强行列。武钢集团有三大主营业务：钢铁制造、高新技术产业和国际贸易。2016 年 12 月，武钢集团与宝钢集团合并，成立新的宝武集团。宝武集团致力于建立钢铁生态圈，依托信息技术，实现钢铁制造与服务各环节的协调连接和智慧决策，通过数据共享和智能连接使各利益相关方的协同效应最大化。

钢铁行业是高能耗、高排放产业，如何推进节能减排、实现低碳发展是企业生存与发展的关键。武钢集团作为央企，肩负着政治责任、经济责任、社会责任和环保责任。

从社会期望来看，钢铁产业需转变资源消耗发展模式，建立低能耗、少排放、高环保的可持续发展是钢铁企业的唯一选择。从政策要求来看，政府制订了一系列关于环境保护、节能措施与污染排放标准，出台各类大气、水、土壤污染防治行动计划，这些政策性要求的"绿色门槛"对武钢集团来讲，是企业的生存线，是底线约束。本案例将重点描述武钢集团社会责任演化的过程。

（一）企业办社会阶段（1955—1993）的社会责任

这一时期武钢集团的责任边界被无限放大，武钢集团创建了"大而全、小而全"的社会服务体系，包括学校、医院、妇幼保健所、防疫站、幼儿园等。同时，对职工提供终身的福利和保障。对社会的责任主要表现在参与地方建设，与地方政府在职能划分上模糊。从承担经济责任来看，武钢集团是放权让利试点单位，推行承包制、股份制试点等措施，关注经济责任，缺乏环境保护意识、能力和行动，对"环境责任"的承担缺失。因此，武钢集团主要的责任是对内部员工提供无限责任，与利益相关者关注少，环境责任缺失。

(二) 责任弱化阶段 (1994—2005) 的社会责任

1. 社会责任

这一时期武钢集团通过产权改革而成为真正意义上的独立企业，通过"减员增效、下岗分流"减轻社会负担，提出干部能上能下的政策，并建立内部人才市场，下岗的工人和干部在人才市场上二次择业。随着计划经济向市场经济转变，武钢集团开始着手资产经营承包，组建新的经营运行机制。1996年武钢集团与下属公司签订资产经营承包合同，实行法人委托管理方式，当年实现减亏3700万元的承包指标。

2. 经济责任

武钢集团作为独立法人参与市场竞争，开展提高企业竞争力研究，强调产品质量，武钢集团内部推出了一系列质量标兵，2004年武钢集团荣获全国质量管理奖。

1999年武钢集团股份A股上市，企业开始对外扩张，2005年武钢集团提出实施中西南发展战略，开启战略重组鄂钢、柳钢、昆钢、防城港基地建设。企业整体经济效益良好，经济增长速度快，与外部利益相关者的沟通逐渐增多，但主要体现为交易关系，对交易之外的责任承诺较少。

3. 环境责任

1996年武钢集团对含铁资源二次综合开发利用，开始尝试绿色科技创新。但总的来看，节约资源、保护环境的行动还比较缺乏，主要以牺牲环境为代价，高能耗换取经济增长。

(三) 责任重塑阶段 (2006—2013) 的社会责任

1. 社会责任与政治责任

2006年《公司法》明确要求企业承担社会责任，武钢集团开启社会责任重塑之路。武钢集团按照中组部的文件要求支援西藏八宿县城，同时落实国务院"工业反哺农业，城市支持农村"的方针，支持新农村建设，省内帮扶通山县、五峰县、秭归县和新洲区，对口扶贫工作纳入企业管理目标。由于在抗击雪灾、地震灾害中做出突出贡献，武钢集团被中华慈善总会授予2008年度中华慈善奖。2009年开始，武钢集团根据国资委《关于中央企业履行社会责任的指导意见》要求，编制公开发布社会责任报告，是首家发布社会责任报告的钢铁企业；成立社会责任工作委员会，明确提出社会责任管理体系，包括政治责任、经济责任、社会责任和环保责任。2010年开始，武钢集团明确提出要把社会责任融入企业的发展战略。2012年利益相关者对武钢集团的期望以及主要的沟通方式和衡量指标写入了武钢集团的社会责任报告中。

2. 经济责任

受金融危机的影响，钢铁行业受到严重的冲击，国内经济增速放缓，钢铁产业产能过剩、下游需求萎缩，武钢集团的生产经营遇到困难。成本居高不下、节能减排任务艰巨、市场竞争激烈导致武钢集团的增速逐年放缓。市场竞争加剧，客户成为武钢集团的重要资源，2011年，武钢集团成立客户服务中心和42个"三位一体"产销研团队，为客户提供一站式服务，通过个性化服务满足用户需求。

随着钢铁主业利润的逐年下降，武钢集团开始适度地进行多元化转变，2009年武钢集团抓住金融危机带来的重大调整有利时机，投产海外矿石资源项目，提高资源保障能力。在中央的要求下加快"走出去"战略，海外建厂、海外布点形成网络，在9个国家和地区设立子公司和办事处。

技术创新、淘汰落后产能成为武钢集团经济工作的重点，在引进、消化、吸收、再创新的基础上自主研发重大技术成套国产化集成设备。2012年武钢集团提出走科技为先导的质量效益发展之路，第一次提出钢铁供应链、技术链、资源利用链，社会责任开始融入公司的产业链中。

3. 环境责任

2009年哥本哈根世界气候大会上我国向世界庄重承诺，到2020年CO_2排放比2005年下降40%~45%。《环境影响评价法》执行逐年严格，国内一些中小钢厂因污染排放问题被关停，武钢集团旗下子公司屡屡出现因污染超标排放被罚款的情况，环境保护成为企业生存的红线。武钢集团开始严格执行建立污染减排考核体系，确定节能降耗、环保、绿化等环保一流指标，将SO_2、烟粉尘排放量、耗水量等节能减排指标分解到相关责任单位，提出具体要求和工作标准，每月开例会进行过程控制。

同时，武钢集团按ISO 14001建立环境管理体系，通过DNV认证审核，年度预算内设置环保投资专项。武钢集团自动监测内部污染物排放和厂区内的环境质量，并在《武钢集团工人报》上发布监测结果。节能减排、清洁生产、循环经济、环保科研成为企业关注的重点。

（四）责任共生阶段（2014年至今）的社会责任

1. 社会责任和政治责任

2015年，中共中央、国务院印发《关于深化国有企业改革的指导意见》，明确指出，国有企业要自觉履行社会责任。党的十八届五中全会也强调要增强社会责任意识，企业要以负责任的方式开展经营，通过履行社会责任形成内生动力。武钢集团开始架构社会责任顶层设计，提出将社会责任融入企业战略决策、治理结构和日常运营的各个环节中，打造责任价值链。社会责任报告中的发展目标也调整为创造经济、社会和环境综合价值，在新环保政策和"互联网+"的推动下开始创新转型。

2016年武钢集团和宝钢集团合并，成立宝武集团。它们的合并在钢铁行业是具有里程碑意义的事件，是深化国企改革的重要举措。

2017年起，党的建设纳入宝武集团社会责任报告中，以党的建设统领各项工作，推进"两学一做"，坚持"两个维护"，开始向社会推荐优秀的社会责任案例，并评选优秀的环境经营项目。宝武集团一如既往地关注员工发展，持续参与公益捐赠及帮扶，包括对口援藏、定点帮扶、省内帮扶。2004—2018年持续扶贫，直接受益群众超52万人。海外公司也开始践行社会责任，参与当地的社会责任活动。

2. 经济责任

钢铁行业市场依然在"寒冬"中,淘汰落后产能和供给侧改革成为经济工作的重点,坚持转型升级,创新发展,努力打造产网、产融、产城结合于一体的绿色智慧钢铁产业生态圈将成为未来发展的机会。2014—2016年武钢集团连续三年业绩下滑,尝试通过产品的绿色和智慧创新提高产品的竞争优势,通过营销创新提高市场竞争力。一方面,通过大数据技术挖掘客户信息,提高服务客户能力;另一方面,为重点客户提供定制化的产品解决方案。2017年合并后的宝武集团探底回升,提前完成去产能目标,利润开始回升。产品创新围绕智能制造,力争构建集智能装备、智能工程、智能互联于一体的智能制造体系,为将来打造全新的竞争优势。

3. 环境责任

2015年新《环保法》和环保新标准的实施推动武钢集团持续改进节能减排,优化环保指标,提出绿色制造、绿色产品、绿色产业理念,环境责任开始融入企业的价值链生产活动中。能源环保问题、节能减排问题坚守环保合法合规底线,能耗持续下降。2017年合并后的宝武集团提出通过绿色制造、智能制造实现城市共融共生。

五、案例讨论

本节通过对武钢集团企业办社会、责任弱化、责任重塑和责任共生4个阶段中社会责任演化及管理的分析,探讨外部环境和社会期望如何推动企业社会责任动态演化,其中战略性社会责任如何内化社会规范,反应性社会责任如何服从社会,其中的机理何在。

(一) 外部政策环境和社会期望是推动企业社会责任演化的基础

武钢集团的CSR行为经历了低规范行为—规范一致行为—超规范行为动态演化的过程。在企业办社会阶段,武钢集团对内部员工承担着过度责任,这是由当时国有企业体制决定的。对外承担零星责任也是受政府引导或分配。对其他利益相关者基本不承担责任,没有环境责任意识。这一阶段社会责任主要靠外部政策的驱动，社会期望对武钢集团履行社会责任没有影响。

在责任弱化阶段，武钢集团根据党的十四届三中全会提出的国企改革制度创新精神，将责任合法移交给社会，武钢集团作为独立法人参与市场竞争，实现国有资产增值保值，但过于追求经济利益而忽视非经济责任（沈志渔等，2008）。在参与市场竞争的过程中，武钢集团逐渐意识到顾客对企业的重要性，但对利益相关者的责任还处在交易关系范畴；环境责任意识也开始萌芽，开始对排放物中的某些元素进行二次利用，减少对环境的污染；为贯彻落实党中央、国务院关于工业反哺农业的方针，2004年武钢集团开始承担对口援藏和对口省内扶贫的社会责任。

在责任重塑阶段，武钢集团在新《公司法》和国务院、中组部的文件要求下继续承担精准扶贫任务，有意识地把对社会的责任纳入企业日常管理中，对口扶贫工作成为武钢集团的一份长期责任。2009年在证监会和国资委的要求下，武钢集团开始向社会发布企业社会责任报告。

受2008年金融危机的影响，上游铁矿石价格上升，下游需求不旺，产能过剩逐渐凸显，武钢集团经济增速开始逐年放缓。抢夺客户资源成为企业生存和发展的关键，客户服务和管理成为管理工作的重点，武钢集团开始有意识地了解利益者对企业的期望。

在哥本哈根世界气候大会上我国向世界承诺节能减排。国务院提出央企要成为资源节约型企业、环境友好型企业，武钢集团必须严格执行《环保法》，强化全员环境保护责任和环境保护意识。环境保护节能减排是硬指标，为此，武钢集团提出污染减排考核指标体系，全员参与，全程监督。

在责任共生阶段，钢铁行业陷入"寒冬"，去产能和供给侧改革压力大，武钢集团与宝钢集团合并，成立新的宝武集团。这一时期，国务院、党的十八届五中全会要求国有企业要自觉履行社会责任，特别是政治责任。宝武集团将党的建设纳入社会责任报告当中，履行政治责任；依然延续扶贫工作和对员工的责任；社会期望开始引起关注；新《环保法》的修订和实施提高了环境保护的新标准。在内忧外患的双重压力下，武钢集团主动将环境保护责任融合到企业的价值链生产活动中，打造绿色智能钢铁生态圈，将市场竞争、产品转型升级、环境保护三大压力转化为企业的竞争优势。

综上可以看出，武钢集团的社会责任行为都是在外部政策环境和社会期望的作用下驱动的。根据驱动力量的强弱，一部分社会责任内化为企业的生产行为中，另一部分社会责任仍是对相关文件要求的反应。武钢集团的 CSR 关键影响事件如表 3-2 所示：

表 3-2 武钢集团 CSR 关键影响事件

阶 段	时 间	关键事件	主要社会责任表现
企业办社会阶段 （1955—1993 年）	1978	国有体制改革	对员工承担过度责任； 对社会承担零星责任； 没有环保责任意识
	1992	社会主义市场经济	
	1993	建立现代企业制度	
责任弱化阶段 （1994—2005 年）	1999	股份制改革；武钢集团股份 A 股上市	经济快速发展；对社会承担一定责任；出现环保责任意识萌芽
	2003	现代产权制度	
	2004	国务院提出工业反哺农业、城市支持农村方针	
	2006	公司法要求企业履行社会责任；	
责任重塑阶段 （2006—2013 年）	2009	中央企业履行社会责任指导意见	经济增速放缓，继续对社会承担捐赠和扶贫责任，环保意识加强，但停留在对环境政策和监督的反应层面
	2009	对外发布社会责任报告；	
	2009	歌本哈根会议后，节能减排成企业绩效指标	
	2011	国家环境保护"十二五"规划，环保实行一票否决制	
责任共生阶段 （2014 年至今）	2015	新环保法实施	经济触底反弹，继续对社会承担捐赠和扶贫责任，关注社会期望，环保责任融入企业价值链
	2015	去产能、供给侧改革	
	2016	宝钢武钢合并	
	2017	打造绿色智能钢铁生态圈	

（二）战略性社会责任是企业内化外部政策环境的关键途径

武钢集团承担 CSR 的具体形式包括政治责任、经济责任、社会责任和环境责任。哪些责任属于武钢集团的战略性社会责任呢？从战略性社会责任的定义来看，需要将企业利益和社会利益结合起来，履行政治责任和经济责任是武钢集团生存的基础，不由企业选择；履行社会责任对社会有益，但对企业来讲依然是成本；履行环境责任对企业和社会都有利，环境责任属于武钢

规范偏离视角下企业社会责任群体行为演化及其管理研究

集团的战略性社会责任。

武钢集团的战略性社会责任（即环保责任与价值链融合）的演化路径如下。

在企业办社会阶段，没有环境责任意识，虽然《环保法》已经颁布，但是执行不严，企业还是靠高资源消耗、高排放牺牲环境的方式来换取经济增长。

在责任弱化阶段，武钢集团经济增长速度快，产品在市场上受到追捧，整体上属于卖方市场，客户的话语权比较小，加上行业群体没有环保意识，利益相关者还没有意识推动企业履行环保责任。

但这一时期受经济利益的驱动，武钢集团的环保意识开始萌芽，意识到把排放物、固体废弃物中的有利用价值的资源收集起来能为企业带来更高的经济效益，同时，这些举措对环境也是有利的。企业的出发点并不是为了环境利益，只是在经济利益的诱发下，将环境保护与部分生产环节融合。

在责任重塑阶段，《环保法》已被严格执行，外部市场环境中频现因环境保护问题被关停、被惩罚的情形，武钢集团子公司也因环保问题上的投机行为而遭到主管部门罚款。央企的节能减排成了除 GDP 外最重要的一个衡量企业绩效的指标，武钢集团从上至下开始关注节能减排问题，全员全过程完成节能减排任务。

同时，这一时期武钢集团经济增速放缓，市场从卖方市场转化为买方市场。随着环境保护观念深入人心，上市公司负面的环境污染事件被媒体曝光和深挖，客户开始关注武钢集团的环境保护问题，武钢集团感受到来自市场的环境压力，于是着手在产品自主研发和技术创新中适当考虑环保问题，主要目的是为了提升产品的市场竞争力，另外也是顺应市场的趋势。因此，这一阶段的环境保护基本已成体系，主要的驱动力量有三个：一是节能减排是政府下达的绩效指标，必须要完成的；二是违背环境保护的行为会受到惩罚；三是环境保护问题受到利益相关者特别是客户的广泛关注。但是，我们也可以看出武钢集团的环境保护行为还是出于对外界压力的反应，是在企业生存和发展的驱动下被动适应外部力量（政府、行业组织、客户等）对企业的环境保护的需要。

在责任共生阶段，武钢集团去产能压力大，一度陷入亏损，企业经营困难,市场需求萎靡,环保和绿色成为产品竞争的基本要求;从外界环境来看,新《环保法》提出更高的环保标准,被动适应环境保护成本高昂;从未来发展来看,以大数据为代表的智能智造成为企业发展的新机遇。此外,新成立的宝武集团备受关注并被寄予重望,因此,构建绿色智能钢铁生态圈,将环境保护主动融入价值链生产活动中是打通三大压力的唯一途径。自此,武钢集团实现环保责任的内化。

(三) 反应性社会责任是企业服从社会期望的主要体现

根据反应性社会责任的定义,企业通过回应利益相关者的要求(包括政策文件要求、公众的期望等),适应外部经营环境。反应性社会责任是企业的利他行为,不是为了自利。因此,武钢集团的四种责任中,社会责任属于反应性社会责任。反应性社会责任(即对环境压力的反应)演化路径如下。

在企业办社会阶段,企业对社会的责任主要是回应政府的要求。

在责任弱化阶段,企业进入高速发展时期,企业开始意识到公众和客户对其有社会期望,但社会回应主要限于交易关系。在中组部相关文件的要求下,武钢集团于2004年开始承担对口援藏和精准扶贫责任,这些既是社会责任也是政治任务。对武钢集团来讲,这些就是成本,没有回报,所以达到政策要求的标准就可以了。

在责任重塑阶段,武钢集团经济增速放缓,激烈的市场竞争使得武钢集团需要重视利益相关者对企业的期望,在国务院相关文件的要求下,武钢集团将扶贫工作融入企业的日常经营活动中,扶贫资金被列入企业预算。由于武钢集团是重污染企业,社会期望的焦点仍然在环境问题上。企业技术创新和环境治理费用居高不下,内忧外患使得企业没有多余的资源用于解决社会问题。如果说责任弱化阶段武钢集团承担对社会的责任是被动反应,那么责任重塑阶段就是主动反应,标准是一样的,满足基本的需求就可以了。

在责任共生阶段,武钢集团(现宝武集团)扭亏为盈,利益相关者的需要变得越来越重要,宝武集团提出企业与城市是共生关系,共生主要体现在两个方面:环境保护的共生和社会责任的共生。环境保护依然是宝武集团的重要目标和公众关注的焦点,因此,宝武集团的反应性社会责任依然是主动反应,满足基本的政策要求和公众期望,并没有像环境责任一样内化到企业的价值链生产环节中。

六、研究结论与展望

（一）研究的理论价值

笔者认为研究社会规范对武钢集团企业社会责任动态演化的影响具有如下理论价值。

1. 国有企业的社会责任受社会规范（外部政策环境和社会期望）的推动进行演化

已有研究大多关注国企承担社会责任和社会规范的作用两个问题，多采用静态视角进行研究，缺乏对国企承担社会责任过程的动态关注。本书在已有研究的基础上进行延伸，重点探讨国有企业"为什么"和"如何"承担社会责任的动态过程，以及社会规范是如何影响国企的两类 CSR 行为的。本书采用动态过程视角，揭示国企在履行社会责任过程中外部政策环境和社会期望与社会责任行为的互动关系，系统地打开了国企履行社会责任不同阶段中行为演化的"黑箱"。研究结论表明，国企能够实现社会责任从低规范行为—规范一致行为—超规范行为的转变，外部环境政策的约束和社会期望的压力推动企业 CSR 行为演化。而企业是服从还是内化规范的根本原因在于是自利还是利他的动机。对战略性社会责任，同时存在自利和利他行为才有可能内化规范；而反应性社会责任主要是利他，没有明显的收益，因此更多的是服从或认可规范，而不会内化规范。

2. 战略性社会责任才能内化社会规范

已有研究指出，企业社会责任在外部力量的驱使下会内化到企业的价值链活动中，但是没有研究外部力量该如何进行内化。本节研究提出，不是所有的社会责任都会与企业的战略进行融合，只有战略性的社会责任才能内化到企业的价值链活动中。战略性社会责任内化的过程经历了服从—认同—内化的路径。

3. 反应性社会责任认可社会规范

已有研究解释反应性社会责任是企业为了获得外部合法性而采用的自发

利他行为，然而，本节研究提出，反应性社会责任行为也是企业应对社会规范的形式，国有企业的社会责任行为受到政策的推动才能持续利他。反应性社会责任是长期的责任，企业不能从中直接得到经济回报，也不会通过一时的超规范行为来吸引眼球，因此，国有企业会服从或认可社会规范，但是不会内化到企业的价值链活动中。

4. 战略性社会责任和反应性社会责任经历了同步演化到背离演化的过程

现有研究指出，战略性社会责任和反应性社会责任的关系是不清楚的，大部分研究把它们当作同向的相关关系。然而，本节研究指出，在企业社会责任低规范—规范一致的演化过程中，战略性社会责任和反应性社会责任同步演化；而在企业社会责任从规范一致—超规范行为演化的过程中，由于反应性社会责任没有自利的驱动，规范一致行为成为反应性社会责任的天花板。而战略性社会责任受到自利和利他的双重驱动，通过内化社会规范采取超规范行为，这时两类社会责任的演化轨迹发生背离。

（二）研究的管理启示

本研究的研究启示体现在外部管理者和企业两个方面。

（1）对外部管理者来讲，在社会规范的影响下，企业社会责任行为应该是可以引导、改变的。通过外部政策环境和社会期望的作用推动企业社会责任从低规范行为—规范一致行为—超规范行为转变。要想企业内化社会规范，履行超规范行为，需要营造出天时地利人和的 CSR 环境。外部政策对 CSR 低规范行为予以严惩，对规划一致行为进行引导；利益相关者对社会 CSR 规范行为形成预期；最重要的是规范一致行为对企业来讲是机会而不是成本。当这三个方面聚合在一起，企业才会主动内化社会责任规范。

企业的社会责任可以分为战略性社会责任和反应性社会责任，对于战略性社会责任，通过社会规范的影响是可能内化到企业的经营活动中的；对于反应性社会责任，企业是对社会规范的被动/主动反应，而不会实质性地内化到业务战略中。

（2）对企业来讲，外部政策环境约束和社会期望压力迫使企业做出 CSR 反应，以获得合法性资源或竞争优势。对于战略性社会责任，通过内化社会规范能帮助企业打通政策环境、市场、社会期望压力，是一件利人利己的事，最重要的是会形成市场竞争优势，因此，企业需要通过内化规范使价值链得到优化和延伸。反应性社会责任主要是为了利他，企业不能从中得到回报，那么遵守社会规范是成本最低的做法，而不是内化社会规范。

(三) 研究局限性与展望

尽管本研究揭示了国企的外部政策环境和社会期望对其社会责任行为的演化之间的关系，得出了一些有理论价值和实践价值的结论，但还存在一些不足之处，主要是单案例研究样本的局限。单案例有其自身的局限性（崔淼等，2012），本书采用武钢集团的社会责任演化作为个案，样本企业来自于高污染高排放的产业，是一个政策性影响非常强的行业，那么对于其他政策性影响不那么强的行业，其社会责任如何演化呢？在今后的研究中，我们将进一步采集和分析其他类型企业行业和市场的案例，对本节研究得出的结论进行补充和完善，以便系统地揭示企业社会责任行为演化和管理机理。

第四章 群体CSR行为规范的形成

本章将探讨个体 CSR 行为偏离对群体 CSR 规范形成的影响。第一节讨论什么是群体 CSR 行为，以及个体 CSR 行为与群体 CSR 行为的区别和联系。第二节探讨群体 CSR 规范的形成和演变，群体规范形成有三种解释，由群体经验积累（内在规范）、通过有意识地设计（外在规范）、介于内在规范和外在规范之间；群体规范演化分三个阶段：规范形成阶段、规范转入阶段和规范固化阶段，其中每个阶段的影响因素不同。第三节讨论群体行为对群体规范的影响，认为群体规范是群体理性选择的结果，可以利用群体规范对个体 CSR 行为中的低规范行为进行治理。第四节通过案例研究，从钢铁行业的政企共演化为切入点，分析个体企业规范偏离行为对行业环保责任规范的形成和提升的影响。

第一节 群体 CSR 行为的形成

一、个体 CSR 行为与群体 CSR 行为

一部分学者认为群体对个体行为有负向影响，群体行为使个体以非理性的方式决策（勒庞，2015），在群体作用下，个体处于一种无意识状态。在这个意义上，群体行为被认为是一种自发、无组织、无规制的突发行为，个体行为难以控制，其行为结果将违背群体行为的初衷。这种观点无法对群体

CSR 行为做出解释。

社会规范理论认为，企业总是以某种形式嵌入在一定的社会环境中，属于某个群体，受某种群体规范的约束。本书中的个体和群体作为履行 CSR 的不同层面的行为主体，群体 CSR 行为强调个体按照群体 CSR 规范，以群体身份做出 CSR 行为，是群体成员采取的统一行为。从这个意义上说，群体 CSR 规范能减少个体企业的投机行为，群体 CSR 行为比个体 CSR 行为更理性，社会信任是群体规范和选择的结果。

从上一章的描述可以看出，个体 CSR 行为是在外部政策环境规制、社会期望和企业认知的共同作用下，实现社会目标的过程。而群体 CSR 行为是个体按共同的群体规范，通过群体认同的行为方式实现群体目标的过程。总体来看，个体 CSR 行为呈现分散、多样性状态，是内外部力量平衡的结果。而群体 CSR 行为以共同的价值观念为指引，是受到群体规范约束的一致性行为。群体 CSR 目标实现的过程是个体协作达成的，个体 CSR 行为是群体 CSR 行为的基础。

群体 CSR 对个体 CSR 具有重要的意义。第一，群体是由个体构成的，在采取 CSR 行为的过程中，群体 CSR 行为通过个体 CSR 实现；第二，个体在群体 CSR 规范的指引下获得适应内外环境的合法性；第三，群体 CSR 行为产生的群体效应能实现社会和谐的目标。

因此，个体 CSR 行为和群体 CSR 行为共同构成了 CSR 行为的目标系统。在采取 CSR 行为的过程中，群体行为既依赖于个体行为，又制约个体行为；个体 CSR 行为也不是自发决定的，要遵循群体 CSR 规范。

二、群体 CSR 规范

群体 CSR 规范是约束、规制、激励个体 CSR 行为的总和。群体 CSR 规范引导群体内个体 CSR 行为及其行为模式，通过构建各种行为规范（正式制度和非正式制度）来确保个体 CSR 理性行为的实现。群体规范起着从群体 CSR 行为到个体 CSR 的导向，并决定个体 CSR 的行为方式和相互关系。

是什么约束个体 CSR 偏离行为以保证群体目标的实现呢？群体规范对群体目标的实现起重要作用。在群体 CSR 规范的约束下，通过对个体 CSR 偏离行为实施惩罚、引导和奖励实现群体 CSR 规范行为，并保证个体 CSR 超规范行为的收益大于个体 CSR 低规范行为。因此，若要实现群体 CSR 规范行为，需要建立可行的监督体系。

在规范与行为的关系上，社会科学有两种主要的倾向：计算学派（calculus approach）和文化学派（cultural approach）[1]。计算学派通过群体规范提供未来的确定性假设，关注个体 CSR 战略行为；文化学派将个体行为嵌入到规范中，关注个体 CSR 的情景因素。因此，为了更好地研究群体 CSR 规范与个体 CSR 行为的关系，有必要研究群体 CSR 规范的形成与变迁过程。

第二节 群体 CSR 规范的形成和演化

一、群体 CSR 规范的内涵

群体规范（正式规范、非正式规范）引导个体 CSR 行为形成并实现群体 CSR 行为。群体规范是一套关于 CSR 行为和事件的模式，约束和激励企业做出规范一致的 CSR 行动。

群体规范是制度经济学的研究内容。诺斯认为规范是个体企业间反复作用的规律[2]，群体 CSR 规范是群体履行 CSR 行为的游戏规则，是为决定个体 CSR 行为而设定的。群体规范包括：第一，规则和管制，用于对个体 CSR 行为进行约束；第二，程序，用于评价 CSR 行为是否偏离规范；第三，道德和伦理行为规范，用于订立规范和实施规范。因此，群体 CSR 规范包括惩罚个体 CSR 低规范行为的规定，也包括激励个体 CSR 规范一致行为/超规范行为的规定。

新制度主义在研究社会现象时关注制度和规范的作用。新制度主义分为三个学派：历史制度主义、理性选择制度主义和社会学制度主义。[3]

历史制度主义强调政治制度对公共政策的作用及其产生的政治后果，突

---

[1] P. A. Hall, R. Taylor. Politic/Science and the Three New Institutionalisms. Political Studies. 1996, pp936-957.

[2] D.C. 诺斯：《经济史中的结构和变迁》，上海三联书店，1995 年，第 231 页。

[3] Koclblc. The New Institutionalism in Political Science and Sociology. Comparative Politics. 1995, pp232.

出事件的背景和变量的序列。注重从事件发生的历史轨迹中找出过去对现在的影响，强调路径依赖和制度变迁的特殊性，并试图找出影响行为的结构性及历史性因果关系。历史制度主义主张在规范与行为之间实行折中，认为在关注制度规范的同时也要关注社会经济的发展。

理性选择制度主义关注个体行为背后的动机，同时考虑规范对个体的约束。以个体作为基本的分析单元，并把群体规范作为预测个体行为的解释变量，个体偏好效用最大化。个体行为背后的动机是回报，而群体规范的作用就是提高个体的效用。因此，可以通过制度规范的设计来改变个体的行为。从这个意义上来看，规范就是某种规则，不是自发遵守的，只有在符合自身的利益的情况下才愿意遵守。规范是可以设计的，主要包括激励和约束。个体行为和规范的关系在于，规范成为个体行为的策略背景，同时个体行为也推动和形成规范。

理性选择制度主义能很好地解释企业的工具性 CSR 行为。企业追求利润最大化，履行 CSR 能给企业带来合法性的资源，遵循群体规范能提高工具性 CSR 行为的效用，因而，企业愿意改变 CSR 行为以适应群体规范要求。

社会学制度主义认为制度包括规则、程序和规范，并为个体行为提供道德标准（什么是对的）。因此，社会学制度主义不仅仅强调规范维度，并提出认知维度。也就是说，个体行为不仅是个体有利可图的选择，而且是从解决社会问题作为出发点规范个体应该如何行为。

从这个视角来看，规范和行为之间的关系并不是为满足个体功利性目的，而是要从有利于解决社会问题的逻辑来贡献自己的力量。不强调效益的最大化，而是强调组织的合法性。

社会学制度主义能很好地解释企业的战略性 CSR 行为。企业将 CSR 行为融入核心战略及价值链活动中，利用自身的资源和能力为社会创造价值，遵循群体规范是因为认同群体 CSR 观念，因而企业愿意改变 CSR 行为获得群体一致性。

由此可以看出，新制度主义可用于解释群体规范对 CSR 行为的影响。历史制度主义强调把企业应当承担 CSR 的观念纳入规范中，解释个体 CSR 行为的重要性；理性选择制度主义强调利益最大化，用于解释个体工具性 CSR 行为。社会学制度主义通过提供群体认同的认知规范、道德规范和行为方式来

第四章 群体 CSR 行为规范的形成

解释个体战略性 CSR 行为。

为了更准确地解释 CSR 行为，需要结合战略性和工具性两个角度进行考量，因此，综合考虑三个新制度主义学派分析是有必要的。奥斯特罗姆以理性选择制度主义为基础[1]，结合社会学制度主义和历史制度主义的观点，围绕什么样的规范能让个体行为发挥最有效的作用这一问题，她的主要观点如下：首先，个体在不确定下做出决策；其次，个体决策时可能是出于利己原因，也可能出于利他原因；最后，效用最大化不是判断行为唯一的标准，还有其他的标准。因此，她强调群体规范对个体行为选择的影响，通过遵循规范要求选择最有效的方式达成个体的目的。她认为，虽然个体追求自己的利益，但是个体具有学习群体规范的能力，也会遵循自己认同的规则，具备调整自己的行为以适应规范和规则的能力。

根据奥斯特罗姆的理论，企业采取 CSR 行为追求自己的利益，若企业认同群体 CSR 规范的价值观念，将通过规范学习调整个体 CSR 行为以获得群体一致性。

皮特斯（Peters，1999）提出规范制度主义，认为个体行为不以自身利益为基础，而是以认同"什么是对的"为基础，个体的行为遵循适应性逻辑，是规范驱动的行为。如果规范的价值观念与社会需要产生冲突，规范会通过学习和适应进行调整。规范的变化是群体学习、适应和演化的结果。

根据规范制度主义，群体 CSR 规范的存在是因为个体企业认同群体 CSR 价值观念，个体 CSR 行为受群体规范的驱使。群体 CSR 规范会调整和变迁，是不断学习和适应的结果。

因此，从行为主义的视角来看，群体 CSR 规范是群体对个体 CSR 行为进行规范、激励、约束的规则和准则。群体 CSR 规范规定具体情景中的个体 CSR 行为，如对个体 CSR 低规范行为予以惩罚从而抑制个体行为；对 CSR 超规范行为予以奖励从而保持个体行为；对 CSR 规范一致行为，提供指引行为指南。

群体 CSR 规范作为企业共同遵循的 CSR 行为准则，具有以下特征：第

---

[1] E. Ostrom. Rational Choice Theory and Institutional Analysis: Toward Complementarity. American Political Science Review. 1991, v01. 85.

规范偏离视角下企业社会责任群体行为演化及其管理研究

一,群体 CSR 规范是个体 CSR 行为在互动过程中逐步演化出来的,群体规范的变迁也是一个渐变的过程;第二,群体 CSR 规范涉及个体 CSR 行为动机、选择和结果的集合;第三,在不同的社会情景下群体规范的基础不同,都是 CSR 价值的体现;第四,群体 CSR 规范通过有形或无形的标准限定个体 CSR 行为选择,减少个体 CSR 低规范行为;第五,群体 CSR 规范源于个体 CSR 实践,并在与实践相适应的过程中进行调整,最终用于指导个体 CSR 实践。

总之,群体 CSR 规范指引个体 CSR 行为。任何 CSR 行为主体都依照一定的规范体系实施 CSR 行为,其行为过程和结果会受到规范的激励和约束。通过规范的不断演化,个体 CSR 行为将从低规范行为逐步演化到超规范行为。

同时,群体 CSR 规范也表现为一种资源形式,群体规范指引 CSR 行为,减少低规范行为和投机主义行为,增加规范一致行为。规范作为一种资源,体现群体的价值取向,支持企业之间的认同和归属,可以降低交易成本。因此,群体 CSR 规范不会让企业因从事 CSR 行为而短期利益受损,而且会因为 CSR 行为规范一致而获得群体的长期支持。

二、群体 CSR 规范的形成

关于群体 CSR 规范的形成有三种解释:

(一)规范是在群体经验累积的基础上形成的

培顿[1]认为,规范是无数个体的经验累积经过长期的发展而出现的。它们相互作用形成一种群体期望和群体行为模式。这种规范被认为是一种内在规范,作为某种价值观念或文化被传承,企业履行社会责任时自发执行和模仿这一规则,这规则就成为群体的 CSR 行为规则。

内在规范是逐步演化形成的,道德规范处于核心地位,形成一套程序约束企业的 CSR 行为,维持群体的稳定。规范传递的价值观念为群体提供文化认同和价值资源,使得企业 CSR 行为表现出高度的群体一致性。

哪些因素影响内在规范的产生呢?内在规范的形成受到企业的价值观、

---

[1] 培顿·扬. 个人策略与社会结构:制度的演化理论 [M]. 王勇, 译. 上海三联书店, 2000 年, 第 2 页。

道德、文化、社会环境等因素的影响，习俗、习惯、社会学习等是内在规范形成的主要途径。由此可见，内在规范有很强的文化痕迹。企业遵循的 CSR 行为规范大多是通过这种渐进式的反馈、调整、演化形成的。

(二) 规范是通过设计创建的

规范通过群体设计出来，通过正式的途径发布，带有一定的权威性，如政府的社会责任制度、行业社会责任规则等。这种规范称为外在规范，通过自上而下的途径加以执行，对违背规范的行为予以相应的惩罚措施。

外在规范是人们有意识地设计出来的，群体根据公共利益的需要，以成文的规范形式对企业的社会责任行为进行约束。这种规范坚持原则性和公平性，有一定的强制性，适用于所有群体成员。外在规范以成文的形式明确规定正确地履行社会责任的方式，并对低规范行为予以惩罚，对超规范行为予以奖励，这种以奖惩为基础的规范减少了企业社会责任行为的不确定性，提高了 CSR 行为的规范一致性。但是，"搭便车"现象的屡屡出现说明对机会主义行为的规制存在困难，所以，外在规范一方面要奖励超规范行为，另一方面要克服"搭便车"的现象。

(三) 规范是介于内在规范和外在规范之间的形式

介于内在规范和外在规范之间的是正式化的内在规范，它也是随着经验出现的，只适用于某个群体内，以正式的方式对群体成员起作用。这种规范被某些群体成员认同并共同遵守，在一定范围内具有强制性，但比外在规范更灵活，各种行业、地方 CSR 标准属于这类规范。

以上三种规范形式都是基于社会发展的需要而产生的。内在规范是因群体经验的积累而演化而成的，外在规范是权威部门强加于群体的规制。内在规范是外在规范的重要补充，当外在规范无法解决的问题出现时，内在规范可以很好地约束企业的社会责任行为。

内在规范在 CSR 行为中发挥着重要的作用，因为企业只有尊重某些基本的规则才能获得生存所需的合法性资源。内在规范弹性大、奖惩机制灵活，能依据具体情境解释奖惩措施。当企业的社会责任行为偏离群体内在规范时，惩罚的形式多样，可以是善意的指责、严厉的训斥，还可能包含同情和遗憾。

这种规范允许企业犯错，但是也需要遵守一定的准则。

外在规范以强制性的形式服务内在规范，甚至在某些方面取代内在规范。但是外在规范没法取代群体内所有的内在规范，否则监督成本会急剧上升。若外在规范取代群体内所有的内在规范，会导致行政失灵，"搭便车"等逃避社会责任的低规范行为将替代内在规范。如群体超规范行为会带来社会信任，可是社会信任不是靠惩罚制度维系的，如果企业没有内在约束，特别是外在惩罚不力时，可能会出于机会主义选择低规范行为。群体中其他个体会参照这些低规范行为调整自己的 CSR 行为，最终演化为行业的 CSR 低规范行为。这也是某些企业一旦出现质量问题就会暴露出"行业犯罪"的原因。

正式化的内在规范是建立在企业自愿选择的基础上，得到群体内部认可，其强制性和约束方式介于前两种规范之间。这种规范形式，不仅强调要建设激励机制对企业 CSR 行为进行引导，也强调树立群体价值观念和强化行为动机来发挥企业的能动性，从而实现群体 CSR 目标。

这三种 CSR 规范具有一定的互补性，内在规范作为企业间的关系秩序，外在规范作为企业要遵循的法律秩序，成为一对互补结构。外在规范明确规定企业在履行 CSR 行为时的权利、义务和规制，让群体成员履行规范一致行为。内在规范为企业履行社会责任提供一种约定俗成的方式，这种方式得到群体内部的认可，可以让企业在履行社会责任时简化决策，并固化规范一致行为。因此，内在规范需要外在规范的支持，外在规范也需要内在规范作为基础。

正式化的内在规范为价值观念相似的企业提供了新的 CSR 群体规范，这种规范强调程序的公平性，也注重内在规范的约束。这三种 CSR 规范分别制约企业 CSR 行为的不同方面，达成群体 CSR 行为的相对均衡状态。

各种社会刺激会激发企业的 CSR 行为，规范起作用的原因在于规范形成一种预期机制，CSR 规范偏离/一致行为的投入、产出将影响企业的 CSR 决策。企业往往依赖预期的结果来选择 CSR 行为，预期结果可能对行为的影响起着中介的作用，所以当企业意识到 CSR 行为可能会被惩罚或奖励，企业会有意识地选择 CSR 规范一致行为。

如果以规范对企业 CSR 行为后果的影响方式来划分，规范可以分为硬规范和软规范。对 CSR 低规范行为进行惩罚，减少 CSR 低规范行为负的外部性影响，这类规范被称为硬规范；通过信息引导或者奖励CSR超规范行为激发企业CSR行为的能动性，这类规范可被称为软规范。

从企业CSR行为模式来看，外在约束和内在动机都能改变企业CSR行为的动机和履行方式。比如，在硬规范的强制规定下，企业的CSR规范一致行为是被动产生的，不具有稳定性；而软规范却能激发企业内在动机，CSR行为具有一定的持续性，最终会演变为一种自觉行为。

从演化过程来看，企业CSR行为受到后果的调节。理想的情况是，能够带来奖赏的CSR超规范行为将会不断涌现，受到惩罚的CSR低规范行为将会逐步减少。这需要规范为企业履行CSR行为提供符合其能动性的规范安排，激发企业的CSR能动性，包括为企业提供认知、动机和价值判断的标准，并将规范内化为企业的CSR行为标准。

三、群体CSR规范的演化

群体CSR规范形成后具有一定的稳定性，因为：第一，CSR价值观念和行为方式有一定的惯性；第二，规范是群体成员达成的一种相对平衡的状态，群体成员CSR规范不一致行为会受到群体的惩罚，因此，达成新的平衡状态需要一个过程；第三，外部环境的变化也是渐进性的。

基于以上原因，规范在总体上趋于稳定。但是企业在履行CSR的过程中，规范不一致行为往往受到媒体和公众更多的关注，会产生放大效应，CSR超规范行为带来正面的声誉溢价，CSR低规范行为带来口诛笔伐等负面的声誉折价，而声誉是企业参与市场竞争的重要资产。由于社会比较的存在，当消费者在市场上支持对社会负责任的公司的产品、抵制对社会不负责任的公司的产品时，企业会调整自己的CSR行为以迎合消费者的需要。随着企业间的CSR互动不断地变化，群体CSR规范也处于修正状态。因此，群体CSR规范从形成开始就一直处在动态变化中。

规范的演化是规范安排或规范结构发生的变化。其中规范安排指决定企业间CSR行为的一套规则，规范安排的演化是部分CSR规则的变化；规范结构指正式的或非正式的CSR规范安排的总和，规范结构的演化是某个CSR制度安排或整个结构的变化。规范演化和变迁的方法、途径是制度经济学研究的内容。

规范偏离视角下企业社会责任群体行为演化及其管理研究

新制度主义从经济学视角出发，认为规范的演化和变迁不是规范的任何变化，而是用一种高效的规范替代原有的规范。规范演化的动力在于是否对企业有好处。如果企业能从变迁预期中获益或规避损失，企业就愿意调整规范。规范供给、规范需求、规范非均衡与规范均衡构成了整个规范演化的过程。规范的供给是调整、创造一种规范的能力，规范供给的实现也是规范演化的过程。规范的需求是指企业的利益不被满足，需要新的规范替代现有规范，因此，规范的演化首先从规范的不均衡开始。

科斯从交易费用的角度进行分析，他认为群体对规范的选择来自于交易成本的高低，只有在节约交易成本的情形下，规范的变迁才会得以实现。因此，交易成本决定了规范演化的需求程度以及规范演化能否得以实现。规范演化是为了节约交易成本而采取的规范层面的改革，规范的创新意味着降低交易成本，否则，新的规范不会被采用。

在制度经济学的基础上，拉坦（Vernon W. Ruttan）等建立了一个规范供给和规范需求的规范演化模型，称为诱致性规范演化理论。该理论认为，规范的演化是由要素价格的变化和相关技术变迁、社会进步引发的。因此，规范演化可能是社会经济发展、技术进步的结果。

林毅夫在该理论的基础上将演化进一步细分为诱致性规范演化和强制性规范演化。诱致性规范演化是在利益的驱使下自发发生的演化，而强制性规范演化是群体强制推行的变迁。诱致性规范演化呈现自发性和渐进性的特征，新的规范不过是顺应群体的规范需求。强制性规范演化强调被动型和强制性，是为了适应规范竞争的需要。

丹尼尔（1996）对以上三种规范的演化逻辑提出了批评。这三种规范演化都基于这样的假设：市场能增加效率，而政府活动会降低效率；相反，群体行动可能会提高效率。

因此，从新制度主义的视角来看，当规范行为能增加参与个体的收益时，或是降低参与个体的成本时，群体规范会得以演化。对个体的效用是规范演化的主要动力，不仅包括经济上的效应，还包括非物质效用。

从这个视角来看，群体CSR规范的演化受到企业是否能在履行社会责任过程中受益的影响，这一受益不仅包括经济上受益，也包括非经济上受益；不仅包括短期利益，也包括长期利益。从群体的角度来看，社会信任将降低每个企业的交易成本，因此，对每个企业都是有好处的，前提是要求每个企业按群体规范履行社会责任。那么群体 CSR 规范需要对个体 CSR 规范一致行为进行引导和奖励，对 CSR 低规范行为进行惩罚。

正如第三章所述，企业群体 CSR 行为是个体 CSR 行为的理性选择，个体 CSR 行为偏离时，会影响企业群体 CSR 行为。群体 CSR 行为改变是一个循序渐进的过程，一般可以分为三个阶段：第一，规范形成阶段；第二，规范转入阶段；第三，规范固化阶段。每个阶段的影响因素不同。

第三节 群体规范与群体 CSR 行为

一、群体规范与群体 CSR 行为

群体 CSR 规范是一种企业与社会相协调发展的群体规则，群体 CSR 规范的建立是一个群体理性选择的结果。群体 CSR 规范以群体行为作为表现形式，通过群体行为选择来改变企业的价值理念和行为方式，并为企业提供某种行为指南，约束企业做出与群体规范相符的行为选择。由此可见，群体规范需要个体企业履行 CSR 规范一致/超规范行为，群体 CSR 规范一致行为是实现社会信任和个体 CSR 规范行为的重要联结。企业 CSR 规范行为是通过群体 CSR 规范的约束来达成社会信任这一目标，群体 CSR 行为对社会信任有着重要的意义。

群体 CSR 行为的实质是群体在理性选择下，通过群体 CSR 规范规制个体 CSR 行为实现社会目标的过程。然而，企业在面对社会公共目标时存在责任规避、投机行为、"搭便车"等潜在动机。企业和社会是命运共同体，是共生关系，因而，社会规范最终得到群体的支持。企业的社会责任行为是企业获得社会信任的重要表现形式，而"搭便车"等现象的存在破坏社会信任，并影响群体 CSR 规范的约束力，因此，治理 CSR 投机行为是有必要的。

企业是个体，也是群体，企业可以自由选择 CSR 行为，但企业履行 CSR 行为时受到内在动机和外在规范的双重影响，上一章研究已经表明，企业随着政策环境、社会期望和企业认知的变化，其 CSR 行为会不断变化。企业履

行社会责任的动机多样，社会环境中外部力量和制度因素对企业的 CSR 行为产生的作用力的方向和大小都不同，所以个体 CSR 行为呈现出多样化的表现形式。

企业的行为依赖于社会的顶层设计，社会观念和制度规范限制企业的 CSR 行为，企业依据正式或非正式的规范来指导自己的 CSR 行为。制度经济学家认为，投机主义行为是人性的基本假设，这也说明规范存在的必要性。规范的作用方式是决定规范是否有效的关键因素。社会规范决定了企业的 CSR 行为方式，企业承担什么样的社会责任取决于社会规范对 CSR 行为的认可；承担多少社会责任取决于规范对 CSR 行为认可的高低；群体规范还具有奖励、诱导某种 CSR 超规范行为，惩罚某种 CSR 规范偏离行为的作用。群体规范通过奖惩来引导企业履行 CSR 规范一致行为。

CSR 行为结果是自利还是利他是社会规范影响个体企业从事 CSR 的主要驱动因素。如果每个企业都是有限理性假设下的经济人，那么它们履行 CSR 主要考虑投入产出问题。通过前一章的讨论，我们认为直接收益是促使企业选择履行 CSR 规范一致行为的重要力量，但不是唯一的因素。社会期望、政策环境和群体竞争互动等文化因素在社会目标选择中也起到了积极的作用。因此，企业参与社会责任行为是多种动机共同驱动的结果。单一动机对社会责任行为的推动作用有限，也无法解释企业 CSR 行为呈现出的多元化状态。也可以说，社会规范赋予企业履行 CSR 的不同动机，因此，社会规范应该呈现出多元化的状态，通过天时地利人和的作用，因势利导地规范企业的 CSR 行为。

（1）群体规范向企业传递这样的信号：企业的低规范行为会破坏群体 CSR 行为基础，增加社会监督成本，最终将影响企业的绩效。社会规范对企业 CSR 的影响主要通过三个方面实现：一是通过正式制度采用强制性的惩罚方式对企业的社会责任偏离行为进行管制；二是通过文化的传承和影响以及社会期望来改变不合理的行为；三是通过企业内化外在规范来改变企业的态度和认知。这些不同的规范方式不同程度地影响和约束企业的 CSR 规范偏离行为。

（2）群体规范是通过不同的管制机制和利益导向来推动社会责任行为主体的理性。政府、行业组织等外在力量以外在的规范（如法律政策、文件方针等）形式，通过价值观念、文化传承来规范企业的行为和观点，逐步引导企业向 CSR 规范一致行为转变。同时还要建立企业认知，为企业实现个体目标和公共目标的统一。因此，为实现社会信任的 CSR 群体规范是一个体系，不同的规范类型能建立不同的约束机制，对不同的企业起作用。这些规范通过强制性的政策、利己导向、社会期望来引导企业的 CSR 行为选择。

正如上节所述，规范的变迁可以分为渐进式变迁和强制性变迁。CSR 群体规范强制性变迁的制度安排，通过制定宏观发展战略规划和专项的法律法规，形成规范行为框架和稳定的发展预期，调整现有的利益格局，对 CSR 超规范行为进行激励推广，制定 CSR 具体行为标准指南，形成个体 CSR 行为约束机制。在渐进性变迁方面，通过市场竞争建立用户和市场对企业 CSR 规范一致行为期望，同时加强社会信任伦理价值观的宣传，倡导爱护环境、关爱社会、安全生产等理念，把 CSR 内化为企业的生产方式和经营方式。

二、CSR 低规范行为的治理

从企业行为的视角来看，群体 CSR 规范能不能实现取决于企业的 CSR 行为是否与群体规范一致。从企业的角度来看，群体 CSR 规范的设计和执行要能为企业 CSR 规范一致行为带来有效的激励。这样的激励机制是建立在企业 CSR"复杂行为模式"的假设基础之上的。因为企业履行社会责任时有多种动机，企业间的价值观念也不完全相同，外在环境对企业的影响程度不同，所以，社会规范的激励机制要构建企业履行社会责任的外在硬环境（如政策）和软环境（如社会期望），并强化企业的 CSR 认知。

群体 CSR 规范的激励机制，不仅是经济上或制度上的奖惩，还包括企业能感受到的规范一致行为在结果上的积极或消极变化。其他的 CSR 激励类型还包括社会参与感、与企业内在价值观一致、与群体共享的价值理念等。从企业行为主义的角度来看，群体 CSR 规范应该解决以下问题。

（一）不合作行为

群体 CSR 助长行为需要企业、公众、政府之间的合作，但是合作通常需要稳定的制度保障和社会预期。在履行社会责任的过程中，由于信息的不对称，企业为了保护自己的利益，常常采取不合作的行为。如果企业在履行社会责任的过程中都采取不合作的行为，群体社会责任行为就没法实现。没有群体规范约束个体企业，企业更多地追求短期逐利行为，大部分 CSR 对企业来说都属于成本。而在规范的约束下，企业的 CSR 行为信息对称，达成群体 CSR 合作。因此，对企业 CSR 不合作行为，群体规范要有正式成文的制度约束。

（二）"搭便车"行为

企业在履行社会责任过程中会产生社会声誉和社会资本，但是解决社会问题和产生的社会声誉都具有很强的外部性，最终是社会受益，包括那些本该履行 CSR 规范一致行为却履行 CSR 低规范行为的企业。奥尔森（2018）在《集体行动的逻辑》中提到，在群体行动中，企业付出成本，但被群体成员共同受益。这对履行 CSR 规范一致行为的企业来讲，投入是不划算的，因而，群体中的企业没有动力去解决社会问题。企业规模越大，从外部性中获得的受益越多，达成社会目标的动机也越强。政府的政策和群体 CSR 规范需要维持公共秩序才能减少"搭便车"现象。

（三）CSR 行为参考标准

很多企业不是不愿履行社会责任，而是不会履行社会责任，企业需要群体规范来维系 CSR 规范一致行为。然而，随着企业市场表现的强弱，企业是否有能力持续落实 CSR 理念？同时，社会发展日新月异，新的价值和技术处于形成过程中。重塑企业 CSR 价值观念和规范 CSR 行为方式可以为实现群体 CSR 助长提供基本的动力。

（四）为企业建立 CSR 行为路径

不管是个体 CSR 行为还是群体 CSR 行为都需要延续某种路径来达成目标。对企业来讲，企业社会责任行为是在企业对环境力量的反应下理性选择的结果，信息不对称和机会主义的存在会导致 CSR 投机行为的出现。群体规范的约束能为企业降低 CSR 的不确定性。

第四节 政企行为共演化对群体 CSR 规范形成的影响
——以钢铁行业环保责任规范形成的纵向案例研究为例

环保责任规范的形成和转入难度远高于其他社会规范，环保责任规范的形成与政府主体的影响高度相关。钢铁行业是高能耗高污染行业，行业整体服从、内化环保责任规范对可持续发展有重要意义。本书采用演化理论，突破传统的合法性压力——企业行为规范分析范式，通过对钢铁行业环保责任规范转入的纵向案例研究发现，政企环保行为表现出明显的共同演化特征，而且这种共演化是环保责任规范形成和提升的基础机制。具体来讲，政府环保行为塑造了企业环保战略行为的方向、选择标准和复制概率，而企业环保行为又影响政府环保行为的选择标准和技术推广，政企环保行为经历了监管、替代、互补的共同演化过程，在行业层次上相互叠加，形成了群体环保责任规范的形成和提升过程。

一、问题提出

习近平在党的十九大报告中强调，要树立和践行环境保护责任理念，实行最严格的环境保护制度，建设美丽中国。钢铁行业是高能耗、高污染行业，环境保护责任是钢铁行业社会责任的重要内容，但是环境保护投入的高成本、高技术和收益的高外部性特性，使得钢铁行业环境保护责任规范的形成和转入难度远高于其他社会规范，对环境治理构成了重大挑战。第一，钢铁企业的环境保护责任意识不强，长期以来，钢铁行业以牺牲生态环境为代价换取经济的发展，现有的生产经营模式转型升级有实际困难；"存在即合理"的组织惯例弱化了钢铁企业保护环境的动机；由于环境保护成本太高，大部分钢铁企业对环境保护责任规范采用被动地适应外部制度的态度。第二，市场竞争和技术进步对环境保护起到决定性作用。市场对环保产品的选择是企业投入环保投资的持续动力。然而，环保产品的性价比在市场上还没有形成价格竞争力，部分环保责任低规范行为企业的吨钢环成本只有环保责任超规范行

规范偏离视角下企业社会责任群体行为演化及其管理研究

为企业的三分之一❶。环保成本的差异导致市场参与方虽然在观念上认为钢铁生产企业应该履行环境责任规范一致行为，但是，在市场上却选择环境责任低规范企业的产品。市场竞争表现出环保事件惩恶扬善的逆向选择，环保责任低规范行为不受惩罚，环保责任高规范性行为得不到奖赏，因而企业的环保责任规范一致动机弱；环境保护的技术创新需要时间和投资，对于身处行业"寒冬"的钢铁企业来讲，生存危机使得一部分企业并没有足够的资金来保证产品环保创新，使得一些名义上的环保产品充斥市场，降低了市场对环保产品的信任选择。第三，环境污染恢复的难度大。钢铁企业污染物的排放造成水、土壤、大气的污染，但企业技术和实力并不能应付污染治理，政府也被迫接受环境被污染的现实，并投入大量的资源进行环境整治。由于企业没有足够的资源、技术和动机来治理污染问题，生态环境呈现出市场失灵的状态，表现为群体环保责任行为延续低规范状态。

尽管环境责任规范的形成和演化有别于其他社会责任规范，但很少有研究关注环境责任规范，大多数研究关注群体规范的一致/偏离行为，主要有两个视角：合法性视角（连燕玲等，2019；魏江、王诗翔，2017）和战略选择视角（李新春等，2017；连燕玲等，2019）。从合法性视角来看，制度的逐步健全和市场竞争的压力共同构成了企业的复杂环境，制度压力使得企业必须遵从环保规范，表现出行为与规范的趋同，有利于群体规范的形成。战略选择视角认为，市场竞争要求差异化，企业 CSR 行为偏离是构建企业竞争优势的一种战略行为（Tang 等，2011），企业如果偏离行业中其他企业的经营战略，并在关键战略资源配置上偏离行业的平均水平，会受到媒体和公众的广泛关注，这样有助于提高产品在市场上的表现。战略性环境保护责任偏离使得企业背离环境责任规范，表现出行为与规范的偏离，不利于群体规范的形成。

尽管已有学者对群体规范的一致/偏离行为影响因素、驱动机制有丰富研究，但在以下三个方面仍显不足：第一，主要聚集于"非市场主导"规范偏离，忽视了更普遍性的"市场主导"规范偏离。比如企业慈善捐赠的偏离。

---

❶ 资料来源：中国钢铁工业环境保护白皮书（2005—2015），https://www.sohu.com/a/107237524_131990。

慈善捐赠往往是突发事件，不具有持续性，这一特殊性会降低研究结论运用于环保责任规范的有效性；第二，过度强调外部环境对规范偏离的驱动，比如政策环境、投机心理、文化习俗等影响，而忽视了企业与政府互动的作用，这在一定程度上限制了环保规范从战略上内化到企业生产经营活动中。第三，一些研究表明，环境责任规范的形成和政府主体的作用与其他社会规范的形成不同，但既有研究很少涉及。对其他的社会规范，企业是市场主体，政策制定规则规范企业社会责任行为；环保责任行为表现为市场失灵状态，对于大部分污染行为，政府既是推动者，也是监督者，更是行为结果的承担者。因此，有必要对政府行为在环保责任规范形成过程中的作用进行研究。

本节后面的安排如下：首先，介绍相关文献回顾，然后介绍研究设计和研究方法，说明选择纵向案例研究的理由和钢铁行业环境责任行为的情景，分析了环境责任规范形成的条件，并交代数据收集和分析过程。其次，提出了钢铁行业环境责任规范形成和转入过程中政府和企业的共演化模型，解释了这种共演化对规范形成的影响。再次，通过对不同阶段的比较，总结主要的研究结论，并找到理论支撑。最后，给出研究的理论贡献、管理实践和局限性。

二、文献回顾

（一）合法性与群体规范的形成

新制度理论认为，企业社会责任行为受到合法性的驱使，企业会自发规范自己的行为，使自己的行为被利益相关者接受（巩键等，2016）。合法性是由政策制定者、公众期望、舆论媒体以及利益相关者赋予（Heugens and Lander，2009），企业通过获得利益相关者的认可和理解来构建合法性，具有合法性的组织能够得到企业赖以生存的稀缺资源和社会声誉资源（Deephouse and Carter，2005；巩键等，2016）等。研究表明，在合法性的压力下，企业在战略上选择采取环保责任规范一致行为，因为这些行业惯例被认为是具有合法性的。因此，从合法性的角度来看，企业会主动选择环保规范一致行为。正向的演化是当行业中的企业都主动选择规范一致行为时，环保责任规范就形成了。但是，合法性视角不能解释在企业面临的外部合法性类似的情况下，为什么输出的环保责任规范行为不一致。

(二) 战略选择与群体规范形成

战略选择视角从企业对外部资源的依赖程度和企业拥有的资源来分析影响企业CSR偏离规范的因素，如社会关注、利益相关者的支持，认为企业CSR偏离群体规范受到企业资源的影响，战略性偏离能给企业构建竞争优势，而偏离规范的结果是企业会失去外部资源的支持。也有研究从管理者特质来分析企业偏离CSR规范的动因，关注CEO的海外教育背景、对家乡的认同程度、女性高管数量在董事会中的比例、董事会的异质程度等，CEO的海外教育背景有助于企业CSR行为与规范一致，相反则会导致CSR行为偏离。

从战略性选择的视角来看，企业可以通过正偏离环保责任规范建立竞争优势，这可能引发竞争者的效仿，进而推动群体环保责任规范的形成。但是，从市场反馈来看，建立竞争优势需要高额的环保投资，竞争者的模仿会使得这一优势并不长久。此外，环保责任超规范企业生产的产品在价格上并没有竞争力，所以，企业宁愿选择环保责任低规范行为，这样就不利于群体环保责任规范的形成。

(三) 行业竞争与群体规范的形成

研究认为，激烈的行业竞争有利于推动群体CSR规范的形成。企业的环保责任行为不仅受到自身和外部规范的影响，还受到其他企业行为的影响。企业生存在一定的社会关系网络中，网络中其他企业的环保责任超规范行为会受到利益相关者的支持，如果企业选择不跟进，将与竞争者形成鲜明的对比，成为负面的样本，会受到政府、公众、媒体及利益相关者的监督，进而促使企业改变自己的环保责任规范行为。刘柏、卢家锐（2018）提出，在竞争压力下，企业性质会影响企业CSR的战略选择，比如国企会随波逐流，选择规范一致行为，而民营企业则投机取巧，选择规范偏离行为。后续研究也指出国企因为政治导向而选择规范趋同，而民营企业因为经济导向而选择规范偏离。连燕玲等（2019）研究发现，行业的竞争期望也影响企业的规范行为选择，如果企业的绩效低于行业竞争期望，为改变竞争格局，企业会铤而走险选择群体规范偏离行为，这样就不利于群体规范的形成；当企业的绩效符合行业的竞争期望，企业会选择规范一致行为，有利于群体规范的形成。因此，行业竞争有利于群体规范的形成。但是行业竞争形成的群体规范是渐进性的演化，并不能解释群体社会责任规范的突破性演化。按照这个逻辑，钢铁行业竞争激烈，可以促进群体环保责任规范的渐进性演化，但市场竞争不能驱动群体环保责任规范的突破性演化。

（四）政府干预与群体规范的形成

关于重大工程、复杂技术赶超工程的研究表明，政府在项目推进过程中起着重要的主导作用。对于重大工程，政府是项目的直接参与方，在项目的建设和运营中起着关键作用（乐云等，2019）。尽管市场在资源配置中占主导地位，在方案比选和经济性上有明显的优势，但是市场的盈利导向可能造成公共利益的损失，以及局部的重复投资，不利于项目的可持续发展。而现阶段，政府集中力量办大事具有很大的制度优势，借助政府和市场的力量对资源进行整合和调配，对解决重大工程的核心问题、协调公共利益能起到积极的作用。

有研究关注为什么政府有能力集中力量办大事。从高铁的技术追赶来看，政府不仅是制度提供者，也是市场的关键用户，能够影响技术追赶过程。通过战略—项目—技术三个维度的能力分析，发现政府—企业的能力经历了替代—互补—分化三个过程，最终实现复杂系统集成能力的技术赶超（江鸿、吕铁，2019）。

对于政府干预对高铁的技术赶超为什么会有效？研究认为在机会条件、政企互动、技术条件等方面，政府推动了高效率和大规模的技术学习（吕铁、贺俊，2019）。政府干预的作用不仅体现在制度性因素上，也体现在政企主体互动、主动引导竞争市场结构方面。

政府干预可以在两个方面形成群体规范，一是政府强有力的制度约束，二是政企互动。通过政府的战略控制，协调公共利益，促使群体规范发生突破性的演化。钢铁行业的环保责任规范与上述重大工程和技术赶超问题有类似的地方，政府不仅提供制度指引，更是作为市场主体，在与企业互动的过程中，推动群体环保责任规范的形成和转入。

（五）政企互动与群体环境保护责任规范

环境责任规范内化到钢铁企业价值链生产活动中至关重要，但是很少有研究讨论如何将环境责任规范进行内化。从钢铁企业的社会责任报告中可以看出，部分钢铁企业承认应该对环境负责任，但对环境责任表现为反应状态，尽可能满足政府的节能减排任务，达到政府的排放标准，以免受罚，违规、投机行为仍比比皆是。这种反应状态在一定程度上受到外部制度的约束，有一定的环保责任认知压力，但环保责任仅停留在局部或产品生产的某些环节，不是一个全局或战略性的行为。很少有企业主动讨论如何将环保责任内化到企业的经营行为中。多数研究探讨规范形成后对个体企业环保行为的制约和影响，但是紧迫的问题是如何培养环保责任规范，而非运用环保责任规范。从前一章的研究中我们知道，一个规范内化为企业战略行为需要天时（外部制度）、地利（社会期望）、人和（企业认知），缺少任何一个因素，环保规范很难被内化到经营战略层面。

环境责任规范重视政府制度的作用，但是行为视角下政府的作用机制很少有研究涉及，由于预期的规范同形现象并未出现，深入分析政府行为在环境责任规范中的作用还不够深入，主要体现为：第一，偏重政府的政策供给作用，忽视政府的关键环境治理角色。多数研究按照"制度安排—企业行为"的分析范式，认同政府制定行为标准，为企业履行社会责任提供指引。对其他社会规范，这一范式的解释力很强。然而，靠市场的力量很难解决环保问题，政府才是环境治理的主要力量。现有研究对政府参与企业环境治理的微观过程很少关注。第二，缺少行为视角的政府研究，造成环保政策、政府行为和企业行为之间的认知断层。在关于社会规范的研究中，政府本身作为研究对象，学者们着重解释政府—社会责任的关系结构，如何使政府通过顶层设计，引导企业社会规范行为，获得政府的支持。这隐含了对政府行为的关注，但只讨论了设计制度的能力，背后仍然是"制度安排—企业行为"逻辑。钢铁行业的环保责任实践表明，有力的政府行为不仅取决于制度设计，而且取决于市场推动能力，而政府的推动能力是现有文献较少关注的。

综上所述，环保责任规范研究还存在研究缺口，钢铁行业如何形成规范，政府驱动环保规范形成的基础何在，政企行为如何协同促进规范的形成，都值得探讨。本节研究将政府和企业视为共同演化的行为主体，通过对钢铁行业环保责任规范形成的纵向案例研究探讨以下问题：①在环保责任规范的形成过程中，企业的环保责任是如何演化的？②政府如何影响企业环保责任的演化？企业环保行为如何影响政府行为的演化？这些互动反馈机制是如何实现的？③在规范形成的不同阶段，政府和企业行为的共同演化模式有何不同？与企业对环保责任规范的反应有什么关联？

钢铁行业的污染问题备受社会关注，钢铁行业环保责任规范存在着明显的政府意志与紧密的政企互动，为说明环保责任规范的形成提供了适宜的情境。钢铁行业的社会责任问题吸引了众多学者来研究，但这些研究有类似的局限，一是着重讨论技术能力，很多学者把污染问题视为经济、技术问题，而不是一个责任问题，有部分研究认为企业家的价值观念对企业的环境保护行为有重要影响，但没有进一步探索企业如何内化这些规范，如何通过社会比较，推动环保责任规范的形成。二是强调政府干预的作用，但是没将其与政府行为相关联。现有研究将企业内化环保责任规范归因于强有力的制度安排，但是却没有解释政府为什么能做出正确的制度安排（江鸿、吕铁，2019），以及政企互动为何能推动规范的转入。仅有少数研究不再视政府为抽象的决策主体，讨论政府与企业主体的互动博弈，但并没有分析政府的行为演化。因此，考察钢铁行业中环境保护责任规范形成过程中政企行为的共同演化，有助于厘清环境保护责任规范形成的基础，可对现有研究进行补充。

本书采用共同演化视角，因为这有利于链接政府对环保的关注和企业对环保的反应，是对分开讨论政府与企业的"制度安排—企业能力"逻辑的有力补充。演化理论关注环保责任规范形成的微观过程，适合解释规范形成与转入的形成机制。作为演化研究的一种，共同演化理论关注多因素之间的长期因果关系（Norgaard，1985），适合描述政企互动。共同演化是双方拥有改变对方反应特征的双向因果关系（江鸿、吕铁，2019），而不是企业对环境的适应或是自适应过程。政府作为钢铁行业环保责任规范的制度供给者和行为的主要推动者，与企业之间存在典型的共同演化关系。因此，本书将政府和钢铁企业界定为共同演化的双方，采用演化语言分析两者行为共变过程。

三、研究设计

(一) 方法选择

本书采用纵向案例研究方法。第一，本节研究旨在回答政企环保责任行为的共同演化规律，属于回答"如何"问题的范畴，适用案例理论的分析性归纳（江鸿、吕铁，2019）。第二，行为共同演化是动态的过程，在规范形成的不同阶段，政企行为的互动和反馈方式会发生变化。纵向案例分析厘清关键事件和行为演化，有利于识别政企环保责任行为共同演化的互动机理。第三，本案例研究包括1个主分析单元及多个子分析单元（Scholz and Tietje, 2002），本案例以主分析单元为出发点，提出研究问题，但不仅对主分析单元进行整体考量，同时要对子分析单元进行分析，最终回归主分析单元，得出研究结论，适合探讨不同层次主体互动演化对关键变量影响的现象。本研究跨越了行业和行为主体（政府与钢铁企业）两个层次，行为主体的出发点和角色都有异质性，可以采用案例研究方法。本书将钢铁行业的环保责任规范形成作为主分析单元，政府和企业的行为作为二级分析单元。

(二) 案例选择

本节选择钢铁行业作为案例研究对象，对本节的研究问题具有较好的代表性和可行性。第一，无论是从行业发展还是社会期望的角度来看，该行业都应该内化环保责任规范。钢铁行业面临发展转型的问题，原有的对环境不友好的生产方式急需转型，环保不达标的企业必定会被社会淘汰。从社会期望来看，公众对环保问题的关注与日俱增，媒体对环境污染事件进行深度报道，资本市场已经显示出环保的惩恶扬善效应，钢铁市场客户也逐渐关注企业的环保责任问题，环保不达标的企业也会受到市场的惩罚。第二，钢铁企业分别经历着环保责任规范的服从、认同和内化的规范反应过程，不同个体的行为和反应最终影响群体环保责任规范的形成。第三，钢铁行业的政府干预和政企环保互动程度也强于其他行业。政府在这一过程中表现为制度供给者和环保技术主要推动者的双重身份和行为特征。从钢铁行业的环保责任行为来归纳政府行为与企业行为的共同演化规律，有利于深入解释政府在环保责任规范形成过程中的行为演化路径。第四，钢铁企业大多是央企和上市公司，证监会要求它们公布社会责任报告；钢铁行业一直是国内的支柱产业，钢铁行业协会整理每年的钢铁工业大事件、钢铁工业的五年发展规划；加上媒体和公众对钢铁行业的关注，形成了一系列的深度访谈和公开报道，加上企业的年鉴，共同保证研究数据可以得到"三角验证"。

(三) 案例描述

1. 钢铁行业环境责任规范关键事件

就环保责任规范而言，国务院于1973年颁布《关于保护和改善环境的若干规定（试行草案）》，这是我国第一部环境保护的综合性法规（胡琳琳，2005）；1979年颁布的《中华人民共和国环境保护法（试行）》标志着我国环境保护法律体系开始启动，为实现环境和经济的协调发展提供了法律保障。经过十年的实践，1989年修改后的《中华人民共和国环境保护法》提出环保与经济社会协调发展的理念。2007年国家发展和改革委员会制定《单位GDP能耗考核体系实施方案》，节能减排成为刚性指标，是企业负责人业绩考核的重要依据，具有一票否决权。2010年为了提高节能减排的效率并提高钢铁产业的集中度，国务院办公厅发文《关于进一步加大节能减排力度加快钢铁工业结构调整的若干意见》。2013年国务院发布《关于化解产能严重过剩矛盾的指导意见》，重点推动山东、河北、辽宁等地区钢铁产业结构调整，压缩钢铁产能总量。新修订的《中华人民共和国环境保护法》于2015年实施，是史上"最严"的环保法，对水和大气联防联控，对环境污染违法企业采取综合调控手段，倒逼企业主动转型。2017年国家推出《中国制造2025规划》，推动钢铁企业绿色生产、智能制造。2019年生态环境部等部门联合发布《关于推进实施钢铁行业超低排放的意见》，推动钢铁企业实施超低排放改造。

2. 政府行为的改变

从政府行为来看，钢铁行业政企结构和关系围绕经济发展和环境保护两个指标的博弈而变化。2006年以前，钢铁行业一直是国家重要的经济支柱，政府在环境防护方面主要是事后控制，主要衡量的指标有废气、废水达标率和钢渣利用率，也提出要淘汰落后生产能力，降低能耗，推广节能技术、清洁生产工艺和资源回收利用技术。但这段时间环境保护是让位于经济发展的，环保责任以企业为主导，政府提供制度安排。

2006年开始，政府明确提出节能减排的约束性指标，有定量要求，单位国内生产总值能耗降低20%左右，污染物排放总量减少10%。节能减排具有一票否决权，是政府考核企业负责人的主要依据。为了达成节能减排的目标，政府对环境保护的管理不再是事后控制，而是事前源头控制，淘汰落后产能，关停达不到规范条件的企业。同时，推动企业参与节能技术改造，在资金、税收方面支持企业的节能减排行动。2008年环境保护部发布公告，要求在北京奥运会期间，如果遇到不利气象条件的影响，周边的中小钢厂关停，大型钢厂限产，这是在经济和环境博弈中，经济第一次让位于环境污染控制。2010年，国务院再次强调采用铁腕手段淘汰落后产能，把节能减排的任务落实到各地区、各企业；节能减排工作不仅是降低能耗的问题，还要从源头开始解决环境保护问题，淘汰落后产能，推动结构转型。这段时间的环保责任以政府为主导，企业被动执行。

2014年开始，节能减排进入攻坚阶段。产能过剩问题逐渐凸显，市场表现疲软，呈现出全行业亏损状态。国务院一方面推动钢铁企业重组提高竞争力，另一方面压缩钢铁产能。同时地方政府开始行动起来，落实节能减排标准和关停措施，比如湖北省发布《政府核准的投资项目目录（2015年本）》，禁止审批钢铁等增产项目。2016年钢铁行业陷入"寒冬"，人社部、国土资源部、质检总局、财政部、国家税务总局等七部门联合发文，同时"一行三会"也联合发文，分别从各自领域帮助化解钢铁行业过剩产能，实现脱困发展。这一时期，政府不仅对企业环保责任提供战略支持，还从各个领域给企业转型提供帮助。

3. 企业行为的改变

2006年以前，钢铁市场需求迅猛增长，市场上呈现出供不应求的局面，在利润的驱动下，各地纷纷上新项目，扩大产能，造成低水平重复建设。受到环保部门对排放指标监管的影响，企业的环境保护投资逐年增加。

2006年开始，节能减排指标落实到每个企业，企业开始严格执行《环境保护法》，提出自己的节能减排考核体系，细化节能减排指标，进行过程控制。行业中部分环保违规企业受到重罚，环保不达标企业被关停，环保成为企业生存的红线。为了适应环保责任要求，武钢集团、宝钢集团等企业开始着手关停落后产能项目，加大技术创新力度，对生产工艺进行节能改造，同时引入环保认证，规范企业的环保行为。但这段时间企业的反应都是为了适应政府的环保要求，随着环保标准逐年提高，环保问题具有一票否决权，企业被动的环保反应压力剧增。

从 2014 年开始，钢铁市场局面发生变化，供不应求转变为供过于求，市场竞争压力大，供需发展不平衡状态明显，钢铁企业陷入困境中，企业开始环保自救。一方面企业纷纷主动化解过剩产能，提出重组方案，提高竞争力；另一方面，企业主动将环境保护责任规范内化到自己的价值链生产活动中，提倡绿色生产、智能制造，保护环境。企业环保责任从被动反应、适应性反应到主动反应演化。

综合考虑钢铁行业环保责任规范形成过程中政企互动为核心主体，本书选择政府行政部门对环保问题的行为作为政府样本；同时选择武钢集团、首钢集团、鞍钢股份三家企业作为钢铁企业样本。

(四) 数据收集

本节研究涵盖了 1973—2018 年钢铁行业环保责任规范形成和转入全过程。为方便"三角验证"，本书收集了四类数据：一是钢铁行业大事记、企业的社会责任报告，政府的国民经济和政府发展公报中关于节能减排的部分、环保部门和焦点企业的公开报道资料；二是媒体对企业高层的访谈、公司的年报、技术文件、行业发展规划、年鉴、宣传手册等，这些资料按时间序列整理，有助于降低记忆偏差；三是项目团队访谈，受访对象包括焦点企业、合作的高校，及其技术人员和管理人员，为了保证数据的完整性、真实性、方便数据校验，主要借助 QQ、微信或 E-mail 进行访谈。

(五) 环保责任规范形成阶段分析

本书借鉴现有社会规范的形成阶段分析，选用战略引导、生产融合和规范行为三个维度进行分析。一些技术规范的形成研究中采用战略、项目和技术三个指标（江鸿、吕铁，2019）。结合环保责任规范的特殊性，环保项目实际上体现在与企业生产融合的程度，本节研究行为规范，最终以企业的规范行为来落实环保责任规范；生产融合指环保责任规范理念指导企业生产的程度；规范行为指企业对环保责任规范的反应。

（六）数据分析

通过对数据进行编码和分类，识别出钢铁行业环保责任规范形成过程中政企行为的共同演化规律。数据分析分为四步：第一，根据钢铁行业环保责任规范的形成、企业的环保责任行为和政企关系三条主线，梳理影响企业环保责任行为的关键事件。此外，根据关键事件将企业的环保责任行为分为三个阶段（见表4-1）。第二，对数据进行图表和格式化整理，形成完整的描述文件。第三，根据研究分析框架，归纳分析各主体的行为和反应，描述各阶段规范形成和转入的现象。运用偏离—选择—复制的演化逻辑，分析各阶段政企行为相互作用的路径和方式。第四，比较分析不同规范演化阶段的政企互动，识别出政企行为演化的模式转换及其对环保规范形成的影响。数据分析用于案例描述和理论构建，使政企行为能力共同演化框架得以完善，达到理论饱和（Glaser and Strauss，2009；江鸿、吕铁，2019）。

表4-1　钢铁行业环保责任规范的阶段划分

阶　段	时间范围	政企互动表现	政企能力	群体责任规范
责任弱化阶段	1973—2005年	以行政指令为辅；企业自行改进环保工艺和技术为主	分离	规范意识形成
责任重塑阶段	2006—2013年	行政指令为主；企业自行安排环保工艺和技术为辅	替代	规范转入
责任共生阶段	2014年至今	行政指令和企业自行安排环境工艺和技术并存	互补	规范逐步固化

四、案例分析

(一) 责任弱化阶段 (1973—2005) 分离性共同演化

1. 政府与企业的环保责任行为

1973—2005 年钢铁行业高速发展，企业环保意识逐步增强，开始逐步规范自己的环保责任。政府的战略引导主要体现在促进经济增长方面和实施可持续发展理念，环保战略由企业自行选择；环保责任规范与生产融合的程度很低；政府制定环保责任约束性指标，企业的污染排放遵循政府制度约束。在这一阶段，政府制度对环保规范的形成与其他社会规范类似。

在政府制度的约束和指导下，企业初步具备环保理念。企业环保理念培养主要有三个途径：第一，环保国际活动的推动。1992 年中国政府代表团出席了在里约热内卢召开的环境和发展大会，"可持续理念"被大会接受。❶ 为了将可持续发展应用于中国实践，我国起草了《中国环境问题十大对策》(1993)，确定了环境保护的基本原则，指出走可持续发展道路是中国的必然选择，环境法律体系基本形成。2001 年 7 月，江泽民在庆祝中国共产党成立 80 周年大会上全面阐述了我国的可持续发展战略，提出要正确处理经济发展和人口、资源和环境的关系，走生态文明发展道路（胡琳琳，2005）。2001 年 10 月，第一次国际环境会议在北京召开，标志着我国开始环境保护的国际合作（胡琳琳，2005）。这些活动吸引社会各界关注环境问题，媒体开始深度报道环境污染的事件，公众开始指责钢铁企业缺乏环保责任。随着可持续发展理念的深入人心，公众对环境问题越来越挑剔，企业开始意识到需要对环境负责。第二，政府制度的约束。《钢铁工业的"九五"规划》提出在环保方面的指标，废气、废水达标率和钢渣利用率要比 1995 年提高 12%~15%。《钢铁工业的"十五"规划》提出要淘汰落后生产能力，降低能耗，推广节能技术和清洁生产工艺和资源回收利用技术。"十五"期间，环保投资翻了一番，吨钢综合能耗下降 20.3%。从 2003 年开始，我国钢铁总量由供给不足转为供给过剩，已经从钢材净进口国转为净出口国，政府也有底气开始治理环

---

❶ 胡琳琳. 中国环境保护法的发展历程及其影响 [J]. 岱宗学刊, 2005 (3): 77-79.

境污染问题。第三，企业资源回收技术的发展。其间，企业已经掌握一些资源回收技术，资源的二次利用主要出发点是为了促进经济发展，但这些措施对环保有帮助。比如武钢集团在1996年就有意识地对含铁资源进行二次综合开发利用，开始尝试绿色科技创新。当年，武钢集团粉末冶金公司获首届中华绿色科技银奖。但总的来看，节约资源、保护环境的行动还比较缺乏，主要以牺牲环境为代价，高能耗换取经济增长。

2. 政府与企业行为的共同演化关系

（1）政府行为对企业行为的影响

从政府对企业的影响力来看，政府运用行政指令在战略上提高企业的环保理念；政府提出企业排放的指标，要求企业排放要达标，满足基本的规范要求，促使企业在生产过程中考虑将环保责任规范与生产的某些环节进行融合。

一方面，政府运用制度规制手段，将可持续发展的战略意图传导给钢铁企业，由企业制定环保战略。由于企业的生产工艺和规模基本固定，虽然企业积极贯彻可持续发展观念，但在实际的运用中，政府的战略意图比较难落实到企业的生产环节中，企业仍屡屡出现环保投机行为。

另一方面，政府不参与环保责任规范融入企业的生产过程，仅审批项目，控制排放指标，由企业自己设立环保责任指标，改进生产工艺，使行业初步具有环保责任意识。项目审批中，环境影响评价具有一票否决权，而对已经审批过的项目也要经过环保论证。为了让企业的排放达标，企业更多地从排放物着手，看能否通过使用新的工艺和技术减少排放物中的有害物质，这一时期出现了很多有关废弃物综合利用和循环经济的专利和技术。积累一定经验后，企业将环保指标融入日常的管理中，提出生产环节中需要降低多少能耗。群体责任规范表现为生产过程中降能耗和排放物指标达标。

（2）企业行为对政府行为的影响

从企业对政府的影响来看，企业环保战略的缺失使政府更加关注企业的污染源头；企业生产融合中的环保技术具有共性，使政府关注环保节能技术并进行推广；行业中大部分企业都可以环保达标，政府因此开始提高行业环保标准。

第一，钢铁行业市场供需两旺，企业经济高速发展。环保问题处理的原则通常是先排放再治理，很少有企业主动从战略上考虑环保责任问题和改进自己的生产工艺、控制生产规模。因此，政府提出要淘汰落后产能，从源头开始解决污染问题，这也为后期关停落后产能打下基础。同时政府鼓励企业进行环保技术改造，降低能耗，从技术上解决污染问题。

第二，企业在循环利用、清洁生产、资源二次利用以及对车间除尘系统技术改造等方面的技术积累和突破，为政府推广节能环保技术提供支持。

第三，在群体规范的影响下，企业废气、废水的达标率和钢渣的利用率大幅提高，企业开始在生产局部环节中提出降低能耗的指标，这为政府着手提高环保控制标准提供了现实依据。

综上所述，在行动主体层面上，政府和企业相互影响着群体环保责任规范的形成和演化。政府的行政指令得到执行，企业基本具备环保责任规范理念；在生产环节中企业逐渐融合环保责任规范，企业的环保投资逐年增加，能耗逐年下降，环保技术取得新的进展，行业的排放物基本达标。

总体来看，全行业的环保责任规范虽然形成，但是行业整体环保意识较低，没有改变生产规模和实质性的生产工艺，环保理念与生产融合的程度低；企业的环保责任行为体现出对制度约束的被动反应。

（二）责任重塑阶段（2006—2013年）替代性共同演化

1. 政府与企业的环保责任行为

随着企业的不断扩张，企业的环保意识逐步加强，环保责任规范与生产融合的程度加大，但企业的自发环保责任行为对环保规范的落实还不充分。政府加大战略引导和推进环保规范与生产的融合，并提高约束指标，倒逼企业进行技术创新。

第一，在战略引导产业政策方面，政府从淘汰落后产能、帮助企业转型升级、推动企业战略重组三个方面解决污染问题。政府联合各部委开展淘汰落后产能措施，向企业传递明确的信号，环境保护规范不仅监管是否达标，更要从源头上处理与环保规范不一致的生产行为。2006年首钢集团被要求关停2号焦炉和5号高炉，如此一年可减少排放烟尘1000吨。2006年之后，武钢集团先后战略重组鄂钢、昆钢股份，布局防城港钢铁基地项目，这些举措优化了武钢集团的产业布局，提高了产业集中度，提高了武钢集团的竞争力，同时也从源头上控制了环境污染问题。

第二，环保规范开始与生产大范围相融合，政府提出企业通过自主创新、优化品种来实现转型升级。钢铁工艺装备的大型化、现代化，生产流程的高效化，企业的主体装备水平达到世界一流，在降低能耗方面可以起到重要作用。比如武钢集团在"十一五"期间对二炼钢进行改造，对一炼钢扩容改造，对 CSP 炼钢扩容改造，改造后的炼钢系统达到国内先进水平。首钢在 2006 年年底前完成 3 号高炉、一烧车间、第三炼钢厂烧结机头的除尘系统技术改造，主体装备水平得到很大的改进。同时，首钢集团加强技术创新体系建设，与各科研院所合作，科研投入逐年增加，开展环保节能技术攻关、新产品开发。

第三，政府将节能减排纳入政府工作报告中，明确提出节能减排目标，每个企业都有节能减排任务，建立节能减排相关的企业制度，比如武钢集团开始严格执行建立污染减排考核体系，确定节能降耗、环保、绿化等环保一流指标，将 SO_2、COD、烟粉尘排放量、耗水量等指标分解到相关生产单位，提出具体要求和工作标准。这一做法成为行业惯例被固定下来，企业的环保压力逐渐加大。

2. 政府与企业行为的共同演化关系

（1）政府行为对企业行为的影响

从政府对企业的影响来看，政府在环保责任规范生产全过程中指导企业的节能减排建设，驱使企业积极行动起来履行企业环保责任规范一致行为。

从政府的战略指引来看，企业开始主动淘汰落后产能，设计转型升级路径，提出战略重组方案，提升企业竞争力，逐步形成竞争优势。从政府对环保规范与生产融合的规定来看，企业主动进行技术改造和生产工艺改造，置换落后产能，推动装备水平升级，提高产业健康发展。比如，2012 年底，首钢的新一代可循环钢铁流程技术通过科技部的验收，这一技术用低成本的方式实现高效洁净钢生产，生产过程中的能源转换方法和生产材料方面拥有自主知识产权。这些科技支撑计划项目强调企业技术创新的主体地位，其启动有助于提高企业的竞争力。

从政府对环保规范控制的角度来看,在政府的大力推动下,企业把节能减排提高到战略高度,大力发展循环经济,走能源消耗低、环境污染少的新型工业化道路。政府在节能减排管制上力度加大,迫使企业加快技术改造步伐和节能环保设施建设。同时,对完不成节能减排任务的企业予以关停,对违规排放的企业予以重罚,通过行政手段迫使企业履行环保责任规范一致行为。

比如,武钢集团每年用于节能减排的资金占到总收入的10%左右,在改扩建项目中坚持环境保护理念融入工程设计、施工、投产过程中,投入大量资金用于节能减排硬件设施建设。节能指标进一步优化,逐年降低吨钢综合能耗和万元产值能耗,节约用水,烧结余热用于发电,干熄焦装置用于发电,这些节能项目使得武钢集团的能源消耗处于国内先进水平。2010年首钢结合停产安排关停并转,挖掘自有发电设备潜力,提高自有能源利用效率,做好躲峰限电工作,很好地完成全年的节能减排目标。

(2) 企业对政府行为的影响

随着企业经济增速放缓,企业对环保、技术创新的投资逐年加大,企业慢慢陷入经济和环保双重困境。企业的环保战略意识逐步加强,意识到环境保护是企业发展的唯一出路。政府战略引领的重点逐步进行调整,帮助企业化解产能过剩,加大工业结构调整,形成竞争优势。

企业在生产过程中逐步融合环保责任规范,通过生产工艺创新和技术改造,节能减排初见成效,产品质量进一步提高。这些效果使政府进一步加大对自主创新的支持力度,立项更多的科技创新项目,发挥科技创新在转型升级中的支撑作用,同时制定产业政策支持企业战略性重组和海外扩张。

企业发挥能动性超额完成节能减排目标,政府进一步提高节能减排目标,对落后产能采取强制性关停措施,通过技术创新提高产品竞争力,从而实现节能减排目标。

综上所述,在认知层面,政府和企业相互影响着促进群体环保责任规范突破性提升。政府的行政指令贯彻绿色生产的全过程,企业已经具备环保责任规范意识,能体会到遵守环保责任规范是企业唯一的出路;企业已经开始行动起来,改良工艺流程,改进装备水平,改进产品质量,提升企业的竞争力;在节能减排方面,企业的能耗逐年下降,节能减排投资逐年增加,节能硬件措施得到加强，节能减排指标得到优化。

总体来看，行业的环保责任规范得到突破性的发展，企业整体环保意识较强，开始扩大生产规模和改进生产工艺，环保理念与生产融合的程度逐步提高；企业的环保责任行为体现出对政府指令的适应性反应。

（三）责任共生阶段（2014年至今）互补性共同演化

1. 政府与企业的环保责任行为

从2014年开始，钢铁行业逐年亏损，化解产能过剩形势严峻，环保压力增大，环保责任规范逐步融合到企业的价值链生产过程中，企业开始自发落实环保责任规范一致行为，甚至是超规范行为。政府继续加强战略引导，推进环保规范与生产的充分融合，并提高约束指标，倒逼企业用环保手段走出困局。

第一，从战略指引来看，2016年李克强在政府工作报告中明确指出，要做好钢铁行业的去产能工作。国务院在化解产能严重过剩的指导意见中指出，要消化、整合、淘汰、转移产能过剩问题，中央提出供给侧改革办法帮助企业化解产能过剩。同时，工信部等七部委联合发文，从各自领域帮助钢铁企业解决产能过剩带来的员工安置、债务、融资等问题。"一带一路"国家倡议的全面推行，为钢铁行业消化过剩产能带来巨大市场空间，也为钢铁行业海外发展带来机遇。

在化解产能过剩的同时，企业开始主动关停工艺落后、污染严重的产能。比如鞍钢集团在2016年主动关停21座老式竖窑，通过产能置换的方式投资1.4亿元在异地新建4座节能环保的气烧机械化竖窑。

为解决产业集中度不高、抗风险能力弱的问题，政府出台政策鼓励钢铁企业合并重组，2016年在国务院的推动下，武钢集团和宝钢集团重组，组建新的宝武集团，宝武集团年产粗钢规模中国第一、世界第二。

企业的转型升级势在必行，工信部推出《中国制造2025规划》，产品数字化、智能化成为钢铁企业关注的重点。比如宝武集团提出要构建绿色智慧钢铁生产生态圈等。

第二，从生产融合的角度来看，绿色产品从生命周期的全过程来量化和诊断产品的环境绩效指数，一部分企业将环保责任规范与生产过程进行充分融合。绿色产业慢慢打开市场，宝武集团将自身积累的节能环保技术进行商业开发，为行业提供节能环保综合解决方案，为企业带来很好的收益。

企业在高性能、高品质产品技术研发上取得新的进展，鞍钢集团通过关停原焊管钢丝厂，发展高端特钢产品，使得连续亏损 20 年的攀长特公司扭亏为盈。武钢集团 CSP 生产出全球最薄的热轧卷，在极薄材料生产工艺和批量生产能力方面达到国际先进水平。武钢集团也在特殊钢方面取得突破，完成核电主泵屏蔽套薄板的全流程试制，打破了外国企业的市场垄断。

第三，在节能环保指标上，新《环保法》于 2015 年开始执行，被称为史上"最严"环保标准。在行业产能过剩、产业集中度不高、结构不合理的情况下，靠被动反应环境责任规范压力几乎没有出路，企业只有主动将环保责任规范与企业价值链进行融合，引入绿色环保技术重新优化价值链，才能实现超低排放。宝武集团等企业的实践也标志着群体环保责任规范发生了突破性的变革，环保责任规范被企业内化到实际生产经营过程中。

2. 政府与企业行为的共同演化关系

从政府对企业的指导来看，政府对钢铁行业化解产能过剩、实行供给侧改革、提高产业集中度、调整产业结构起着顶层设计作用，没有政府的支持，单个企业是做不到的；在技术改进方面，政府通过《中国制造 2025 规划》，在技术上引领企业通过数据化、智能化对生产工艺进行绿色环保改造；在节能环保指标上，政府出台新《环保法》，从严控制节能减排，推动企业通过内化环保责任规范实现超低排放。

从企业对政府的影响来看，企业的环保意识上升到战略层面，绿色环保是企业发展的唯一出路。政府帮助企业解决实际困难，鼓励企业用绿色环保打通产业链。

企业关停高污染的老窑，自觉控制产能，在生产过程内化环保责任规范，通过持续的工艺改进和技术创新，高品质的产品比重逐步提高，一些企业实现扭亏为盈。这些效果使得政府不再推广具体的节能减排技术，而是引领企业通过数字化、智能化对生产流程进行改造。

企业在控制产能、开发高品质新产品、内化环保责任规范、努力实现结构转型的过程中，超额完成节能环保目标，使得政府能进一步提高钢铁行业超低排放目标。

总体来看，行业的环保责任规范进一步得到突破性的发展，整体环保意识加强，环保理念融合到生产的各个环节中；企业的环保责任行为体现出对政府指令的主动性反应。

五、结论与讨论

（一）研究结论

1. 环保责任规范的非均衡性演化路径

钢铁行业环保责任规范的演化表现不同于已有研究发现的均衡性演变，在时间顺序上，规范与生产的融合和规范控制结果的发展先于战略选择；在能力结构上，规范与生产的融合能力和规范控制结果的能力也高于战略选择能力。从群体社会规范的研究来看，社会规范演化的发展具有均衡收敛的特点。首先是战略内化，然后与生产进行融合，最后输出超规范责任行为。如果三个维度在短期内发展不均衡，规范要么受到低规范的维度影响，向低规范责任行为发展，要么受高规范维度影响，整体向高规范行为发展，最终趋于相对均衡状态。但是钢铁行业环保责任规范呈现出非均衡性的形成和延续，是政府与企业两类主体共同演化的结果。政府发挥着战略指引的功能，引导企业化解过剩产能，淘汰落后产能，引导企业技术开发、转型升级，提高产业集中度，提升竞争优势。由此可见，政府和企业行为的叠加能弥补企业环保责任动机不足的缺陷，从而打破群体规范抑制的局面。

2. 政府与企业对环保责任规范的非对称互动机制

钢铁行业环保责任规范能在非均衡状态下持续得到突破性的提升，得益于政府与钢铁企业之间的互动反馈。由于环保责任规范的形成对钢铁企业具有明显的战略性意图，加上行业整体不景气，政府对企业的影响更加主动，企业对政府的影响更加被动。

从政府影响企业的机制来看，政府在战略指引、生产融合、规范控制方面均对企业施加直接的影响，其行为不同于其他社会规范。从演化视角来看，政府可以介入环保战略，不宜介入经营战略和技术战略，以免削弱企业的竞争力和技术多样性发展。在2005年之前，政府的举措与文献类似，从计划和控制两个角度对企业的环保规范进行引导，结果导致企业低水平重复建设。2005年以后，政府对企业经营战略、技术战略、环保战略施加影响，导致企业群体环保责任规范水平提升。此举与既有文献建议有很大的差异，却有效促进了环保责任规范的提升：第一，与理论预期不同，钢铁行业的环保责任规范问题不仅仅是企业的伦理责任问题，更多地受制于原有的生产工艺和技术装备水平，环保问题反应的是落后产能问题。如果任由企业自行发展，其经营困境会带来环保困境。第二，政府从技术战略和环保战略两个角度来提升钢铁行业的环保责任规范，在激烈的市场竞争下，企业用数字化、智能化技术内化环境责任规范，对生产流程和产品质量进行改造，不但没有限制企业技术改进力度，反而加快了技术多样性的形成速度。

从企业对政府的影响机制来看，企业在技术和环保这两个维度上影响政府指令的发展方向，表现为政府主动识别企业能力的变化，调整产业政策，匹配企业内化环保责任规范的需要，逐步将更多的主动性让位给企业。尽管企业对政府的影响强度较低，但企业对整个行业技术水平的提升、绿色生产、提高环保责任规范不可或缺。如果政府只是对企业单向施加压力，不根据企业的发展而调整政策，则政府行为可能被挤出市场，进而阻碍企业内化环保责任规范。这种现象在其他社会责任领域中并不少见。

3. 政企行为的共同演化模式与行业环保责任规范提升

政企行为的共同演化，特别是演化模式从环保责任行为分离到行为替代、行为互补的适时转变，构成了钢铁行业环保责任规范提升的微观基础。钢铁行业的环保问题很大程度上是设施、工艺、产品老化的结果，并非完全是企业理念问题。因此，环保责任规范问题的首要任务是以淘汰落后产能改造工艺流程为依托逐步提升技术能力和环保责任规范。为了加快钢铁行业环保责任规范的提升，相关主体认识到经营战略、技术战略和环保战略协调发展十分必要，而政府发挥了这样的作用。1973—2005年，政府与企业环保行为分离，政府负责结果控制，企业负责计划和生产，结果导致行业环保责任低规范行为；2005年以后，政府直接替代企业制定环保任务，指导企业经营发展方向，鼓励技术创新，推动群体环保责任规范形成；2014年以后，政府加大战略指引力度，主动退出部分技术创新环节，针对企业能力不足部分予以补充。企业主动内化群体环保责任规范，与生产过程进行融合，提高群体的环保责任水平。

（二）理论贡献

本研究丰富了群体社会规范的研究。第一，考察钢铁行业的环保责任规范行为演化的全过程，为提升群体规范提供解释。特别是受到政企能力共同演化的影响，行业环保责任规范可能延续非均衡的演化路径，而不是必然呈现高位均衡或低位均衡。第二，突破制度安排—企业行为的群体规范分析范式，将政府的作用机制建立在行为影响之上，扩展了行为视角的群体规范研究。研究发现，在钢铁行业环保责任规范形成的过程中，政府作为制度的制定者、企业行为的引领者和环保结果的接受者，其运用自身能力直接参与经营、技术、环保战略的微观进程，可以启动群体环保责任规范的提升。第三，引入政府的市场主体行为，考察政企行为的共变，揭示政府行为如何与企业共同演化，有利于全面认识政府影响力的产生，以及嵌入规范形成和提升过程机制，为理解政府行为这一主题研究提供新的理解。

（三）实践启示

针对群体环保责任规范的形成和提升难题，本节研究发现的管理启示如下。第一，政府在为行业提供制度的同时，也要注意自身是否可能运用经营、技术力量影响行业规范的形成和提升。第二，在设计企业战略发展的路径时，政府可以同时协调干预经营、技术、环保等环境，即使在政府主导模式下依然要激发企业的能动性，主动内化群体环保责任规范。第三，政府应根据产业发展变化和企业的能动性在不同阶段的具体情况，调整自身的能力结构和行为，实现与行业规范的匹配，一方面引导企业形成群体规范，另一方面给予企业提升群体规范的发展空间。

（四）研究不足与展望

以下几个方面可供未来的研究进一步探索。第一，政企行为共同演化模式并不排他，不同情境下不同群体规范的形成可能表现出更多的演化模式。值得注意的是，钢铁行业大多是央企，政府直接领导这些企业的经营行为，而对其他行业，政府并不具备这样的地位。因此，将来研究可以选择多案例分析，找到更有普适性的结论。第二，政企互动并不是行业环保责任规范的形成和提升的唯一方式，考察其他的外部力量，比如消费者、舆论对行业环保责任规范的影响，或是政府对这些力量的影响，对完善本研究框架有重要意义。第三，政府行为对企业行为形成补充或替代，要求政府本身高度关注群体规范。对于政府并没有深度嵌入的行业，政府如何获取市场主体地位，促进规范提升，还有待深入研究。总之，研究认为，行为视角下政企行为共同演化值得研究和关注，分析政府对行业环保责任规范形成和提升的作用，会带来不同于制度安排—企业行为的分析范式的新认识。

第五章 从群体到个体：企业社会责任的传导机制

在群体 CSR 规范的影响下，如何使企业的 CSR 行为与群体目标保持一致？这是分析群体 CSR 行为和个体 CSR 行为之间关系的关键。本章研究群体 CSR 规范对个体 CSR 行为的传导机制。第一节指出群体规范对个体 CSR 行为的影响可以分为强制性的影响和渐进性的影响两种方式，以及规范性影响和信息性影响两个层面；推动群体规范对个体 CSR 行为影响主要包括形成社会网络、个体企业内化和规范同构三种情况。第二节研究群体 CSR 目标与个体 CSR 目标的协调机制；企业效能能够直接或间接调整企业 CSR 动机水平，直接激发行为动机，或是通过目标控制间接影响动机。第三节探讨群体 CSR 行为对个体 CSR 行为的影响，群体 CSR 行为是一种集体选择，以社会利益为出发点，以解决社会问题为核心，为实现群体 CSR 目标而限制和约束个体 CSR 行为。第四节通过实证研究方法讨论群体规范对个体 CSR 行为的规范同构效应。

第一节 群体规范对个体 CSR 行为的影响

一、群体 CSR 行为与个体 CSR 行为的不一致性

通过前面对个体 CSR 行为和群体 CSR 行为的分析，我们可以看出，不能随意夸大群体 CSR 行为，也不能通过群体 CSR 行为简单推断出个体 CSR 行为。群体 CSR 行为并不是个体 CSR 行为的简单叠加，群体 CSR 行为是通过一定的程序，个体企业按照群体规范输出与规范一致的 CSR 行为。

通常在两种情况下，个体 CSR 行为与群体 CSR 行为有高度的一致性。第一，个体企业 CSR 的规范偏离行为已经演变成普遍的群体现象，个体企业的行为是群体行为的缩影，在 CSR 低规范情形下常常会出现个体行为和群体行为的高度相似性，比如三聚氰胺事件、问题疫苗事件等。第二，CSR 相关制度往往是在群体 CSR 行为规范的基础上形成的，个体企业的 CSR 行为受制度的驱使，这种 CSR 制度会使个体行为和群体行为表现出高度的一致性。比如，自 2008 年起，上交所强制要求三类公司披露社会责任报告，并鼓励其他有条件的上市公司进行自愿披露❶，当前，越来越多的企业主动发布自己的社会责任报告。

在以上两种情形下，个体 CSR 行为具有代表性和强制性的特征，并与群体 CSR 行为高度一致。然而，由于群体 CSR 制度的不完善，对个体 CSR 行为的监督成本过高，加上个体履行 CSR 的动机不一致，个体 CSR 行为常常与群体 CSR 规范发生偏离。

从理论上来看，群体 CSR 行为体现出群体在发展过程中对社会价值的追求，群体目标的实现对所有个体都有好处，可以提高社会信任，降低企业的交易成本。那么，个体企业会不会为了群体共同的利益而采取与群体规范一致的 CSR 行为呢？经济学家奥尔森（1996）认为，为实现公共目标的群体行为常常以失败而告终。因为群体 CSR 行为的成果具有外部性，所有群体成员都能从中获益，也包括那些没有承担群体社会责任的成员，如果个体企业的 CSR 低规范行为得不到惩罚，将使得其他履行 CSR 规范一致/超规范行为的企业产生一种相对剥夺感，将不再愿意为群体目标做出贡献，从而会出现更多的 CSR "搭便车"现象。

那么，群体 CSR 行为该如何维系呢？或者说，如何通过群体 CSR 规范引导个体企业履行 CSR 规范一致行为呢？有必要分析群体规范对个体企业行为的影响机制。

---

❶ 资料来源：中国证券业协会，https://www.sac.net.cn/hyfw/hydt/201312/t20131211_76449.html.

二、群体规范对个体 CSR 行为的影响方式

群体规范如何影响个体 CSR 行为？不同学派有不同的看法。制度经济学认为，个体企业履行 CSR 时有具体的成本，但长期 CSR 回报具有不确定性，在这样的利益冲突中，群体规范需要提供个体企业合理的价值，个体企业才会履行 CSR 规范一致行为。公共选择学派认为，群体规范能影响个体的 CSR 行为选择，个体企业根据群体规范或目标进行互动和协商，从而确定群体行为的过程，这样个体选择演变为群体的选择。社会心理学认为，由于不确定性和社会比较的存在，群体 CSR 规范会影响个体的 CSR 行为。这三个学派都认为，在群体 CSR 规范的影响下个体企业会改变自己的态度和行为，个体企业通过改变已有的 CSR 行为模式表现出与群体规范一致的 CSR 行为。群体规范施加于个体企业而产生的社会影响就是做出改变的原因。

群体 CSR 的社会影响，就是在群体 CSR 规范的指引下，个体企业的 CSR 态度和行为发生改变的过程。从影响方式来看可以分为强制性的影响和渐进性的影响。

强制性的影响需要采用某种强制性的手段向个体企业施压，个体企业表现为被动地服从群体规范，一旦外力消失，这种影响也会消失。因此，这种影响是有限的。如果遵循群体规范能满足个体企业需要的合法性资源，群体就会有一定的影响力。如果群体拥有奖惩个体 CSR 行为的法定权利，个体企业为了获得奖励或者是为了规避惩罚，就会服从群体的影响，这样群体也获得了强制性的影响。这与行为主义强化理论中将奖惩作为改变个体行为方式的逻辑是一致的。

渐进性影响是通过个体企业对群体价值规范的认同，进而影响个体企业的 CSR 行为。群体能渐进性地影响个体企业的基础在于个体企业认同群体规范，愿意依照群体规范要求约束自己的 CSR 行为。个体企业不是在制度压力的驱使下被迫与群体规范保持一致，而是认为群体规范是对的，应该按照群体规范实施 CSR 行为。个体企业表现出主动、规范一致的 CSR 行为倾向。

豪格和特纳（1987）认为群体对个体的社会影响体现在两个方面：规范性影响和信息性影响。规范性影响通过正式规范或非正式规范，对偏离群体 CSR 规范的个体行为予以惩罚和排斥，对与群体 CSR 规范一致的个体行为予

以奖励和认同。个体为了得到群体的认同，会有意识地接受群体规范的影响，在行动上依从群体，以免自己在行为上偏离群体规范。

在规范性影响下，个体企业对群体 CSR 规范有三种反应方式（凯尔曼，1961）：服从、认同和内化。服从是个体在履行 CSR 过程中，为了避免群体规范惩罚，或是为了得到群体认可，而表现出与群体规范一致的 CSR 行为。在服从群体规范的反应模式中，个体企业并不一定与群体的价值观一致，可能是不自愿、被动地执行群体规范。当然，认同可能是自愿的，但个体企业的行为变化并没有与内在的价值观统一起来，这样的认同是一种表面的认同。

如果个体企业服从群体规范要求，并在价值观上认同群体规范，个体企业可以经过持续强化后达到内化信念阶段。内化是将群体的价值观融入企业经营战略和价值链各个环节，是企业高度认同群体的一种状态（Mead，1934）。因此，群体规范内化为企业价值观和信念是 CSR 行为改变的基础，是一个服从—认同—内化的过程。

个体对群体 CSR 规范的三个反应过程，需要在外力的作用下，以教育、规制、奖惩等方式促使个体 CSR 行为从规范不一致向规范一致转变。其中，内化是企业 CSR 行为改变的最高级的形态。一旦个体企业内化群体 CSR 规范，将群体规范作为企业 CSR 行为的内在标准，个体企业会自发履行 CSR 规范一致行为。

群体规范对个体 CSR 行为的信息性影响表现为，企业需要一个稳定的参照体系来评价自己的行为。当个体依赖群体来获取社会信息时，群体规范就会影响个体的态度和行为。随着企业间竞争的加剧和社会关系网络的传染效应，个体会服从群体 CSR 规范做出符合规范的行为。信息性影响产生的基础在于个体企业的相似性，以及个体企业对群体的依赖程度。个体企业的相似性高，群体的背书就变成一种竞争性资源，为在竞争中获胜，企业会自觉履行 CSR 规范一致行为。企业对群体的依赖程度高，群体身份认同使得企业更愿意将该群体规范内化到自身 CSR 行为中，并将自己与其他群体区分开来。

通过规范性影响和信息性影响，个体企业依据群体规范来界定其与群体的关系。企业会根据自己的 CSR 规范一致行为将自己定义为群体中的一员，而且会根据其他企业的 CSR 行为是否偏离群体规范来判断其他企业是属于这个群体还是背离这个群体，这种群体身份认同的过程实际上是企业内化群体规范要求在态度上的体现。这一身份认同过程包括三个阶段：第一，企业承认是群体中的一员；第二，企业学习群体 CSR 规范和行为标准，而且这一标准是群体特有的；第三，企业用群体 CSR 标准评价自己和其他企业的 CSR 行为。

通过对群体身份的认同，企业具备与群体一致的内在动因，也具备在行为上与规范一致的态度。从社会学的角度来看，态度决定行为，如果企业在承担社会责任上的态度与群体规范要求一致，那么企业更可能输出群体规范一致 CSR 行为。从经济学的角度来看，如果态度上与群体规范一致得到的收益高于违规成本，那么企业更可能选择 CSR 规范一致行为。

综上所述，在以下三种情况下，群体行为容易传染到个体企业。

（1）社会关系网络效应的存在。群体内其他企业的 CSR 行为可能改变企业自己的 CSR 行为，关系网络具有传染效应，会使个体企业的 CSR 行为具有相似性。

（2）规范对个体 CSR 行为存在激励和惩罚作用。当群体规范明确奖励和惩罚的标准时，个体企业可能为了逃避惩罚或是追求奖励而表现出规范一致行为。特别是当群体身份对个体企业很重要的时候，个体企业更愿意服从群体 CSR 规范。

（3）个体企业认同、内化群体 CSR 规范所倡导的价值观时，个体企业会主动遵从群体规范要求履行社会责任。

第二节　群体 CSR 目标与个体 CSR 目标的协调机制

一、企业效能

通过群体 CSR 规范的影响，个体 CSR 行为才能在某种程度遵从群体规范。前面的研究表明，企业是在外在政策环境和社会期望的推动下，不断反思和调整自己的 CSR 认知和行为的。这是企业认知和 CSR 行为绩效之间的调节机制，依据这些机制，企业能够修正自己的 CSR 行为以适应外部环境的要求。

从企业 CSR 行为视角来看，群体 CSR 目标在实现过程中需要企业持续调整自己的认知和行为，选择群体 CSR 规范一致的行为模式。这种存在于企业内部认知和行为绩效之间的调节机制，控制着企业的认知、动机及行为选择，这种机制被称为企业效能感（Organizational Efficacy）。企业效能感是在班杜拉（1994）自我效能感的基础上发展起来的，通过对企业效能的释放、引导和成就，协调企业目标和群体 CSR 目标。

企业效能是对企业在特定社会责任事件情景中是否有行为能力的预期，企业的预期可以分为结果预期、效能预期。结果预期指企业的 CSR 决策预计引起什么后果，效能预期指企业是否具备实施 CSR 行为的能力。企业效能内化到价值观层面就形成了企业效能信念，从而进一步影响企业建立 CSR 认知，履行 CSR 规范一致行为。

企业效能不是企业 CSR 固有模式，而是在履行 CSR 行为过程中对企业自我角色、自我能力的判断，是企业对 CSR 综合信息的权衡、整体评估的结果。企业效能是企业履行社会责任的内在原因。

企业效能随时间、外部环境、经验的变化而变化，依据 CSR 情景而做出判断。企业效能具有三个特征：第一，企业效能是企业综合外在环境、社会期望、竞争对手的反应和企业内在因素等信息的基础上产生的；第二，企业效能包含动机因素；第三，企业效能是一种动态机制，会根据新的信息进行调整。企业效能是群体 CSR 行为影响个体 CSR 行为的主要手段之一。

二、企业效能的作用机理

企业效能主要通过三种因素起作用：自身的经验、竞争对手的反应和社会期望。企业过去的 CSR 经验为建立企业效能奠定基础，过去成功的经验会让企业持续参与 CSR，失败的经验会让企业处于观望状态。竞争对手的反应会影响企业自己的 CSR 行为，当企业判断竞争对手会迅速跟进时就会输出 CSR 超规范行为，若竞争对手不关注，不跟进，企业会采取 CSR 低规范行为。社会期望是利益相关者对企业的角色定位和 CSR 要求，如果社会期望高、关注度高，企业在利益相关者的监督下会采取 CSR 规范一致行为，若社会期望低、关注度低，企业会产生 CSR 机会主义行为。

企业效能通过三种作用机制来影响企业的 CSR 行为，认知过程、动机过程和选择过程。认知过程是企业效能对企业 CSR 的影响，如选择 CSR 规范一致/偏离行为。动机过程是企业效能在动机调节中的作用，企业的 CSR 动机是认知因素引起的，企业效能影响结果预期和归因，进而影响动机。选择过程是企业效能影响企业参与 CSR 活动的类型和规范信息选择。而这些不同的过程需要企业效能的协同作用。

群体 CSR 规范是个体 CSR 行为的基础，规范对个体 CSR 行为的形成和改变有重要的推动作用，社会规范通过为个体 CSR 行为提供认知规范、行为标准和价值观念来决定个体 CSR 行为选择。因此，群体规范通过影响企业的认知、动机和行为选择来影响企业效能信念系统，从而达成群体 CSR 目标和个体 CSR 目标一致。

三、群体效能的实现

企业效能对企业 CSR 行为的引导受到外在环境的限制。第一，企业的认知调整需要外部环境的刺激，否则，群体 CSR 规范很难内化到企业经营活动中。企业对于 CSR 行为结果的预期来自于社会规范标准，企业的 CSR 行为会受到惩罚或是预期奖赏，这样不仅激发企业的 CSR 动机，也会直接刺激企业的行为；第二，企业效能起作用的时候都是利用企业的资源去为社会创造价值，但是企业的力量是有限的，必须要联合群体的力量、资源、信息，才能实现预期的行为结果。因此，企业效能的大小，不仅取决于企业自身的能力和动机，也取决于对群体 CSR 控制能力的感知。由于企业效能的实现受到外部环境的影响，群体能运用规范来实现对企业 CSR 效能的引导和刺激。

企业效能能够直接或间接调整企业 CSR 动机水平，直接激发其行为动机，或是通过目标控制间接影响动机。由于影响企业效能的因素具有很强的外部性，那么在群体中，企业效能有可能延伸到群体层面。当企业效能概念化为群体水平，所有群体成员的信念可能演变为群体效能，这时群体效能会向企业效能那样激发群体的 CSR 行为。因此，企业效能是群体效能的基础，但群体效能不是企业效能的叠加。群体效能也有自己的影响因素，比如群体的构成、群体的资源、群体的知识结构、群体互动等。总之，群体能通过对企业效能发挥作用来达成群体效能目标。

第三节 群体 CSR 行为对个体 CSR 行为的影响

一、个体 CSR 行为的固化过程

企业既是群体也是个体，而群体 CSR 目标的实现取决于大多数个体 CSR 规范一致行为。群体效能的实现需要群体 CSR 规范将个体的利益和目标联结起来，对个体施加规范影响，改变个体 CSR 规范一致行为，使效能从企业效能传染到群体层面。

大多数情况下，个体 CSR 决策都是以主观预期为基础，突发性的 CSR 行为和长期的 CSR 行为都是这样。突发性的 CSR 行为具有临时性，不用考虑未来的结果，而长期的 CSR 行为预期的时期很长，企业会根据过去的经验和对 CSR 事件的控制性感知来决定采用哪种行为模式。

对于个体 CSR 行为的改变，本书在前一章已有论述，本章提出个体的 CSR 行为模式在企业效能的激发下会呈现出阶段性的特点：个体 CSR 规范一致行为/偏离行为受到过去经验的影响。企业通过态度、规范和外部的控制感，形成 CSR 行为意向，产生 CSR 行为。

因此，个体 CSR 行为模式不是一个静态的过程，而是不断地进行动态演化。这一过程包括四个阶段：第一，对 CSR 行为后果预判后改变认知；第二，准备改变阶段；第三，最初的 CSR 行为改变；第四，CSR 行为的基本固化。在这个过程中，企业效能起着推动作用。群体 CSR 规范就是要通过奖惩机制建立行为参照系，改变企业的投机行为和低规范行为，并在行为改变的基础上形成相应的制度规范。

二、群体 CSR 规范对个体 CSR 行为的引导

群体 CSR 规范如何改变个体 CSR 低规范行为？前面的论述提出只有企业获得更大收益，或是收益不变、成本更低的情况下，个体的行为才会改变。也就是说，企业采取 CSR 行为，首先是自利，然后才会利他。那么，群体需要为企业提供什么样的驱动机制才能使企业选择符合群体规范的 CSR 行为呢？

企业是市场的参与主体，市场导向的群体 CSR 规范对企业来讲应该是能提高效率的，能够让企业获利更多。尽管企业明白自己与社会的共生关系，但是由于市场上对自利和效率的选择，如果在市场交易的规制下，企业采取 CSR 规范一致行为能给企业带来更大的收益，这时个体效益和群体效益一致。但是，规范很难实现这种完全达成共识的状态。在企业履行社会责任的行为规范过程中，由于解决社会问题具有强的外部性，因此 CSR 规范一致行为的市场机制很难实现。如果要求市场来承担 CSR 目标，那么规范制度与市场选择的规制就会不相融，群体 CSR 效率就会降低。一般来讲，通过强制性的制度来约束低规范的责任主体，监管成本太高。因而，要通过效率原则，通过采取 CSR 规范一致行为增加收益以形成竞争优势，这样才会改变企业的 CSR 行为。

政府是公共规范主体，拥有权威性，政府的制度规范追求社会公共目标，因此，市场低效率的 CSR 事件在政府的强制推行下依然可以达成社会目标，所以政府能够解决市场失灵的问题。但是，要达成社会的整体目标，公共选择也会导致政府行为的失效，需要合理的机制导入企业的利益。

不同的规范形式约束群体的 CSR 行为，集合起来可以构建群体 CSR 行为规范体系，本书将群体 CSR 规范分为三种类型：作为外在制度的法律法规，作为内在价值观的社会期望，以及内化社会规范的企业认知。通过不同的制度安排共同形成和约束企业的 CSR 行为模式。

三、群体规范对个体 CSR 行为的改变

群体规范是个体 CSR 行为形成的有效方式之一。由于信息不对称，规范被设计成企业对付不确定性和企业利益的有效手段。规范考虑了信息不完备情况下企业 CSR 决策可能出现的行为规律。

群体 CSR 行为是一种集体选择，其以社会利益为出发点，以解决社会问题为核心，为实现群体 CSR 目标而限制和约束个体 CSR 行为。因此，个体会显现出不同程度的对群体 CSR 行为参与性不高的问题：一方面表现为对结果的不可控性；另一方面，直接的利他行为导致企业参与的预期效应很低，而 CSR 投机行为的效益很高，因此，企业没有动机参与到群体 CSR 行为中。

社会规范的合法性只有得到企业认同才能指导行为，如果企业认为规范

是合理的，即使对企业来讲是不合算的，但企业仍会服从这一制度。因而只要规范得到认同就会独立地运行下去，这就是路径依赖。企业可能会偏好或选择某种规范形式，进而影响 CSR 行为。规范的形成需要两个条件：第一，社会目标与企业目标一致；第二，遵守规范能给企业带来利益，为其选择规范一致行为带来动力。

政府作为主要的外部力量，在制定社会责任制度时，通过对低规范行为进行惩罚，对规范一致行为进行奖励，来解决群体 CSR 抑制问题。因此，法律制度能在一些社会问题上给企业提供稳定的、具有一致预期的行为模式以提高效率，顺利达成预期的制度目标。

群体 CSR 的实现会改变企业短期利益的预期，或是低规范的负的外部性。个体 CSR 行为改变遵循四个阶段，因此，根据不同阶段的特点制定干预和引导政策。在第一阶段企业意识到 CSR 行为需要改变，那么重点应该提供利益导向，告知企业改变得到的全部收益，强化内部和外部动机；在第二、第三阶段企业准备改变和开始改变 CSR 行为，规范应该提供可操作化的方案，为企业改变 CSR 行为提供支持系统，少走弯路；在第四阶段企业固化 CSR 规范行为，要提高企业的效能，提供持续保持 CSR 规范一致行为的动力。企业效能从三个方面作用于企业的 CSR 行为，那么群体规范也可以从这三个维度对个体 CSR 行为进行规范。

（1）在提供 CSR 认知的过程中，企业价值观要认同群体的价值观。企业是群体中的企业，不可能脱离群体而存在，企业在群体定义中获得自身的意义。因此，要想企业 CSR 行为与群体一致，必须在认知上高度认同群体的价值判断。

（2）要想企业产生符合群体 CSR 行为的动机，除了经济利益的刺激，还需要非经济利益的推动。比如对社会事件的参与感、代表群体的自豪感、帮助他人的满足感等，这些非物质利益会获得社会的积极评价，使企业自我效能得以实现。

（3）规范为企业 CSR 行为提供选择。通过奖惩机制来引导企业做出规范一致的选择。制度明确何种 CSR 行为是被鼓励的，什么行为是被禁止的，什么行为是被惩罚的，从而形成符合群体规范一致的社会责任行为。

综上所述，在分析群体 CSR 规范形成和变迁的基础上，本章提出群体规范对个体 CSR 行为的传染机制是规范影响和信息影响，并提出群体对企业效能的实现是企业目标和群体 CSR 目标协调统一的有效方式，因此，群体规范作用于企业 CSR 行为，推动企业履行 CSR 规范一致行为。

第四节　群体规范对个体 CSR 行为的规范同构效应研究

在群体 CSR 规范水平比较高的情况下，企业是选择规范一致行为还是选择规范偏离行为？本节以 2013—2017 年沪深两市 A 股上市公司为研究样本，证实群体 CSR 规范水平会影响群体内个体企业的 CSR 选择。在控制了个体层面和行业层面的影响因素后，群体 CSR 水平对企业 CSR 行为有显著的正向影响，具有规范同构效应。当群体 CSR 水平高，个体更愿意履行 CSR 规范一致行为；当群体 CSR 水平低，个体更愿意履行 CSR 规范偏离行为。进一步分析表明：当企业的行业竞争期望为正时，群体 CSR 规范与企业社会责任之间的正向关系更为显著；当企业的行业竞争期望为负时，企业更愿意履行社会责任偏离行为。针对内生性等问题，几个稳健性测试验证结果仍然有效。

一、引言

企业履行社会责任对建设和谐社会有重要意义。企业社会责任行为常常以群体形式表现出来，环境污染、问题疫苗等群体 CSR 低规范行为严重影响社会的信任机制和伦理道德。而在汶川地震和湖北武汉暴发新冠肺炎疫情后，企业纷纷慷慨解囊，这些群体 CSR 高规范行为彰显了社会的正能量。由此可以看出，企业社会责任具有溢出效应，那么群体中其他企业的 CSR 行为如何影响个体 CSR 行为？企业是选择 CSR 规范偏离行为还是选择 CSR 规范一致行为呢？我们试图从理论上找答案。

Roehm 和 Tybout（2006）从负面事件的角度发现当品牌是品类中的代表性品牌，且曝光产品的属性与品类有较强联系时，行业中个体的 CSR 低规范行为会影响其群体中其他竞争品牌被感知为低规范行为。而费显政等（2010）从社会责任负面声誉溢出的角度，发现当受讯/发讯企业的相似度高、公众对企业社会责任议题的卷入程度高时,受讯企业更容易感知为被发讯企业的 CSR 低规范行为传染。由此可以看出,群体中其他个体的 CSR 行为会影响企业自己的 CSR 决策(刘柏、卢家锐,2018),而这一影响的结果可能让企业选择 CSR 规范一致行为,也可能让企业选择 CSR 规范偏离行为。

新制度理论支持 CSR 规范一致行为,认为企业社会责任行为受到合法性的驱使,会形成制度同构,使得自己的行为被利益相关者接受(巩键等,2016)。合法性是由政策制定者、公众期望、舆论媒体以及利益相关者赋予的(Heugens and Lander,2009),企业通过获取利益相关者的认可和理解来构建合法性,具有合法性的组织能够得到赖以生存的稀缺资源和社会声誉资源(Deephouse and Carter,2005;巩键等,2016)。研究表明,在合法性的压力下,企业更愿意选择与群体规范一致的行为,因为这些行业惯例被认为是具有合法性的。因此,从合法性的角度来看,企业会主动选择规范一致行为。但是,制度不能解释企业面临外部合法性类似的情况下,为什么采取 CSR 规范偏离行为。

资源基础理论支持 CSR 规范偏离行为,从企业对外部资源的依赖程度和企业拥有的资源来分析影响企业 CSR 偏离规范的影响因素,认为战略性偏离能给企业构建竞争优势,而企业的社会责任行为能够获得社会声誉、引导社会舆论、得到利益相关者支持等重要的战略资源。因此,企业可以通过 CSR 正偏离获得更多的关注并建立企业的竞争优势。由此可以看出,企业可能选择从众(规范一致),也可能选择出众(规范偏离),因此,有必要研究社会责任的传染机制。

已有关于规范偏离的研究主要关注非市场化的作用,然而企业的业绩反馈也会影响企业社会责任选择。研究表明行业的竞争期望落差是企业行为偏离的主要动机。企业通过设定预期绩效来反映组织的经营目标,预期绩效影响企业的实际绩效评估,进而成为企业后续经营决策的参考因素,当实际绩效低于期望目标,企业对现有的 CSR 政策产生怀疑,企业更倾向于采取偏离的 CSR 行为(连艳玲,2019)。因此,本节研究提出,如果实际绩效高于期望绩效,企业更愿意选择规范一致行为;相反,如果实际绩效低于期望绩效,企业更愿意选择规范偏离行为。

本书以群体 CSR 规范出发,根据沪深两市 A 股数据研究群体规范同构效应。研究发现群体 CSR 规范对个体 CSR 行为存在正向影响。分位数回拨显示，个体 CSR 行为更容易受到规范同构的影响；实际绩效与期望绩效的对比对规范同构效应具有调节作用，规范同构显著增强实际绩效高于期望绩效的企业采取 CSR 规范一致行为，而行业竞争期望高的企业更有可能选择 CSR 战略偏离。因此，在企业社会责任规范同构效应中，行业竞争期望高的企业选择 CSR 规范一致行为，而行业竞争期望低的企业选择 CSR 规范偏离行为。上述结论在控制内生性、更改实证模型设定后依然成立。

本节研究的理论贡献在于以下几个方面。第一，本研究证实群体规范对个体 CSR 行为的影响。已有研究证实个体企业的负面事件会溢出到行业群体中的企业，但很少有研究关注群体规范对企业个体 CSR 行为选择的影响。该研究结论有助于补充企业外部因素对企业 CSR 行为选择的影响，更有利于全面理解企业社会责任的影响因素。第二，补充社会责任领域的规范同构效应，同行业中的企业由于在类似的外部规范约束下，可能在风险投资、股权结构、慈善捐赠、发布社会责任报告等方面产生规范同构效应，本研究在这些研究的基础上，研究规范同构效应对企业社会责任行为的影响，并探讨同构机制。第三，在社会责任实践中，企业的行业竞争期望会调节企业社会责任行为选择从众还是出众，补充企业绩效对 CSR 行为影响的文献。

二、文献回顾与研究假设

（一）理论框架

本研究主要采用社会规范理论和规范同构理论作为理论基础。企业是一个经济单位，其行为受到规范关系的影响。规范被定义为一个社会中的游戏规则，是为人们的互动而设定的约束，包括正式规范（如法律、法规和政策）和非正式规范（如价值观和信仰、道德规范和行为准则）。社会规范理论认为，企业不仅需要提高市场中的经营效率，还必须在非市场环境中获得社会合法性才能生存和发展（Deegan, 2002; Scott, 2008）。合法性是企业的价值观和行为与社会环境中可接受的行为准则之间的一致性（Dowling and Pfeffer, 1975）。因此，合法性的核心要素包括满足社会规范、价值观和规则所设定的期望。规范理论关注的是企业如何在特定的环境中寻求合法性，并试图通过合法性与规范同构。DiMaggio 和 Powell（1983）提出了"规范同构"的概念，认为外部环境的类似规范压力导致企业结构和活动的同质性。他们将这一过程称为"同构"，并认为它提高了组织的合法性和生存能力。基于社会规范和合法性理论，一个企业会改变其行为以满足外部对哪些行为是可接受的期望（Deegan，2002）。因此，规范环境带来不同的行为和战略，以确保社会合法性和生存所需的资源（斯科特，2008）。在企业社会责任行为方面，现有研究认为社会规范会影响企业的责任行为，在规范环境相似的地区经营的企业通过规范同构的力量表现出社会责任行为的相似性（Campbell，2006；Marquis et al.，2007）。在法律法规等正式规范相对薄弱的国家和地区，社会规范因素对企业的行为影响更为明显（Allen，Qian and Qian，2005）。本节研究试图运用社会规范理论和规范同构理论来解释群体规范对个体企业 CSR 行为的影响，并认为企业社会责任行为是由群体规范力量驱动的。

(二) 企业社会责任的驱动因素

企业社会责任驱动因素从内外部两个方面、企业个体和群体两个层次，主要分为四类。第一，有大量的文献讨论了企业层面的各种因素对企业社会责任绩效的影响。例如，许多学者认为企业的规模和财务状况是影响企业社会责任履行的重要因素（Campbell，2007；Chih and Chen，2010），优秀 CEO 可以显著提高企业的社会责任绩效。此外，公司的外部治理环境（如媒体报道和分析师跟踪）对企业社会责任绩效也有影响（Adhikari，2016）。

第二，董事会特征与企业社会责任的关系。已有文献一致认为，董事会的多样性，包括董事受教育程度的多样性、董事的性别多样性、董事任期的多样性和董事专业知识的多样性，能够提高企业社会责任绩效（Fernández-Gago et al.，2018）。董事会成员的能力和经验也是企业社会责任绩效的驱动力。现有研究还发现代表机构投资者的董事在企业社会责任决策中发挥着积极作用。此外，独立董事可以帮助股本成本高、所有权成本低的公司履行其社会责任。

第三，学者们集中研究了行业因素对企业社会责任绩效的影响。已有研究表明，有效的行业自律组织和促进企业履行社会责任的非政府组织在推动企业社会责任进步方面发挥着关键作用（Ali and Frynas，2018；Campbell，2007）。行业中领先公司和竞争对手的企业社会责任举措将激励企业采取类似的社会责任措施，以获得社会的合法性和生存性，而行业类型决定了企业专注于社会责任的不同方面（Matten and Moon，2004）。此外，激烈的行业竞争可以鼓励企业承担社会责任（Flammer，2015）。

第四，社会规范影响企业社会责任行为。社会规范理论认为企业战略在很大程度上受到企业外部社会规范力量等更广泛制度的影响。规范对于保证公司对利益相关者的利益做出反应是必不可少的（Scott，2003）。在社会规范理论的框架下，研究者们探索了不同社会规范下企业社会责任的异质性，并确定了影响企业社会责任的规范因素。Matten 和 Moon（2008）认为，企业社会责任实践的差异可归因于群体规范的不同，这些群体规范对企业行为产生了重大影响，这意味着公司承担社会责任受规范框架的制约，强有力的法律和有效的执法机制有助于企业履行其社会责任（Chapple and Moon，2005）。文化规范可以影响企业社会行为的形式和内容，从而导致具有类似文化机构的企业社会责任同构（Matten and Moon，2008）。

总的来说，现有文献主要从企业内部因素和外部制度因素两个方面来研究企业社会责任的决定因素，而对规范因素的讨论主要集中在正式规范制度方面。群体规范等非正式规范对企业社会责任绩效的影响却鲜有人关注。

（三）规范同构

规范同构源于社会规范、价值观、专业标准和传统做法，社会规范是组织合法化的压力来源，也可以指导或限制企业的行为（Campbell，2004；Griffin and Sun，2018），引导个体企业遵循企业群体认可的行为规范。作为社会结构的重要组成部分，企业的 CSR 决策行为也不可避免地受到社会规范的影响以适应当地的生活价值观。第一，社会规范是企业共享的一组价值观、规范或信仰，直接影响企业管理者的决策和行为。如果想了解企业的行为和反应，有必要研究企业所属的群体以及该群体的规范和价值体系。当群体的期望与企业需求矛盾时，企业往往服从群体行为（Cialdini，Kallgren and Reno，1991）。当群体规范水平高时，企业会遵守规范一致行为。此外，企业的决策者更有可能将社会规范内化为个人品质，使公司高管在决策时受到这些规范和价值观的影响（Guiso，Sapienza and Zingales，2006）。同时，社会规范反过来将引导管理者在企业与利益相关者群体的互动中更多地考虑利益相关者的利益。基于此，群体规范水平高时，企业管理者将社会规范压力下产生的对社会责任的承诺内化为个人行为准则。因此，这些企业管理者更加重视与利益相关者的关系，通过从事公益事业和环境保护等方式促使企业积极履行社会责任，从而获得并加强利益相关者的支持和认同。此外，公司高管还受到社会规范的约束，因为企业采取CSR低规范行为时群体会对其施加惩罚。学者们认为，企业对待其利益相关者的方式取决于其生存和发展的制度环境，公司也会逐步调整其社会责任战略以使自己更符合周围社会和规范环境的特点。群体规范水平越高，企业的社会责任期望越高。因此，群体将约束企业管理者更加负责任地行事，以确保企业的合法性及其在社会中的生存。企业在面对强大的社会规范力量时更倾向于以对社会负责的方式行事（Campbell，2006），管理者更倾向于从事更多的企业社会责任活动。

第二，社会规范也可以看作是一组个人可以受益的社会网络，是所有交换关系的基础（Williamson，1993）。更高水平的社会规范环境可以培养出充满活力的社会网络，在这种网络中，企业间更有可能相互作用和合作，实现双赢的结果（如更高的产品质量和更低的交易成本）。资源基础理论认为，社会责任有助于提高企业的战略地位，获得声誉资本等战略资源，并最终提高企业绩效（Porter and Kramer，2002）。因此，在社会规范水平较高的群体，企业社会责任行为可以带来更高的回报，进而使企业愿意承担更多的社会责任。当规范性制度为这种行为提供适当的激励时，企业倾向履行CSR规范一致行为。相比之下，社会规范水平较低的群体由于社交网络较少，回报就不那么可观，企业倾向于履行低规范行为。

综上所述，通过对社会规范和社会网络方法的分析，如果群体规范水平较高，积极履行企业社会责任能够使企业获得社会合法性和更多的经济利益。因此，在这种规范的制度同构的力量下，规范水平较高的群体中的企业会呈现出一种利益相关者导向的商业模式，即表现出更好的企业社会责任绩效。根据上述讨论，本节提出以下假设：

H1：社会规范较高群体中的企业更有可能表现出CSR规范一致行为。

(四) 行业竞争期望落差

期望理论认为企业的预期目标影响 CSR 行为。当企业绩效偏离预期目标时，管理者会尝试不同的解决方案以调整偏差。期望目标是能够让决策者感到满意的最小产出水平（Schneider，1992），它为企业战略 CSR 决策提供了一个标准。企业根据当前实际绩效与目标绩效来决定如何履行 CSR 行为（Cyert and March，1963）。管理者在不同的经营状态下会采取不同的 CSR 行为，当实际绩效高于期望目标时，管理者对当前绩效水平满意，将选择保守的 CSR 决策；而当实际绩效低于期望目标时，企业将更可能采取高风险决策，选择 CSR 偏离行为以寻求媒体和公众的关注，进而提升企业绩效（连燕玲等，2014）。

期望参照有两种对比类型：历史绩效和行业绩效。历史绩效对比是企业用当前绩效与历史绩效进行对比；行业绩效对比是企业绩效期望与同行业竞争对手进行对比。企业使用历史绩效对比会存在感知偏差（Levinthal and March，1993），而与同行业绩效相比更有助于企业提高竞争优势（Kim and Miner，2009）。与竞争者的横向比较也为不了解公司内部管理信息的债权人、投资者、消费者等外部利益相关者提供了一个更为直接的衡量标准（巩键等，2016），便于他们对企业的经营状况进行评价，进而让管理者感受到外部经营压力。

当企业实际绩效低于行业平均水平，企业会在行业竞争处于不利地位，从而引发外界对企业失去信心，怀疑管理者的能力，提高对企业的监督力度，通过外部施压使管理者做出调整（连燕玲等，2014）。此时，企业积极主动的 CSR 规范偏离行为反映了企业敢于突破的精神，在某种程度上成为一种"利好信号"，让外界意识到管理者正在积极采取措施来应对业绩压力。企业希望通过 CSR 规范偏离行为提高企业绩效（Goll et al.，2007），提高竞争对手模仿的门槛（Chen and MacMillan，1992），使行业竞争规则向企业有利的方向转变（D'Aveni，1994）。而当企业实际绩效高于行业平均水平时，较好的业绩说明管理者的经营能力良好（Sitkin，1992；Audia et al.，2000），没有业绩压力的情况下，企业更愿意顺从当前的做法来增强外部合法性（Oliver，1992），因而更可能选择 CSR 规范一致行为。根据上述讨论，本节提出以下假设：

H2：企业的行业竞争期望调节社会责任的规范同构效应。当企业实际绩效低于行业平均绩效时，企业更愿意履行 CSR 规范偏离行为；当企业实际绩效高于行业平均绩效时，企业更愿意履行 CSR 规范一致行为。

三、研究设计

（一）样本选择与数据来源

本节研究选择 2013—2017 年沪深两市 A 股公司为研究样本，使用的企业社会责任绩效指标来自和讯网数据库，基本财务数据来自国泰君安数据库。借鉴文献常用的做法，我们做了如下处理：第一，由于监管环境的不同，我们删除了金融、保险、房地产等上市公司样本；第二，排除年底被 ST、*ST、PT 的上市公司样本；第三，删除了年度同行业内观察数据小于 10 的样本（刘柏、卢家锐，2018）；第四，排除了回归分析中缺少控制变量的一些观察结果；第五，为排除偏离值的影响，本节研究对所用连续变量按 1% 和 99% 分位上的 Winsorize 处理（陈承等，2019；林煜恩等，2018；刘柏、卢家锐，2018；邹萍，2018）。经过上述筛选过程得到 10575 个样本，其中，发布社会责任报告的样本 2608 个，没有披露社会责任报告的样本 7967 个。行业的样本观察值从几十到上千不等，分布存在明显的差异。

（二）关键变量的界定

1. 企业社会责任绩效的衡量

本研究采用和讯网数据库公布的社会责任评分来衡量上市公司在社会责任活动和信息披露方面的 CSR 绩效。该数据库已在文献中多次用于评估上市公司的企业社会责任绩效（林煜恩等，2018；刘柏、卢家锐，2018）。和讯网评测体系从员工、股东、供应商、客户和消费者权益、环境和社会 5 个责任维度，分别设立 13 个二级指标和 37 个三级指标，对社会责任进行综合评价，并加权数值型指标和逻辑型指标评分，算出企业社会责任的得分（林煜恩等，2018），并将最终得分计算为 0 到 100 的加权平均值。

企业社会责任绩效衡量标准和对专业组织企业社会责任报告实践的评级

可能不同。后者不仅指企业社会责任本身的实现，还指企业社会责任信息的披露。然而，投资者对履行企业社会责任的看法，一方面是基于公司的所作所为，另一方面企业社会责任信息必须通过披露的方式向市场传递。企业社会责任绩效较好的企业倾向于更详细地披露其社会责任绩效，这种披露本身就是一项重要的企业社会责任活动。然而，虽然披露年报的公司逐年增加，但是社会责任报告披露的数量和质量有限，而年度报告的数量和质量基本是真实有效的。相比根据社会责任报告评分的方式，同时根据社会责任报告和年报内容进行评分可能更全面（刘柏、卢家锐，2018），就算企业没有披露社会责任报告，依然可以依据年报数据进行评价。社会责任的得分越高，表示企业 CSR 绩效越好。

2. 群体 CSR 规范（GCSRN）的衡量

根据社会规范理论，同行业中企业共享相似的群体规范，个体 CSR 决策会受到群体 CSR 规范的影响。本节研究借鉴刘柏和卢家锐（2018）、钟田丽和张天宇（2017）的做法，在同一年度用行业企业社会责任得分扣除目标企业 CSR 得分后的均值来代表群体 CSR 规范。这样行业内部不同企业的群体 CSR 规范是不同的，表示个体行为会对群体 CSR 规范有影响，而群体 CSR 规范对不同行业地位的个体影响也是不同的。

3. 行业竞争期望（CE）

根据连燕玲等（2019）、Chen（2008）的研究，行业竞争期望的测量方法为：如果企业的实际绩效水平（$P_{i,t-1}$）高于行业竞争期望水平（$CE_{i,t-1}$），则行业竞争期望（CE）=1，否则为 0。企业的竞争期望反映了企业在行业中的竞争地位，本书将行业中排名前 50% 表示企业竞争期望为正，设定为 1，否则设定为 0（Jia et al., 2018）。

（三）实证模型

根据现有的企业社会责任文献（林煜恩等，2018；刘柏、卢家锐，2018），本节研究采用普通最小二乘法回归方法和多元回归模型来检验群体社会规范对个体企业社会责任行为的影响。我们在模型中控制行业和年度固定效应，并且我们回归中的所有标准误差都在企业层面上进行聚类，以控制集群效应（Petersen，2009）。此外，我们的研究可能会遇到内生性问题。为了解决这个问题，我们在稳健性测试部分使用两阶段最小二乘法来缓解这个潜在的问题。

对于假设 1，因变量 CSR 表示上市公司的 CSR 绩效，主自变量 GCSRN 表示群体社会责任规范。在先前的研究（陈承等，2019；林煜恩等，2018；刘柏、卢家锐，2018；邹萍，2018）之后，我们考虑了一些已知影响企业社会责任的基本控制变量。这些控制变量包括公司规模（Size）、市盈率（MB）、财务杠杆率（Lev）、产权性质（SOE）、收益波动率（Vole）、高管持股比例（Mshare）、高管薪酬（Salary）、董事会规模（Board）、独立董事比例（Indirector）、企业年龄（Firmage）、行业竞争程度（MID）、CSR 行业敏感度（INDU）、年度（Year）、行业（Industry）。具体控制变量的测量如下：公司规模（Size）是以公司总资产取自然对数来衡量的；市盈率（MB）等于公司市值除以账面价值的比率；财务杠杆率（Lev）是以负债与资产的比率来衡量的，是计算出来的公司总债务与总资产的比率；收益波动率（Vole）是以过去三年收益的历史标准差来衡量的；产权性质（SOE）是虚拟变量，国有企业取 1，非国有企业取 0；高管持股比例（Mshare）以期末高管持股数除以总股数的比率；高管薪酬（Salary）用前 3 名高管薪酬取自然对数来衡量；董事会规模（Board）用董事会人数取自然对数；独立董事比例（Indirector）等于独立董事人数除以董事会人数的比率；企业年龄（Firmage）等于观察年度减去企业成立的年份；行业竞争程度（MID）采用樊纲等编制的市场化指数总体评分；CSR 行业敏感度（INDU），行业 CSR 敏感度高的公司取 1，否则取 0；年度（Year）为虚拟变量，以 2013 年为基年，共分 5 个年份变量；行业（Industry）采用证监会对行业的分类，共有 19 个行业虚拟变量。假设 1 的模型如下：

$$CSR_{i,t} = \beta_0 + \beta_1 GCSRN_{i,t} + \Sigma \beta_{i,t} \text{Var}_{i,t}^{control} + Year + Industry + \varepsilon_{i,t} \quad (5-1)$$

假设 2 在假设 1 的模型基础上加入了群体 CSR 规范和企业行业竞争期望的乘积，探讨企业行业竞争期望（RP）对群体 CSR 规范与个体企业 CSR 绩效的调节作用。假设 2 的模型如下：

$$CSR_{i,t} = \beta_0 + \beta_1 GCSRN_{i,t} + \beta_2 GCSRN_{i,t} \times RP_{i,t} + \Sigma \beta_{i,t} Var_{i,t}^{control} + Year + Industry + \varepsilon_{i,t}$$

(5-2)

四、实证结果与分析

(一) 描述性统计与分析

表 5-1 报告了主回归分析中使用变量的描述性统计结果。其中，所有连续变量都已在上下 1% 级别进行了排序，以避免异常值的影响。企业社会责任的平均值和中位数分别为 29.132 和 28.378，企业社会责任的 25% 和 75% 水平分别为 21.630 和 53.586，这意味着抽样企业的社会责任活动绩效平均相对有限，抽样企业的社会责任绩效水平存在较大差异，留下了很大的改进空间。25% 和 75% 的群体 CSR 规范分别为 20.411 和 33.057，说明各行业社会责任水平也存在很大差异，而且行业竞争期望为正的企业社会责任显著高于行业竞争期望为负的企业，这在一定程度上验证了 H_2。其他变量的分布均在合理范围内。

为了更精确地表现群体 CSR 规范对企业社会责任的影响，本节研究进行了更深入的统计分析，如果将 CSR 得分高的个体区分出来，如表 5-2 所示，随着群体 CSR 规范得分的提高，CSR 得分高的个体比例也在增加，这也说明在群体 CSR 规范得分高的情况下，个体企业表现出 CSR 规范一致行为。而当群体 CSR 规范得分继续增加时，CSR 得分高的个体比例在下降，说明群体 CSR 规范高的时候，一部分企业出于"搭便车"的心理选择 CSR 低规范行为获得 CSR 声誉溢出效应。

为了进一步验证这一可能性，本研究将 CSR 得分高的个体进一步根据行业竞争期望进行拆分，可以看出，随着群体 CSR 规范得分的提高，行业竞争期望为正的企业与行业竞争期望为负的企业的比例也在提高，从 0.461 上升到 1.236，说明随着群体 CSR 规范水平的提高，行业竞争期望为正的企业出于合法性动机更愿意顺应群体的做法，选择 CSR 规范一致行为。而随着群体 CSR 规范水平的提高，CSR 得分高的个体数量在减少，说明行业竞争期望为负的企业更愿意选择规范偏离行为。

第五章 从群体到个体：企业社会责任的传导机制

表 5-1 描述性统计分析

变量名称	最小值	平均值	最大值	标准差	25%水平	中位数	75%水平	Non-CE	CE
CSR	-3.906	29.132	88.223	18.735	21.630	28.378	53.586	26.804	29.870
GCSRN	18.374	27.535	39.762	5.346	20.411	26.426	33.057	27.035	28.671
Size	19.428	24.650	28.960	1.436	20.881	23.024	26.891	23.620	24.664
MB	0.076	2.108	4.863	0.886	0.092	1.698	3.865	0.742	1.476
Lev	0.106	0.611	0.758	0.585	0.148	0.527	0.685	0.554	0.653
SOE	0	0.398	1	0.496	0	0	0	0.582	0.411
Vole	0.054	0.865	3.348	1.865	0.196	0.367	0.721	0.772	1.865
Mshare	0	0.102	0.613	0.716	0.065	0.093	0.448	0.154	0.013
Salary	13.385	14.330	16.782	0.688	13.887	14.562	15.803	14.356	14.585
Board	1.870	2.231	2.848	0.202	1.962	2.137	2.450	2.012	2.338
Indirector	0.360	0.388	0.694	0.074	0.371	0.382	0.547	0.385	0.398
Firmage	3	14.672	28	5.633	4.550	13.861	20.540	13.457	16.582

注：资料通过 SPSS24.0 统计软件计算。

表 5-2 样本拆分后的描述性统计分析

群体 CSR 规范	样本量	高 CSR	高 CSR 比重	Non-CE	CE	比率
低规范	3525	1579	0.448	498	1081	0.461
规范一致	3525	2206	0.626	854	1352	0.632
超规范	3525	1621	0.460	893	728	1.226
合计	10575	5406	0.511	2245	3161	0.710

注：CSR 得分大于中位数为高 CSR。
高 CSR 比重＝高 CSR/样本量。
比率＝Non-CE/CE。

（二）变量相关性分析

Pearson 相关性检验的结果如表 5-3 所示，可以看出群体 CSR 规范（GCSRN）和企业社会责任行为（CSR）的相关系数约为 0.186（$p<0.001$），表明群体 CSR 规范与企业社会责任绩效显著正相关。这一结果为群体 CSR 规范促

进企业履行社会责任的命题提供了初步证据。董事会成员的数量（Board）对企业的 CSR 绩效也有显著的积极影响，与之前的研究一致（Xiangyu Chen et al., 2019）。

古吉拉特（2009）认为，当自变量之间的相关系数超过 0.8 时，回归模型表现出严重的多重共线性问题。如表 5-3 所示，相关系数在 0.003 到 0.458 之间，表明没有严重的多重共线性问题影响本研究。以上仅反映了单变量的相关分析，我们的多元线性回归分析结果将得到进一步严格的检验。

（三）实证结果

假设 1 预测群体 CSR 规范与企业社会责任绩效显著正相关（$\beta_1 > 0$）。表 5-4 报告了我们的实证结果。在第（1）栏中，在不控制市场环境的情况下观察到群体 CSR 值为正且显著（1.126，$t = 7.562$）。这种正相关关系与 H_1 一致，在群体 CSR 规范水平高的情况下表现出较好的企业社会责任绩效。这一实证结果也充分证明了群体 CSR 规范对企业社会责任的履行有影响。更重要的是这种影响的程度在市场环境上也很重要。在第（2）栏中，市场环境被包括在内，以控制行业环境之间的差异。群体 CSR 系数为正且具有统计学意义（1.325，$t = 6.014$）符合我们的预测。在第（3）栏中，市场环境和行业 CSR 敏感度都包括在内，以控制行业 CSR 环境的差异。此外，群体 CSR 系数显著正相关（1.318，$t = 5.813$），这与我们的预测一致，即较高的群体 CSR 规范可以促进企业从事负责任的社会活动。表 5-4 的最后一列提供了我们分析中使用的变量 VIF 值，从 1.108 到 3.475，这表明我们的主回归中没有严重的多重共线性问题。控制变量系数的符号基本与先前的研究一致（如陈承等，2019；林煜恩等，2018；刘柏、卢家锐，2018；Xiangyu Chen et al., 2019）。实证结果表明，企业社会责任绩效与企业规模呈正相关，表明规模较大的企业具有较高的企业社会责任行为，支持陈承等（2019）的研究结果。

第五章 从群体到个体：企业社会责任的传导机制

表 5-3 相关性分析

	CSR	GCSRN	Size	MB	Lev	SOE	Vole	Mshare	Salary	Board	Indirector	Firmage
CSR	1.000											
GCSRN	0.186***	1.000										
Size	0.458***	0.184	1.000									
MB	0.163***	0.287***	-0.062***	1.000								
Lev	0.018***	0.136***	-0.411***	0.065***	1.000							
SOE	0.187***	0.174***	-0.362***	0.048***	0.412***	1.000						
Vole	-0.008	-0.083***	-0.044	0.139***	-0.348***	0.051***	1.000					
Mshare	-0.055	-0.107***	-0.223***	-0.388***	-0.313***	0.039	0.243***	1.000				
Salary	0.285***	-0.062***	-0.058***	0.364***	0.017	0.359***	0.117***	-0.008	1.000			
Board	0.145***	0.138***	-0.191	-0.056***	0.206***	0.188***	0.304***	0.295***	0.243***	1.000		
Indirector	0.013	-0.045***	0.183***	0.003	0.211***	-0.214***	0.353***	0.183	0.146	-0.454***	1.000	
Firmage	0.028***	-0.083***	-0.281***	0.068***	0.058***	-0.088***	0.005	0.037***	-0.006	0.078***	-0.016***	1.000

注：" * * * "表示 $p<0.01$（Two-tailed）。

类似于 Xiangyu Chen et al.（2019），本研究还发现企业社会责任绩效与 MB、SOE、Salary 正相关。企业社会责任绩效与财务杠杆（Lev）、收益波动率（Vole）、高管持股比例（Mshare）呈负相关，表明经历更严重财务压力或收益波动问题的企业会采取更低的企业社会责任行为，这与之前的研究一致。

表 5-4 群体 CSR 规范和 CSR 绩效

变量	(1)	(2)	(3)	VIF
INTERCEPT	-55.683（-15.531）	-58.547（-15.584）	-58.562（-15.460）	
GCSRN	1.126***（7.562）	1.325***（6.014）	1.318***（5.813）	2.945
Size	3.093***（18.328）	3.095***（18.356）	3.095***（18.363）	3.182
MB	0.326***（3.545）	0.337***（3.684）	0.337***（3.662）	1.878
Lev	-4.238***（-3.882）	-4.584***（-3.923）	-4.591***（-3.916）	2.884
SOE	2.785***（3.891）	2.803***（3.966）	2.795***（3.964）	1.966
Vole	-0.085***（-0.898）	-0.083***（-0.884）	-0.083***（-0.883）	1.204
Mshare	-1.862***（-1.584）	-1.854***（-1.596）	-1.848***（-1.592）	2.482
Salary	7.358***（18.632）	7.562***（18.965）	7.604**（18.944）	2.116
Board	5.038***（3.755）	5.540***（3.921）	5.620***（3.884）	3.475
Indirector	16.807***（3.225）	16.893***（3.406）	16.774***（3.395）	2.557
Firmage	0.064***（1.056）	0.078***（1.088）	0.078***（1.085）	1.108
MID		0.036（0.183）	0.036（0.181）	2.965
INDU			1.335（2.088）	2.469
Year	控制	控制	控制	
Industry	控制	控制	控制	
ADJ-R^2	36.87%	36.87%	36.68%	
F 值	41.662***	40.358***	39.874***	

注：*表示 $p<0.10$，**表示 $p<0.05$，***表示 $p<0.01$（Two-tailed）。

（四）群体 CSR 替代测量

参考现有的研究如徐丽萍等的做法，本书采用群体 CSR 规范的另外两个替代变量（GCSRN1 和 GCSRN2）来证明上述回归结果的稳健性。衡量群体 CSR

规范的另外两个替代变量是行业的慈善捐赠水平（百万）（GCSRN1）和剔除CSR 得分中的环境责任得分（GCSRN2）。行业的慈善捐赠水平（GCSRN1）用行业慈善捐赠总支出扣除目标企业慈善捐赠支出后的均值来代表群体 CSR 规范；用剔除 CSR 得分中的环境责任得分后的行业 CSR 得分扣除目标企业 CSR 得分再取均值来代表群体 CSR 规范。

表 5-5 列出了群体 CSR 规范的其他衡量指标的回归结果。第 1 列属于GCSRN1，第 2 列属于 GCSRN2。从表 5-5 可以看出，这两个替代群体 CSR 规范变量的回归系数在 1% 的水平上是正的，具有统计学意义，与表 5-4 给出的主要结果是互补的。因此，我们的实证结果是稳健和可靠的替代措施的群体CSR 规范。

表 5-5 群体 CSR 规范替代性测量

变量	GCSRN1	GCSRN2
INTERCEPT	−60.325（−15.208）	−62.557（−15.531）
GCSRN	2.582*** （4.361）	1.489*** （6.887）
Size	3.784*** （18.782）	3.923*** （19.566）
MB	0.306** （3.487）	0.323** （3.738）
Lev	−4.684*** （−4.151）	−4.432*** （−4.156）
SOE	2.843*** （3.955）	2.856*** （3.987）
Vole	−0.093*** （−0.925）	−0.096*** （−0.913）
Mshare	−1.925*** （−1.882）	−1.926*** （−1.748）
Salary	7.249*** （17.565）	7.448*** （18.037）
Board	5.116*** （3.860）	5.264*** （3.632）
Indirector	17.024*** （3.541）	16.927*** （3.448）
Firmage	0.078*** （1.136）	0.082*** （1.250）
Year	控制	控制
Industry	控制	控制
ADJ-R^2	35.21%	35.63%
F 值	38.385***	40.813***

注：* 表示 $p<0.10$，** 表示 $p<0.05$，*** 表示 $p<0.01$（Two-tailed）。

(五) 内生性问题

我们的结论有一个潜在问题，群体 CSR 规范可能是由内生性决定的。例如，表现出较好企业社会责任绩效的公司可能更愿意与 CSR 规范较高的群体开展业务。我们使用工具变量方法来解决这个潜在的内生性问题。贾兴平、刘益等（2014）研究发现舆论压力（MP）与群体 CSR 规范呈负相关。因此，我们将舆论压力作为群体 CSR 规范核心自变量的工具变量。舆论压力作为一种合格的工具，满足两个条件：一是与群体 CSR 规范相关；二是没有前人的工作或理论表明舆论压力与企业社会责任绩效相关。两阶段最小二乘法回归的结果如表 5-6 所示。

第一列的工具变量（舆论压力）与 1% 显著性水平的群体 CSR 规范呈负相关（-0.0834，$t=-12.857$）。第二列显示了两阶段最小二乘回归的第二阶段的结果。工具化群体 CSR 规范是第一阶段群体 CSR 规范的预测值，工具化群体 CSR 规范系数为正且显著。因此，当使用工具变量方法时，群体 CSR 规范与企业社会责任之间的关联对内生性问题的控制是稳健的。

表 5-6　两阶段最小二乘法回归分析

变量	第一阶段	第二阶段
INTERCEPT	-4.875（-7.124）	-58.632（-14.826）
MP	-0.0834***（-12.857）	
Instrumented GCSRN		1.058***（3.026）
Size	0.105***（8.271）	3.652***（18.748）
MB	-0.054**（-1.293）	0.487***（3.362）
Lev	-0.368***（-3.259）	-4.562***（-3.884）
SOE	0.0196***（2.595）	0.326***（3.289）
Vole	0.005（0.238）	-0.068（-0.768）
Mshare	-2.036***（-2.581）	-1.293***（-1.838）
Salary	0.036***（3.250）	0.104***（4.208）
Board	0.116***（3.362）	0.253***（3.437）
Indirector	3.694***（1.866）	4.368***（1.778）

续表

变量	第一阶段	第二阶段
Firmage	2.570*** (3.804)	2.082*** (4.030)
Year	控制	控制
Industry	控制	控制
ADJ-R^2	56.18%	35.92%
F 值	83.504***	42.583***

注：** 表示 $p<0.05$，*** 表示 $p<0.01$（Two-tailed）。

（六）横截面分析

以往的研究表明，行业竞争期望落差影响企业的社会责任决策，当实际绩效大于期望目标（行业竞争期望为正）时，企业更倾向于 CSR 规范一致行为；当实际绩效小于期望目标时（行业竞争期望为负），企业更倾向于 CSR 规范偏离行为。因此，假设 2 预计当行业竞争期望为正时，群体 CSR 规范与企业社会责任之间的关系会更加紧密。我们将样本分为行业竞争期望为正和行业竞争期望为负的企业，并分别估算每个子样本。表 5-7 的第 1 列和第 2 列表明群体 CSR 规范（GCSRN）对两个子样本都是积极的。在绝对值上，行业竞争期望为正的群体 CSR 规范系数远大于行业竞争期望为负的群体 CSR 规范系数，两组之间的群体 CSR 规范回归系数差异在 5% 时显著（Z=3.078）。此外，为了比较各子样本之间的群体 CSR 规范系数的差异，我们将行业竞争期望定义为一个虚拟变量，当一家公司的行业竞争期望为正时，该虚拟变量的值为 1，否则为 0。我们在模型中加入了变量行业竞争期望和相互作用项：行业竞争期望×群体 CSR 规范。我们预测行业竞争期望系数为负，行业竞争期望×群体 CSR 规范系数为显著正。表 5-7 报告了回归结果。如第 3 列所示，行业竞争期望×群体 CSR 规范的估计系数在 5% 水平上显著为正（0.677，t=2.381），假设 2 得到检验。

表 5-7 横截面分析

变量	Non-CE	CE	ALL
INTERCEPT	-34.862（-5.480）	-58.546（-13.058）	-56.633（-13.854）
GCSRN	0.8084***（2.073）	1.536***（7.285）	0.879***（2.851）
CE			-1.058***（3.026）
CE * GCSRN			0.677***（2.381）
Size	2.580***（8.203）	3.643***（17.214）	3.485***（18.037）
MB	0.3966**（2.584）	0.4633**（2.858）	0.457***（3.522）
Lev	-3.682***（-2.205）	-2.473***（-2.839）	-4.326***（-3.682）
SOE	0.542***（3.584）	0.882***（3.859）	0.664***（3.137）
Vole	-0.184（-1.356）	-0.246（-1.186）	-0.213（-1.790）
Mshare	-2.320***（-2.847）	-3.088**（-3.574）	-2.563***（-3.044）
Salary	0.582***（3.376）	0.632***（3.863）	0.611***（3.582）
Board	0.433***（3.584）	0.581***（3.936）	0.522***（3.488）
Indirector	3.381***（2.230）	3.820***（2.314）	4.019***（2.240）
Firmage	2.347***（3.804）	2.683***（4.007）	2.482***（3.963）
Year	控制	控制	控制
Industry	控制	控制	控制
ADJ-R^2	34.86%	38.96%	36.77%
F 值	20.053***	32.840***	38.616***

注：**表示$p<0.05$，***表示$p<0.01$（Two-tailed）。

五、结论与影响

本节研究了群体 CSR 规范水平的提高是否影响企业社会责任绩效。我们从社会规范的角度观察企业社会责任行为。社会规范理论将企业社会责任行为纳入企业所处的社会环境中，认为企业必须与其规范同构才能获得合法性和必要的生存资源。因此，这表明企业在同一行业的 CSR 行为具有相似性。在规范理论的框架下，本书认为群体 CSR 规范通过社会规范和社会网络方法影响企业社会责任行为，这两种方法都表明群体 CSR 规范可以防止管理者从事不道德的经营活动，进而提升企业的社会责任形象。与我们的预测一致，我们发现群体CSR规范与企业社会责任绩效正相关，这充分证实了群体CSR规范是解释企业社会责任行为的关键决定因素。我们还发现，当企业的行业竞争期望为正时，群体CSR规范与企业社会责任之间的正向关系更为显著，当企业的行业竞争期望为负时，企业更愿意采取社会责任偏离行为。在应用了几个稳健性测试之后，我们的结果仍然有效。

本节研究将同行业竞争期望落差引入规范偏离的研究框架中，揭示了企业CSR规范偏离的内部驱动因素。已有关于CSR绩效的研究更多关注"合法性"驱动，忽视了业绩对CSR决策的影响。同行业绩比较是反映组织竞争优势的重要信号，也是利益相关者评价管理者能力的重要指标，由此将会成为驱动CSR行为偏离的关键要素，这一研究结论扩展了基于合法性视角下的规范偏离研究。

本节研究还可以作为对以往企业社会责任研究的有益补充，以往学者更多关注正式的法律制度。本书还可以促进企业社会责任研究范式由正式制度驱动向规范驱动的转变。本书的主要结论是群体CSR规范对企业施加了相当大的压力，提高了企业的社会责任绩效。研究表明，群体CSR规范在解释企业社会责任行为中起着重要作用。我们的研究结果可能会对社会规范理论做出贡献，通过识别社会规范力量，阐明其如何影响与社会责任相关的决策。我们的研究也有助于理解企业社会责任绩效的决定因素。企业社会责任对利益相关者有着实质性的影响，本研究有助于理解群体CSR规范在影响企业行为和利益相关者时的重要作用，理清群体CSR规范与企业社会责任绩效之间的关系。

群体CSR规范是企业履行社会责任的外部驱动力，对企业、监管机构和市场参与者具有重大影响。对于企业而言，本书的研究结果可以引导群体CSR规范水平高的企业积极开展有利于利益相关者的企业社会责任活动，抑制有损利益相关者利益的消极社会行为，企业高管必须考虑外部规范环境对企业社会行为的影响。对于监管者来说，我们的研究结果表明群体CSR规范较低地区的公司在社会责任方面的表现通常较差。建议政府监管部门制定有针对性的措施鼓励群体CSR规范较低地区的企业积极履行社会责任。此外，我们的结论还提醒政府在引导企业承担社会责任方面要重视良好群体CSR规范的建设。对市场参与者而言，良好的群体 CSR 规范环境有助于企业更好地履行社会责任。基于这一结果，企业的客户和供应商在与企业开展业务时应考虑企业所处的群体 CSR 规范环境。

  作为一项探索性研究，本书不可避免地存在一些局限。对于我们的群体 CSR 规范数据，我们只使用行业的 CSR 数据，事实上企业所属的群体不仅只有行业，还可能有地区、产业链等。在未来的研究中我们可以将群体 CSR 规范研究扩展到产业链，更准确地探讨群体 CSR 规范的影响。本书的另一个局限与我们对企业社会责任绩效的衡量有关。我们用来衡量企业社会责任的变量是基于一家专业评级机构对企业社会责任绩效的评级。任何专业机构的评级都不足以全面、准确地评价上市公司的社会责任绩效，因为每个评级机构都采用不同于其他评级机构的评价体系。因此，可以采用多种方法对企业社会责任进行多维测量。企业社会责任的影响因素从正式制度研究向社会规范研究过渡是一种研究趋势，将来可以从社会规范视角下研究社会舆论或社会关系等因素对企业社会责任的影响。

第六章 群体CSR行为互动对社会信任的影响

本章研究群体 CSR 互动对社会信任的影响。第一节讨论信任的内涵、形成机制及主要特征。信任从心理学角度来看是一种尚未发生的确定性行为，从社会学角度看是一种稳定的人际关系，从经济学的角度看是一种理性的选择。从形成机制来看，社会信任受到规范、经验和制度的影响，以及个体对群体认同感的影响。社会信任的总体特征表现为：熟人关系占主导，呈现出差序格局的形态；职业性的群体规范信任度较低，社会信用体系还需要完善；安全感和公平感是影响社会信任的两个主要因素。第二节讨论信任危机和制度信任。受社会热点事件的影响，信任危机成为普遍的社会问题，信任危机产生的原因在于个体因素、环境因素和社会因素的影响，对信任危机的治理有两个方面，一是完善制度建设，二是树立榜样的力量。第三节讨论群体 CSR 互动对社会信任的影响。本节提出社会责任和社会信任的因果关系是双向的，已有研究过于关注社会信任对企业采取社会责任规范一致行为的影响。这些研究认为社会信任通过规范让企业采取规范一致的行为。然而，这些研究总体上把企业的微观行为作为结果变量，容易导致社会责任只关注工具性目标。很少研究社会责任是如何提升社会信任的，即从社会层面来看，企业履行社会责任到底是为了什么？本节研究以武汉新冠肺炎疫情为背景，研究群体 CSR 互动对社会信任生态系统建设的过程机制。在党中央的坚强领导下，群体 CSR 互动在疫情开始阶段主要通过教育群体成员形成责任意识，这有利于群体 CSR 规范的形成，并以制度的形式明确下来，当群体具备这种能力后，会促进个体采取 CSR 超规范行为。群体互动构建生态化的信任系统有利于责任和爱心的传递及复制，同时可以将这种信任复制到其他情景中。而社会信任又会促进企业更好地履行社会责任，整体呈现出一种螺旋上升的趋势。

第一节　信任及形成机制

一、信任的内涵

信任是市场经济的基础，信任问题是社会的基本问题（翟学伟，2019）。如果没有信任，人们的合作关系会受到怀疑，交易成本和监督成本增加，社会分工和市场交换也会受阻，社会的正常运转受到影响。鉴于信任对社会的重要作用，国内外众多学者从不同学科的视角对"信任"进行了深入研究，由于"信任"这一概念涉及多个学科领域，不同学科的学者们从各自学科视角出发对"信任"给出了符合自身研究领域的界定。

（一）心理学视角

对"信任"最早的系统性研究来源于心理学领域，一些心理学家将信任定义为个体所持有的一种心理特质或对他人抱有的信念。美国著名心理学家 Deutsch（1985）采用"囚徒困境"的方式对"信任"进行了实验研究，研究结果表明信任是个体的一种心理预期，在这种预期下个体会采取相应的行动。Lee 和 Turban（2001）则将信任定义为一种信任信念，这种信任关系是由长期发展过程中个体所形成的个性特征所决定的。

因此，从心理学视角来看，信任是一种相对稳定的人格特质，是对他人做出符合规范要求的行为的一种预期。信任建立需要两个条件：人与人多次交往和互动形成相对稳定的关系；人们的行为符合社会规范的要求，能对行为形成相对稳定的预期。

（二）社会学视角

信任被视为一种文化规范和社会制度的产物，Luhmann（1979）在探究信任的内涵时将其分为人际信任和制度信任。人际信任是人们以血缘关系、地缘关系、方言关系等为基础，连接人与人之间的交往过程；制度信任是社会交往中的管制和约束基础。社会学家认为制度变迁、社会结构与信任之间存在着互动关系，即信任是一种制度变迁复杂性和简化社会结构的功能化机制。Lewis 和 Weigert（1985）则认为信任仅存在于人与人之间的交流互动当中，由认知、情感和行为这三种因素来组成，是一种集体内部的品质。

因此，从社会学视角来看，信任是一种社会资本，来自长期的文化沉淀。信任来自于群体中个体之间的长期互动，这些群体推动人们之间的合作，并促使信任的产生（福山，1998；张维迎，2002）。

（三）经济学视角

著名经济学家 James Coleman 在 1990 年发表的文章中指出，信任表示在非即付经济中充分考虑风险因素做出的行动，个人在这类行动中所承担风险的程度取决于其他行动者完成交易的情况。Arrow（1972，1974）则认为信任作为不能被标准经济增长模型统计的社会资本，几乎是每一项商业交易本身都有的成分。经济学家认为，信任是理性选择的结果，群体为了追求长期利益而产生信任。那么影响人们追求长期利益的因素也会影响信任的产生。第一是稳定的游戏规则，如制度和规范；第二是人们的偏好，人们对事件的重视程度；第三是信息的确定性，经研究证实，减少信息的不对称能够提高信任（张维迎，2002）。

（四）营销学视角

随着关系营销理论的兴起，信任逐渐成为其研究领域内的热门话题之一，相关研究主要聚焦于顾客与顾客、顾客与品牌、顾客与企业之间的信任。Swan 和 Roberts（1988）将信任定义为购买者对产品所表现出的五种个性的有效性感知。Doney（1997）认为信任是指消费者对于销售者的善意程度和信赖程度。谢凤华（2005）在分析了营销学视角下的信任定义后，将消费者信任定义为消费者对于交易方可以信赖的正面预期。此外，顾客之所以信任品牌，是因为品牌作为一种信号给了顾客稳定的体验预期。顾客与顾客之间的研究表明，消费者可能不信任卖家，但是消费者信任买家的评价，弱关系连接可能产生强的信息信任。

由此可以看出，每个学科对信任的解释不同，我们认为社会信任是建立在关系之上，对未来发生的事件会按自己设想的方式发生的一种信心（翟学伟）。信任有以下三个特点：第一，信任是可以学习的，是可以改变的，是逐步在演化的；第二，信任是一种长期关系，是人们长期的互动选择的结果；第三，群体互动能促进信任的产生，因为个体机会主义行为的成本低，而群体相当于个体在时间上的延续，使得一次交易变成了重复交易，使得群体惩罚成为可能，那么某个群体相当于获得了一个社会印章（张维迎，2002）。

二、信任的形成机制

翟学伟（2019）在中国文化的基础上提出，社会信任是建立在社会文化的基础上并逐步发生演化的。在农耕文化背景下，由于人口流动性不大，地方信任网络是自发存在的。在计划经济时代，信任是被档案管控的。随着市场经济的出现，人口大量流动，社会的信用体系还没有完全建立。在市场经济建立之初，由于社会信用体系的不完善，市场上出现一些信任缺失事件。随着市场经济的发展，从理论上来看，经济越发达的地区信任度越高（张维迎，2002），反之亦然。由于地区的经济发展不平衡，地区的信任度也有所不同。地区高信任度对地区的经济是有促动作用的，人们更愿意合作，自发性的社会群体会起作用，不需要政府的强力干预就能按约定俗成的规制行事。而地区的低信任度对经济的损害是巨大的，人们不愿意合作，自发性的社会群体力量弱，需要政府强力干预才能按规范行事，造成大量的投机行为和监管成本。

互联网的发展对社会信任有促进作用。互联网为关系的稳定带来技术上的可能性，比如大数据的追踪能力、图片的比对技术。技术让信息更加对称，中间的平台型企业建立稳定的游戏规则，对不符合规则的交易进行惩罚，使买卖双方行为减少风险，更具有确定性。但是值得注意的是，技术本身的发展并不意味着社会变得更加信任。技术很重要，但是信任自身的构成更重要，

第六章　群体 CSR 行为互动对社会信任的影响

特别是对未来行为预期的信心能够让社会变得更美好。

社会网络对信任的生成起关键作用。任何企业和个人都处在一定的社会关系网络之中。社会关系网络中的各个节点代表一个企业或是个人，社会网络的存在导致网络上的基点具有一定的同质性，比如规范同构。有研究表明，共享投资者网络关系中的个体的社会责任行为具有相似性。同行业中的个体的资本结构具有相似性；发布悲观预期的业绩声明的时间也具有接近性。那么，社会关系网络下如何生成社会信任呢？

第一，社会信任受到社会规范和关系网络的重要性的影响。在企业和企业之间的互动中，社会规范是维系社会网络正常运营的基础，群体规范促进企业间信任的正常化，对信任进行监督，对失信行为进行制裁和惩罚。群体规范使得社会网络中的个体利益得到均衡，信任会提高社会网络的整体利益，将网络中的个体连接在一起。同时，企业嵌入在某种关系网络中参与群体行为，使企业间的互动更为频繁，增加交易的重复性，有助于提高群体的信任度。

第二，企业间的信任受到个体经验的影响。基本的逻辑是，信任是群体理性选择的结果，可以降低交易成本，提高投入产出。如果企业无法判断对方的信任度，企业可以从社会网络的规范中获取一定的信息，每个企业倾向于与有信用的个体进行合作，通过以往的经验对未来的行为进行预判，因此，社会声誉成为重要的社会资本，可以增加企业与群体中其他企业合作的可能性。

第三，企业间信任的生成与个体对群体的认同感有关。企业与企业之间的信任增加关系网络的黏度，不同地区、不同文化背景下的企业间的文化、价值观的互认是信任生成的重要手段。社会的迅速发展和巨变使得群体认同受到挑战，进而产生种族冲突，比如，在新冠肺炎疫情的影响下，湖北虽然解封，但在一段时间内湖北人依然被社会隔离。在社会网络中群体的互惠规范提升企业对群体的认同感，在互动交往中个体信任更容易形成，进而促进群体内社会信任的构建。

第四，受到制度信任、关系信任、契约信任的共同影响。制度信任是建立信任的根本，是最重要的信任模式，而基于过程的信任和基于个人特质的信任与其相辅相成，三者共同影响消费者形成初始信任。在消费者信任方面，董泽（2014）认为在网络团购中消费者信任的形成主要来源于平台规模、用户评价、消费者的真实体验、消费者对于互联网的了解程度这四个方面。刘艳秋（2009）在研究食品安全的消费者信任的形成机制中发现，信任的形成由政府、认证机构、食品企业和消费者四个方面构成。在电子商务信任方面，Dan Ke（2016）在探究电子商务平台对品牌的在线信任的影响机制时指出，品牌形象、品牌知名度、电子商务平台服务三者有助于消费者建立起对于在线渠道的信任。Stefan Tams（2009）则是研究了在线环境中信任建立策略的相对性和互补效果，并提出了两种信任的建立机制：网站信任和供应商声誉；他认为供应商声誉比网站信任更有效，并为在线企业提供了高效建立信任的明确建议。在组织间信任方面，Schoenherr（2015）通过分析170余家外包企业的真实数据，探究了制造业和服务业外包关系中的信任问题，研究结果阐述了供应商与买方形成信任的原因是互惠规范的存在。

三、社会信任的总体特征

根据2016年中国社会信任调查报告，中国社会的信任总体特征主要体现在以下三个方面。

（一）熟人关系占主导地位，整体上呈现差序格局

以家人为代表的血缘关系、以地缘和业缘为代表的熟人关系是主要的信任模式。熟人的惩罚机制远大于契约的制约，在关系的基础上将对象划分为自己人和外人，表现出信任的高低。虽然城市化的进程促使人们的交往关系由熟人关系转向陌生人关系，但是由于制度层面的信任机制还比较弱，人们在心理上更依赖熟人关系网络（翟学伟，2003）。

（二）职业群体信任水平比较低，社会信用体系还有待完善

随着人们生活方式的改变，传统的社会关系网络对个人的约束力下降，人们更多地依赖制度信任。只有建立信任体系才能有效应对各种不确定性。从职业群体来看，警察和教师职业让人们感到信任度相对高。人们整体上对信任状况表现出较高的共识，相关研究数据显示社会的整体信任水平在2010年最低，之后慢慢回升，在2014年基本达到及格水平，说明社会信任体系还有待建设。

(三) 安全感和公平感是社会信任的主要来源

安全感和公平感与关系信任呈现正相关关系，一方面，安全感和公平感越高的个体表现出的信任度越高；另一方面，信任度越高的地区，人们的安全感和公平感越高。从居住的流动性来看，社会的流动性呈现出常态化，人口的流动性影响到人们的归属感和认同感，在一定程度上社会流动对人际信任产生影响，但对制度信任影响不大。

第二节 信任危机与制度信任

一、信任危机

信任与不信任是矛盾的两面，相互渗透，相互排斥。一方面，信任是相对的，是在特定关系下建立起来的。另一方面，随着环境发生变化，信任与不信任会相互转化。社会热点事件会折射出负面的价值观，易引发信任危机。信任危机是人与人之间、人与组织之间、人与社会之间等各类信任层面产生了危机感。随着婴幼儿奶粉事件、问题疫苗事件等缺乏社会责任感事件的发生，信任危机成为研究关注的热点问题，不同学者对于信任危机的定义构成以及不同背景下的产生原因有着不同的解释，汇总如表6-1和表6-2所示。

表6-1 信任危机定义

作 者	定 义
高兆明（2002）	信任危机指的是社会成员在相互交往过程中由于缺失有效性承诺而导致的缺乏基本信赖之不确定乃至不安全关系状况
吴锋、赵利屏（2002）	信任危机存在于人与人交往之间、消费者与销售者之间、群众与组织和政府之间及人们与科学技术之间这四个方面
冯仕政（2004）	商业信用危机、公共物品信誉危机、人际信任危机和价值信仰危机
胡全柱（2016）	制度信任危机、市场信任危机和人际信任危机
高蕾（2016）	政治秩序危机、经济交易危机、意识形态危机和社会合作危机

表 6-2 信任危机产生的原因

作　者	信任危机产生的原因
洪波（2002）	利益失衡、制度缺失、观念变迁
孙青平（2002）	传统文化欠缺法治精神、社会共同体本身的分裂与变革、司法信任的危机及社会转型期精神体系建设的不足
秦燕（2016）	审计质量低下、审计执业环境的影响及规范制度环境的不健全
黄琳、皮晓慧等	厂商自身的问题、政府监管力度不够、消费者自身问题及国外乳制品消费刺激

综上所述，社会信任危机产生的原因有 3 个：

第一，社会环境因素。社会转型造成旧的社会文化被推翻，新的社会信用尚未健全。再加上社会流动性的增加打破了原有的血缘、地缘为基础的信任体系，导致人与人之间出现信任问题，文化传承的不畅加重了危机感的产生。人们为了追求确定性产生了各种小圈子。

第二，社会制度因素。制度包括正式的制度和非正式的社会规范。从传统文化情—理—法的顺序来看，符合情理的事情才是可以接受的，情理形成了信任的重要标准，违情但不违法的行为是会受到群体的惩罚的，违法但不违情的事情是可以理解的。从这里可以看出，信任中有人情的成分的。然而，法治社会的建设使三者之间的顺序发生了变化，法—理—情，法理在情理之上，不违法但违情的行为不会受到法律的制裁，只会受到道德的谴责；违法不违情的行为一定会受到法律的惩罚。传统文化标准的影响、法治建设的不健全，地方政府的寻租行为等共同作用导致了制度信任问题。

第三，个体因素。长期以来，人们的交往由关系决定，信任有其特有的差序格局顺序，从自己人到外人。随着社会经济的发展，社会以经济建设为中心，信任本是市场经济的基础，由于配套的社会信用体系没有建立，市场逐利的行为推动了投机主义的产生。加上社会契约的不完备，人们对未来行为预期的不确定性增加，导致信任危机的产生。

在个体因素、制度因素和环境因素的共同作用下，社会信任危机伤害了人们对社会的感情，影响到社会的整体和谐，那么出现社会信任危机如何解决呢？研究认为，制度信任的建设有助于应对信任危机（戴薇薇、罗会钧，2020）。

二、制度信任

制度信任的成立以正式的法律制度和规范要求为基础，对失信行为进行管制。在社会整体信任度低的情况下，有效的制度建设降低不确定性风险，高度的制度参与提供了透明度。透明、健全的制度体系是提高社会信任度的重要途径。

首先，需要有完善的法律法规来规范人和企业的行为。人与人之间交往、企业与企业之间的双边合作机制使制度呈现一种不平衡状态，比如重复，或制度本身不具备解决问题或争端的能力。因此，有必要完善和建立规范、细化的制度。制度建设的过程中，由于信任是群体理性选择的结果，那么制度设计需要考虑各方的利益共享，确保交往双方形成稳定的收益预期。制度要解决问题需要有针对性。由于经济发展水平的差异，不同的地区信任度不同，制度需要考虑制度运用的场景，保证制度的可行性。

其次，要加强群体规范的建设。在社会关系网络中，群体成员间的信任有助于提高群体的黏度，制度信任发挥作用需要社会规范的补充。群体通过提高成员对价值观念的认可，更多参与群体活动，传递互惠性规范信任，确保制度信任的顺利实施。由于群体成员之间的文化背景不同，应增进群体间文化的融合和理解，不仅从交易中获取利益，而且让群体成员相信只有信任才能获得长远利益。舆论环境也是群体规范建设的重要手段。通过主流媒体、网络媒体、即时通信等，用群体成员习惯接受的方式沟通，传递正确的价值观，促进成员间的互助合作。

最后，以经验为基础的信任判断机制认为，可以从成员过去的行为来推断将来的表现。企业或个体的口碑在互联网时代至关重要，能增加企业的链接能力，提高自身的声誉和形象。从企业的角度来看，经济实力的提升是信任产生的基本条件，良好的声誉需要体现在企业的经济发展上。产品质量是企业值得信赖的依据，是人们生成经验判断的标准。参与社会责任活动，是体现企业值得信赖的重要途径。

总之，要通过制度信任的建设提高制度的有效性，完善社会规范的作用提高群体成员的认同感，形成良好的声誉和口碑。这些都可以从正向的角度来克服信任危机带来的负面问题。

第三节 群体 CSR 互动与社会信任

从前面的社会信任和制度信任的研究中,我们可以看出,社会信任建立在重复博弈的基础之上,如果双方意识到关系是长期的,信任是保证双方长期利益的唯一方式。社会信任的产生受到群体规范、个体经验、对群体认同感的影响。

结合上一章对群体 CSR 的描述,我们可以推断出群体 CSR 互动会影响社会信任。群体 CSR 可以分为两种情况,群体抑制和群体助长。企业的社会责任低规范行为产生群体社会向下比较,会造成 CSR 群体抑制,不利于社会信任的产生。而企业的社会责任规范一致行为或超规范行为推动群体向上比较,造成 CSR 群体助长,有助于社会信任的建设。

关于社会责任和社会信任的因果关系,和前面的安全感、公平感一样,是双向的因果关系。因此,现有的研究主要体现在两个方面,一是社会信任会提升企业的社会责任水平,二是社会责任能提升社会信任。社会责任的研究主要关注社会信任是如何提升社会责任水平的,很少有研究关注社会责任是如何提升社会信任水平的。本研究提出群体 CSR 互动也是企业间重复博弈的表现形式,能够影响重复博弈的因素必定会影响社会信任的建设,补充社会信任的前置因素研究。

社会责任的结果主要反映在企业的微观行为方面,比如顾客满意、财务绩效、企业形象、融资约束等。很少有研究关注企业社会责任行为在社会层面产生的后果。过于强调企业工具性社会责任目标会让企业形成一种误区,以为社会责任是一种利己行为。关注企业履行社会责任的社会目标会增加企业对社会的认同感和责任感。自利不是履行社会责任的主要目标,利他才能让社会变得更美好,本研究也补充了社会责任对社会层面的影响结果。

过多的媒体关注社会的负面事件,会伤害到人们对社会的信任。通过制度建设和社会监督,对负面事件进行管制,培育社会信任,从婴幼儿奶粉事件可以看出,这样的信任培育需要漫长的时间积累,哪怕主管部门申明国内的奶粉标准是可靠的、严格的,但是,海外代购奶粉产业链的形成表明市场信任还没有完全恢复。这一事件引起我们思考，如果我们仅仅从治理的角度来培养信任，短期内很难取得理想的结果。

然而，新冠肺炎疫情期间，很多医护人员迎难而上、救死扶伤，表现出大无畏的崇高品质，让全国人民充满安全感和幸福感，大大提高对社会的信任感。如果说医护人员履行社会责任是责无旁贷，那么为什么很多中小企业在疫情期间没有收入，自己没有防护经验的情况下，依然去做有益于社会的事呢？比如餐饮企业为医护人员和病人免费送饭。在社会责任的研究中，这些行为并不符合正常的逻辑。常用的观点是，企业要履行社会责任，首先是企业有能力履行责任，并且履行社会责任对企业是有好处的。疫情期间企业的社会责任行为从企业层面是解释不通的。如果从社会层面来看，企业用自己的力量去解决社会问题，不求回报，这本就是社会责任的初衷。所以当企业群体发生良性CSR互动，社会信任开始形成，并产生威力。

从上面的例子来看，如果我们过于强调企业微观层面的社会责任结果，企业间很难发生良性的社会互动，如果人们认为企业履行社会责任是为了自利，那么对出发点的怀疑会影响社会信任的产生。然而，如果我们强调社会层面的社会责任结果，群体内很容易发生良性的社会互动，进而推动社会信任的产生。下面从企业社会责任和社会信任的相互影响来展开研究。

一、社会信任对社会责任的影响

（一）社会信任对个体CSR行为的影响机理

社会责任的驱动因素一直是学术界争论的焦点。现有的研究大多集中在正式制度约束上，而没有探索企业外部非正式制度等驱动机制。近年来，政府出台了多项政策法规督促企业履行社会责任。然而，缺乏社会责任的事件屡屡发生（如三聚氰胺事件、长生问题疫苗事件），反映了政府法规、法律和执行机制等正式制度约束的内在局限性。这促使研究关注社会规范或道德规范等非正式制度是否会影响企业社会责任的履行，因为此类事件显然也表明社会缺乏信任和信誉。在现行法律法规下，企业违法成本相对较低，相关执法力度不足、利益相关者申诉渠道不畅等问题依然存在。因此，正规机构不能成为企业履行社会责任的有效约束力量，即通过外部正规机构监督企业高管去承担社会责任具有很大的局限性（Li and Liu，2010）。与发达国家不同，非正式机构可能占据更重要的地位，发挥更大的作用（例如，法律和合同保护薄弱），因为不同地区的社会信任水平差异很大（Chen、Hu、Liang 和 Xin，2013）。因此，从非正式制度的视角探索市场经济实体的道德伦理基础具有重大的现实意义。

社会信任作为一种规范力量，长期以来一直被视为社会的"润滑剂"，它可以引导个人行为，增加合作的可能性，从而有效地实现社会结果。社会信任的规范地位被广泛接受，并深深植根于商业文化（Guiso，Sapienza and Zingales，2004）。为了获得社会合法性和必要的生存资源，企业必须与周围的社会信任环境同构。

社会信任作为一种嵌入企业的社会结构环境，必然会对特定地区的个体行为起到基础性的作用。同时，信任作为一种非正式的制度也越来越受到研究者的关注。现有文献发现，社会信任会影响企业的交易成本（Wu，Firth and Rui，2014）、公司股利政策（Bae，Chang and Kang，2012）、公司不当行为（Dong，Han，Ke and Chan，2018）以及投资者对公司的决策（Ding，Au and Chiang，2015）。然而，在企业社会责任研究领域很少有人研究社会信任对企业社会责任绩效的影响。特别是在中国，由于各地区经济发展、市场化程度和教育水平的差异，各省之间的社会信任水平存在着相当大的异质性（Zhang and Ke，2002）。这些变化对每个地区的企业和个人的行为和决策都有系统的影响，因为适当的企业社会行为标准是嵌入在当地社会中（Marquis et al.，2007）。学界大多对上市公司社会信任与企业社会责任绩效之间的关系开展实证研究。

研究中社会信任数据通常使用国家一级数据，但这些数据无法有效地过滤出各国文化和体制差异的影响。一些研究设计利用一个省级社会信任数据可以缓解这一问题。社会信任的积极作用只有在社会信任达到一定程度后才会产生（Hausman，2002）。

社会信任作为一套社会规范，通过参与对社会负责的活动，帮助企业管理者保护利益相关者的利益。社会信任水平与企业社会责任绩效之间呈正相关关系。此外，研究还发现，对于国有企业而言，社会信任与企业社会责任绩效之间的正相关关系更强。

（二）社会信任与经济后果

社会信任是当地社会规范和价值观的体现，作为一种重要的非正式制度，它在国家和社会群体中代代相传（Guiso et al.，2008）。Sako 和 Helper（1998）认为，信任反映了一方对其贸易伙伴以双方都能接受的方式行事的期望。社会信任是经济交流的基础，也是经济繁荣的源泉（Fukuyama，1997）。早期文献多从宏观层面研究社会信任环境对一国经济发展的影响。从相关数据来看，社会信任可以促进一个国家的经济增长、金融市场发展和国际贸易。此外，在正规机构较弱的国家，社会信任在经济增长中的作用更为显著（Ahlerup，Olsson and Yanagizawa，2009）。

研究发现，在社会信任度高的地区，人们更倾向于合作，降低经济活动的交易风险，从而使企业能够享受低成本的贸易信贷模式，更容易以更长的期限和更低的借贷成本借款（Duarte，Siegel and Young，2012）。Pevzner et al.（2015）经过研究证实，高度信任国家的投资者对公司盈利公告的市场反应更强。社会信任可以缓解审计师对客户道德风险的担忧，进而降低发表非标准审计意见的可能性，降低审计费用（Chen，Li，Liu and Lobo，2018；Jha and Chen，2015）。此外，之前的研究发现，社会信任可以抑制公司不当行为（Dong et al.，2018），并有助于降低股价崩盘风险。因此，社会信任有利于降低交易成本、促进合作、约束机会主义行为。社会信任作为一种重要的社会规范，有可能促使企业从事负责任的社会活动，抑制企业从事不负责任的社会活动。

二、群体 CSR 互动对社会信任的影响

市场经济的发展打破了原有的社会信任基础，但市场经济需要的社会信用体系还没完全建立，导致人们开始怀疑自己原有的价值观。特别是一些负面的社会责任事件的发生严重降低了社会信任度。社会信任是社会正常运转的基础，但相关研究却很少讨论如何培养社会信任。从已有研究中我们发现，社会信任的建设是一个长期的过程，社会信任的存在有其适用的生态系统。

对社会信任的研究指出，长期的社会互动有助于形成社会信任，但是很

少有研究关注群体 CSR 互动如何建立社会信任。群体 CSR 互动是社会责任互动的一种重要形式，在社会规范的约束下推动群体成员对社会承担社会责任。一旦群体内的成员都按规范采取社会责任行为，群体 CSR 互动就会形成合力，提高个体对群体的依赖，以及社会公众对群体的预期，进而提高社会信任。

社会信任生态系统是由规范、责任、制度、个体等组成的，社会责任作为一种资源处于复杂的群体互动中。如同自然生态系统支持各种资源的流动，信任生态系统也支持群体内部（周宁等，2015）个体之间的相互作用，群体内部进行责任、价值、物质的交换，形成一个开放的信任生态系统。在社会信任生态系统中，社会责任行为是交换的对象，企业是交换的主体，规范和制度为交换提供了支撑。群体 CSR 互动是群体的一种社会反应能力，使个体能够在自身发展和社会需要之间做出迅速的反应。现有研究从经济学的视角提出个体间的重复博弈可以加强信任，但是群体 CSR 互动如何促进企业提高社会反应能力，对信任生态系统构建产生什么影响，是需要研究的问题。

本节以武汉新冠肺炎疫情这一社会责任事件为背景，研究群体 CSR 互动如何建立社会信任生态系统。虽然社会的整体信任度不高，但是疫情期间，全国人民对武汉人民的慷慨支援创造了全民参与社会责任的良好信任环境，社会的快速反应能力体现了群体 CSR 良性互动特征。疫情期间，社会信任度之所以能在短期内快速提高，信任生态系统内的社会责任资源的互动和影响发挥了较大的作用。群体 CSR 良性互动作为疫情期间的显著表现，为社会信任生态系统的建设提供了支持，如何将其与社会信任生态系统的建设联系起来，目前理论界很少提供解释。本书基于群体 CSR 互动理论，以武汉新冠肺炎疫情为案例研究背景，期望探讨以下问题：第一，群体 CSR 行为的发展过程和演化机理；第二，群体 CSR 行为如何促进社会信任生态体系的构建。

（一）群体 CSR 互动

群体 CSR 互动包括 3 个层次的内容，支持群体中的企业在持续变化的竞争环境中不断获得自身的发展；能迅速响应社会的要求；通过基础社会资源到自然协调的社会系统，缩短协调成本，并对社会需要迅速响应。

本书认为群体 CSR 互动对社会信任生态系统的构建起到促进作用，现有文献为本研究提供基础，但是关于群体 CSR 互动如何促进社会信任生态系统构建的研究不多。本书尝试用群体 CSR 互动理论打开疫情期间实现社会信任生态系统的黑箱，解释群体 CSR 互动促进社会信任生态系统构建的一般模型，通过对案例事件的分析，本研究提出在疫情期间群体 CSR 互动过程中，个体的紧密度发生了变化，群体规范和社会制度的作用逐步增强。因此，本研究从制度和规范、紧密度两个维度对群体 CSR 互动促进社会信任建设进行研究。

1. 制度和规范

制度通过明文规定指导企业和个体的行为，保证社会的有效运行。规范是在长期的社会交往中保留下来的，反映了社会化过程中的行为规则，通过社会化学习不断演化。在社会信任的演化过程中，社会制度是逐步完善的，并逐渐形成了社会规范。

2. 紧密度

社会信任生态系统中各主体之间有着紧密又广泛的联系，从而构成一个信任网络。个体间的紧密连接有助于责任共担和价值创造，随着承担责任的企业增多，紧密度也随之提高。

如果群体在这两个维度同时提高，社会信任度也会提高。在社会信任的演化过程中，随着制度和规范的加强，紧密度也在加强。

（二）群体 CSR 互动促进信任生态系统构建

2020 年武汉新冠肺炎疫情发展经历了三个阶段，分别积累了不同阶段的群体 CSR 互动模式，在不同阶段表现出不同的特征，最终促进社会信任生态系统的形成。企业的群体 CSR 互动经历了初始化、规范化和制度化、生态化三个阶段，从通过规范来传递责任，到实现社会信任系统共生构建，通过中心互动、群体互动和系统互动促进社会责任信任生态体系的构建，见表 6-3。

表 6-3　新冠肺炎疫情期间社会信任生态体系构建模型

	初始化阶段	规范化阶段	生态化阶段
群体 CSR 互动方式	通过核心群体或个人的辐射作用来提高社会的认知度；通过核心群体的组织来实现核心成员间的互动和反应	通过群体规范和制度构建责任共享和信任传递网络；通过群体内社会化学习培养群体规范	通过群体规范和成员的互动反应共同建设共生系统，营造共生环境；通过群体间责任互动创新构建的信任系统
群体内部反应	核心群体积极履行职责；对社会资源进行重新调配和规划；对个体进行普及教育	从制度层面激励责任行为的开展；在群体内形成合力，以群体的力量履行责任；通过制度和规范约束个体行为，形成行为规范	持续优化制度化责任行为；通过群体和成员间的互动促成责任共生关系的形成；通过复制责任行为输出扩大群体的影响力和责任感
群体 CSR 互动层次	中心互动：群体内有责任感的个体开始履行CSR，有利于群体形成快速的责任反应	平台互动：群体通过制度和规范为个体提供责任共享和责任传递的平台，有利于群体责任合理地构建	系统互动：群体和个体突破原有的群体界限，通过交互作用构成信任生态系统，共享责任目标，有利于社会进行快速的责任反应和责任创新
信任生态系统形态	通过核心群体或个体的行为进行责任传递，鼓励群体成员承担社会责任，如图 6-1 所示	通过核心群体和个体的责任行为辐射到整个群体，整个群体参与 CSR 行为，形成群体合力，如图 6-2 所示	多个群体和个体紧密合作，围绕社会核心目标，形成统一的信任生态系统，如图 6-3 所示

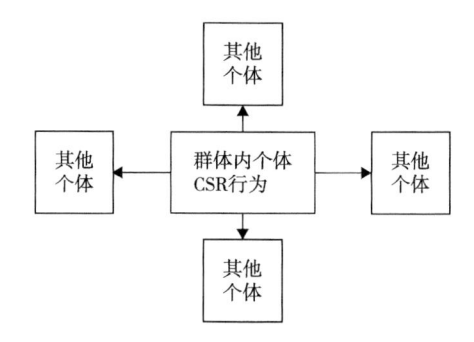

第六章 群体 CSR 行为互动对社会信任的影响

图 6-1 初始化阶段的信任系统形态

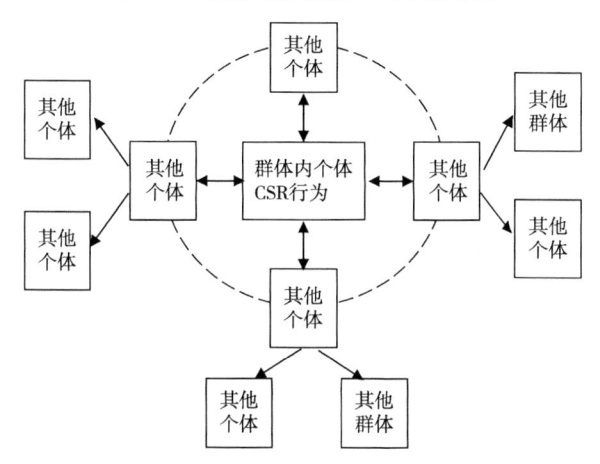

图 6-2 规范化阶段的信任系统形态

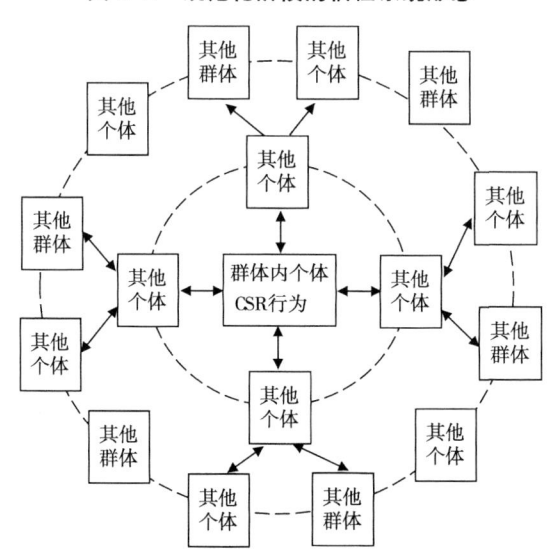

图 6-3 生态化阶段的信任系统形态

167

1. 初始化阶段：中心互动促进社会信任系统的构建

在新冠肺炎疫情刚开始暴发的阶段，群体 CSR 互动通过核心成员感知社会需要，结合自身资源迅速实施反应，在此阶段，群体内部以核心成员为核心，通过内部互动将责任传递给群体成员。同时，组织吸收外部资源为社会责任目标服务。群体的 CSR 中心地位得到巩固和加强，群体对责任和资源的传递更高效，群体成员的责任认知显著提高。但是，作为社会信任生态系统，群体规范还未形成惯例，责任制度还需要完善。由于群体间合作少，群体间的关系也处于比较零散的状态。这一时期群体的 CSR 互动呈现为中心互动形式，为建立群体通过互动构建动态、多方参与的信任系统做好了铺垫。

2. 规范化、制度化阶段：平台互动促进信任生态系统的构建

群体 CSR 规范化、制度化阶段是决定群体最终实现信任生态化快慢的关键阶段。制度化管理能规范群体的责任行为，在前一阶段群体成员责任认知提高的基础上，群体不断推出责任制度、激励政策和责任措施，激发群体中的所有个体进一步认知疫情的严重性，并贡献自己的力量。同时，群体之间的互动加强，逐步形成核心群体的推动力量，比如湖北楚商协会、各大学的校友会吸引、组织群体力量抗疫，形成群体核心组织的辐射力。武汉—母校—校友形成强大的感召力和聚合力，吸引社会力量加入。在这一阶段，责任制度进一步完善，责任规范逐渐形成，各校友会和湖北楚商协会发挥了重要的作用，群体间的紧密度有所增强，群体对社会需要的快速反应代表平台型互动的形成，群体对社会需要的快速感知能力和反应能力增强，进一步促进了社会信任的发展。

3. 生态化阶段：系统互动促进信息生态系统的构建

社会信任系统的生态化阶段是通过形成系统互动决定社会最终是否形成责任规范和社会参与的关键阶段。生态化的信任系统能够自我联结、自我进化，并具有对社会的需要快速响应能力。

在生态化阶段，群体围绕核心群体和个体搭建的责任互动平台对疫情的认知和反应能力快速提升，并且随着群体间和个体间协作和合作的增强，群体间的紧密度进一步加强，继续保持群体与群体、群体与个体、个体与个体

之间的互动，又自发产生了政府与群体、群体与社会力量、个体与社会力量等多元的互动协作模式，不断融合和相互作用，共同形成一个有机、联动、共生的生态系统。在本阶段，社会力量迅速参与，与政府部门、企业群体、慈善组织一起为社会信任生态系统的最终实现创造了条件。

（三）群体 CSR 互动促进社会信任生态系统构建一般模型

武汉抗疫期间，社会信任呈现出显著的互动性和生态化特征，本节以武汉抗疫期间社会信任生态体系的构建为例，运用案例研究中 SPS 阶段式建模，探索和提炼社会信任生态系统构建的一般过程，如图 6-4 所示，党的领导、群体 CSR 互动、个体 CSR 行为相互作用，促进了社会信任生态系统的构建。

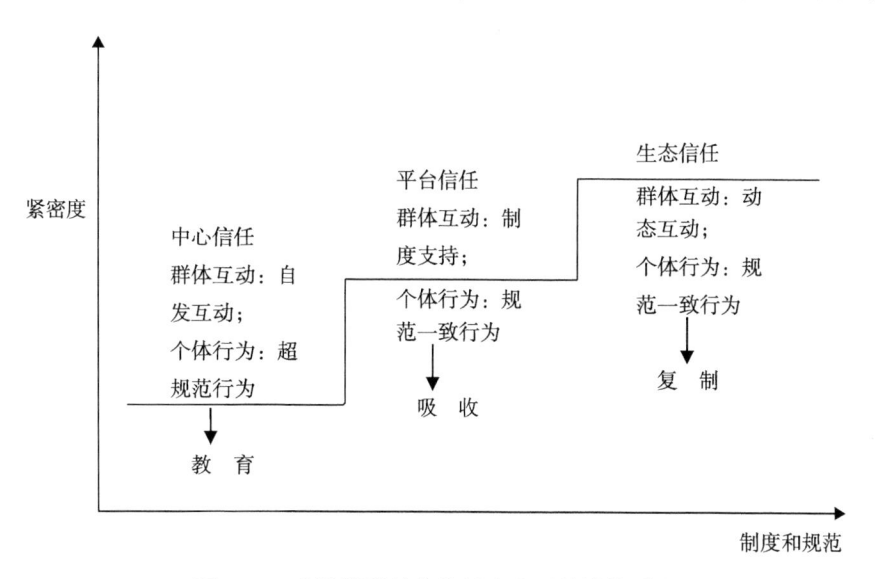

图 6-4 疫情期间社会信任生态系统演化过程

1. 党的领导是有效实现生态信任的保障

以上各阶段能快速完成，党的领导对社会需要的快速反应起到了有效的保障作用。中国特色社会主义制度铸就了一方有难、八方支援的团队作战能力，社会成员不计个人得失、高度服从党的安排。在疫情开始阶段，援鄂医务人员递交请愿书、解放军空军医疗队及医用物资抵达武汉，习近平总书记亲自部署亲自指挥，激励社会各界行动起来积极抗疫。在疫情胶着阶段，国务院联防联控机制建立"一省包一市"的对口支援关系,为群体间深度合作提供制度保证。在疫情基本控制阶段,习近平总书记飞赴武汉,为武汉人民、湖北人民正名,破除了污名化对社会信任生态系统建设的破坏。因此,党的领导为社会信任生态建设提供了有力保障。

2. 群体 CSR 良性互动是动态演化的基础

良性的 CSR 群体互动是助力社会信任构建的基础,群体 CSR 互动产生了不可替代的责任意识,使群体能够将自身的核心能力和社会需要联系起来,适应内外环境的动态变化,在全球范围内整合资源和组织动员,持续对社会需要做出快速的反应,逐渐形成信任的动态能力演化。

在疫情开始阶段,由于医用物资不足,各大学校友会纷纷行动起来,在全球采购医疗防护物资,为缓解医用物资短缺、吸引社会大众参与抗疫做出了巨大贡献。在疫情胶着阶段,湖北楚商联合会通过资源调配,开展一系列"致敬白衣天使"的主题活动,关爱医护人员,为传递信任提供了平台支持。在疫情控制阶段,湖北楚商联合会开展楚商复工复产帮扶活动,为中小企业解决复工复产的资金问题、防疫物资问题、人力资源问题等,推动生态信任从疫情防疫到复工复产活动中。

3. 个体 CSR 超规范行为是高效行动机制

群体的社会反应最终需要落实到个体行为上,个体 CSR 超规范行为是群体高效反应的保障。通过对群体互动初始化、制度化、生态化三个阶段的剖析发现,社会信任生态系统的构建需要经过榜样的带动、规范化和群体行为持续优化等过程。首先需要个体或群体 CSR 超规范行为的辐射作用,教育群体成员改变认知、承担责任;其次,制度化促使群体行动起来,群体内部、群体之间通过互动形成合力,进而形成群体 CSR 规范,这一规范根据内外环境的动态变化而重新整合构建,以支持群体 CSR 行为的持续优化。责任在群体内外进行教育、吸收和复制,在一定程度上内化为群体特有的价值观念,从而构建社会信任生态系统。例如,疫情期间在初始化阶段通过榜样的力量培养群体成员形成责任意识,在规范阶段帮助群体成员吸收责任意识,在生态化阶段帮助群体成员复制责任意识,体现了群体互动的动态演化推动下的社会信任系统的动态发展。

(四) 结 论

在疫情期间,社会群体守望相助,形成了比较好的社会信任生态系统。群体CSR互动合作加强,形成了快速的反应能力,而且形成一定的复制能力。在群体中,个体与群体规范一致行为形成群体内外共生信任的生态圈。

1. 理论意义和实践意义

由案例讨论可以看出,在抗击疫情的过程中,在党的坚强领导下,社会各界力量迅速形成社会信任生态系统,群体CSR规范得到内化,个体CSR表现出超规范行为,社会公众广泛参与,社会信任生态系统得以形成,而且,这一模式能够复制到疫情后的复工复产活动中。在本节的案例讨论中,对不同阶段的群体互动进化过程与机理进行重点分析,深入探讨疫情期间如何利用群体互动实现社会信任系统的构建,联合社会各界的力量参与抗疫,使抗疫工作取得决定性成果。本书的主要理论贡献和实践意义有两点。

第一,补充了群体CSR互动的理论和实证研究。疫情期间的社会信任具有明显的生态性和互动性特征。现有社会责任研究主要关注社会信任对企业个体行为的影响。很少有研究关注企业社会责任如何影响社会信任,本研究通过梳理疫情期间社会信任的发展过程剖析群体CSR互动如何影响社会信任生态系统的构建。群体CSR互动在疫情开始阶段主要是培养群体成员的责任意识,这有利于群体CSR规范的形成,并使之以制度的形式明确下来。当群体具备这种能力后,会促进个体CSR超规范行为的实施,构建群体互动生态化的信任系统有利于责任和爱心的传递及复制,这时系统产生的张力和影响力大于任何一个群体产生的价值,同时可以将这种信任复制到其他情景中。本研究对于群体CSR互动的实现具有指导意义。

第二,揭示了群体互动影响社会信任系统的过程和机理,有利于指导实践。已有研究讨论通过个体因素、制度因素、社会因素和环境因素形成社会信任,本书提出通过群体CSR互动可以构建社会信任。社会信任生态系统的建设要根据所处的不同阶段制定相应的规范和互动模式。社会信任需要根据内部资源和外部需要的变化实现快速调整和响应,需要党的坚强有力的领导。

社会信任生态系统的构建需要经过几个阶段的演化,群体互动从核心成员的个体辐射，到群体力量的形成，到社会各界力量的参与，促使社会信任从中心信任—平台信任—生态信任的演化模式得以形成。

2. 局限性及未来研究

本节研究的局限在于以二手数据为主要来源，容易出现信息选择的偏差。为了解决以上问题，文中使用网络、新闻、文献等二手数据进行相互验证，确保案例信息的准确性。

本书选择疫情背景下社会信任的建立作为案例，疫情作为重大的突发性公共事件受到了政府的强力干预，吸引了社会各界的强烈关注和爱心传递，其推动企业采取社会责任规范一致行为。因此，社会信任生态系统得以形成。但是这一社会信任度的提高是否能复制到其他情景，对整体社会信任度的提高有多大的影响还不清楚，疫情过去以后社会信任会保持高的状态还是恢复到原来的水平，还有待研究。同时，本书采用从案例到理论的分析性归纳原理，在未来的研究中可以尝试通过定量研究的方法，以便更好地揭示群体CSR互动对社会信任生态系统构建的过程机理，深入探讨在正常的社会情景下如何通过群体CSR互动构建重复博弈模型，提高社会信任度。

第七章 结论和建议

本章主要分为三个小节：研究总结、理论贡献与管理启示、研究局限与未来研究方向。研究总结主要是根据前面的文献梳理及案例研究对本书的主要结论进行归纳总结。理论贡献与管理启示主要是根据研究结论对本书理论方面的贡献进行说明和阐述，并结合营销实践为企业履行社会责任行为提供建设性指导意见。研究局限与未来研究方向主要是结合本书的研究内容、研究方法等方面所存在的不足予以说明和解释，并在此基础上说明企业社会责任未来的研究方向。

第一节 研究总结

本节主要是针对前面案例研究和实证研究的结论进行归纳总结，但由于在案例研究、实证研究当中，在变量的选择和研究设计方面存在一定的局限，所以我们认为并不能够系统解释规范偏离视角下群体 CSR 行为演化和管理。因此，在实证研究结束之后，我们也做了一定的访谈，结合中国本土文化特征，从天时、地利、人和三个角度分析企业社会责任内化过程。

在文献回顾的基础上，本书提出主要研究问题：第一，不同层面 CSR 行为规范标准是什么？CSR 行为偏离如何进行分类、界定和测量？第二，借助政府、非营利组织及企业群体等外部力量，如何对 CSR 个体行为偏离进行微观管理？第三，借助政府、非营利组织及企业群体等外部力量，探讨如何对

CSR 群体行为演化进行宏观管理？第四，如何通过 CSR 群体行为的良性互动，来提升整个社会的信任，并促进和谐社会的建设与发展？主要研究结论如下。

（1）根据规范偏离理论，我们对 CSR 行为偏离进行界定，并从狭义（利益相关者对 CSR 行为预期）和广义（企业群体社会责任行为规范）两个方面，把 CSR 偏离行为划分为 CSR 超规范行为和 CSR 低规范行为。结合行为偏离的方向和偏离的程度两个方面，从行为偏离的方向来看，主要表现为统计上的少数和与群体行为的不一致；从行为偏离的程度来看，主要表现为是否远远偏离了企业群体规范和社会公众的心理预期。

（2）我们研究了个体 CSR 行为改变与演化。该研究包括四个方面的内容，个体 CSR 行为特点、企业社会责任行为形成的过程、企业社会责任行为的改变与演化及通过案例研究探讨企业如何内化 CSR 规范。

①CSR 个体行为的特点如下：个体 CSR 不是独立存在的，是在与群体的互动中不断调整和演化的；制度不是企业履行社会责任的唯一理由；企业的社会责任行为在社会化学习中不断调整；在履行社会责任的过程中，企业不对外界环境压力产生被动反应，而是可以选择，具有主观能动性。

②企业社会责任的形成受到内部因素、外部因素及企业自身责任行为的共同作用。

③企业在履行 CSR 时经历了服从—认同—内化的过程，首先严格的立法和惩罚机制使企业服从规范；其次群体规范使企业认同应该承担 CSR，将规范转入企业行为，以便与群体保持一致；最后通过激励措施让 CSR 超规范行为内化为企业自身的行为，企业主动解决社会问题，将规范固化。

④通过案例研究，分析国企如何实现社会责任规范从服从到内化的。采用探索性单案例研究方法，以武钢集团的 CSR 行为演化为主线，通过战略性社会责任和反应性社会责任演化为对比，从动态视角探讨国企 CSR 行为演化的过程模型。CSR 行为演化受到外部制度环境和社会期望两个方面的社会规范约束。只有战略性的社会责任才能内化到企业的价值链活动中。企业内化的过程经历了服从—认同—内化的路径，是天时地利人和的结果。天时表示外部政策环境的约束，不服从 CSR 规范会受到制度的严惩；地利表示利益相关者的规范预期，企业服从 CSR 规范是顺势而为；人和表示符合企业自身发展需要，若应对外界压力的反应成本太大，企业把社会规范融合到发展战略

第七章 结论和建议

中可以获得竞争优势。反应性社会责任主要是为了利他，企业不求从中得到回报，企业会服从或认可社会规范，但不会内化到价值链活动中。

（3）我们研究了群体CSR规范的形成。该研究包括四个方面的内容：群体CSR行为的形成、群体CSR规范的形成和变迁、群体规范与群体CSR行为的关系及政企行为共同演化对群体CSR规范形成和变迁的影响。

①个体CSR行为和群体CSR行为，共同构成了CSR行为的目标系统。在履行CSR行为过程中，群体行为依赖于个体行为，又制约个体行为，个体CSR行为也不是自发决定的，要遵循群体CSR规范。

②群体规范形成有三种解释，由群体经验积累（内在规范）、通过有意识地设计（外在规范）、介于内在规范和外在规范之间；群体规范演化分三个阶段——规范形成阶段、规范转入阶段和规范固化阶段，其中每个阶段的影响因素不同。

③群体规范是群体理性选择的结果，可以利用群体规范对个体CSR低规范行为进行治理。

④我们通过案例研究，以钢铁行业的政企共演化为切入点，分析企业规范偏离行为对群体环保责任规范的形成和提升的影响机制。钢铁行业整体服从、内化环保责任规范对可持续发展有重要意义，但环保责任规范的形成和转入难度远高于其他社会规范，企业对规范的反应与政府主体的影响高度相关。案例研究发现，政企环保行为表现出明显的共演化特征，这种共演化是环保责任规范形成和提升的基础机制。政府行为引导了企业环保战略的方向、执行标准和复制概率，而企业环保行为又影响政府的环保标准和技术推广，政企环保行为经历了分离、替代、互补的共演化过程，在行业层次上进行叠加，推动群体环保责任规范的形成和提升。

（4）我们研究了CSR群体到个体的传导机制。该研究包括四个方面的内容：群体规范对个体CSR行为的影响方式、群体CSR目标与个体CSR目标的协调机制、群体CSR行为对个体CSR行为的影响、群体规范对个体CSR行为的规范同构效应。

①群体规范对个体CSR行为的影响可以分为强制性的影响和渐进性的影响两种方式，以及规范性影响和信息性影响两个层面；群体规范对个体CSR行为影响包括形成社会网络、企业内化和规范同构三种情况。

②群体 CSR 与个体 CSR 目标的协调机制是企业效能；企业效能调整个体 CSR 动机水平，激发行为。企业效能通过三种因素起作用：自身的经验、竞争对手的反应和社会期望；企业效能是群体效能的基础，群体通过对企业效能的实现来达成群体效能目标。

③群体 CSR 行为对个体 CSR 行为的影响，群体 CSR 行为是一种集体理性选择，以社会利益为出发点，以解决社会问题为核心，为实现群体 CSR 目标而制约个体 CSR 行为。

④通过实证研究方法，讨论群体规范对个体 CSR 行为的规范同构效应。研究发现群体 CSR 规范与企业社会责任绩效正相关，这证实了群体 CSR 规范是解释企业社会责任行为的关键决定因素。同时，我们还发现：当企业的行业竞争期望为正时，群体 CSR 规范与企业社会责任之间的正向关系更为显著；当企业的行业竞争期望为负时，群体 CSR 规范与企业社会责任呈负相关，企业更可能履行社会责任偏离行为。

（5）我们研究了群体 CSR 行为互动对社会信任的影响。该研究包括三个方面的内容：信任及形成机制、信任危机与制度信任、群体 CSR 互动对社会信任的影响。

①社会信任受到规范、经验、制度、个体对群体认同感的影响。社会信任表现为熟人关系占主导，呈现为差序格局的形态；职业性的群体规范信任度较低，社会信用体系还需要完善；安全感和公平感对社会信任产生重要影响。

②受社会热点事件的影响，信任危机成为普遍的社会问题。信任危机产生的原因在于个体因素、环境因素和社会因素的影响，可以从两个方面对信任危机进行治理，一个是完善制度建设，另一个是榜样的力量。

③社会责任和社会信任之间的因果关系是双向的，已有研究更多关注社会信任对 CSR 行为的影响。然而，这些研究总体上把企业的微观行为作为结果变量，容易导致社会责任的工具性目标。本节研究以武汉新冠肺炎疫情期间的社会责任互动为背景，研究群体 CSR 互动对社会信任生态系统建设的过程机制。在党的坚强领导下，群体 CSR 互动经历了中心信任—平台信任—生态信任过程，在疫情开始阶段主要通过教育群体成员养成责任意识，形成群体 CSR 规范，并以制度化的形式明确下来。当群体具备这种能力后，会促进

个体 CSR 超规范行为的输出，在群体互动中构建生态化的信任系统有利于责任和爱心的传递及复制，这时系统产生的张力和影响力大于任何一个群体产生的影响，而社会信任又会促进个体更好地履行社会责任。

第二节　理论贡献和管理启示

本节主要根据前文的研究归纳总结本研究的理论贡献，并在此基础上给出管理启示。理论贡献主要从六个方面详细阐述：界定企业社会责任行为偏离的测量标准，个体 CSR 行为的改变与演化，群体 CSR 行为规范的形成，群体 CSR 规范对个体 CSR 行为的影响，以及群体 CSR 互动对社会信任的影响。而管理启示主要从识别企业 CSR 偏离行为，引导企业实现 CSR 规范从服从到内化变迁，在外部力量的作用下，推动群体 CSR 规范的形成和提升，通过 CSR 良性互动，实现社会信任度的提高。

一、理论贡献

本书的理论贡献主要体现在以下五个方面：

（1）对企业社会责任行为偏离的界定、分类和测量。在社会科学领域对行为偏离的研究当中，依据社会规范的偏离程度（超/低）和公众的态度（正/负）把 CSR 行为偏离分为四种：正向偏离、负向偏离、羡慕性偏离和破产性指责。而本书认为：同一偏离行为因公众态度不同而给出两种分类的做法是不恰当的。因此，本书结合企业群体行为的一致性和是否符合公众的心理预期考虑，将企业社会责任行为划分为：CSR 超规范行为、CSR 规范一致行为和 CSR 低规范行为。而对于 CSR 行为偏离的测量分为两个步骤：偏离的方向和强度。从理论上来看，该结论补充了社会责任行为偏离研究的文献，并丰富了规范偏离理论；从实践上来看，这一分类能帮助企业识别自身行为是否偏离规范要求，有助于指导企业该如何履行社会责任规范行为。

（2）探明了个体 CSR 行为演化的过程机制。补充了企业社会责任的过程性理论，揭示了企业内化社会规范的过程。通过案例研究，提出企业社会责任行为是可以改变的，可以实现 CSR 低规范行为—规范一致行为—超规范行为的转变。企业社会责任行为改变受到内部因素和外部因素的共同作用，外部因素更显性，内部因素相对隐性，是从企业的经营活动中推断出来的。因此，本书主要关注两类外部因素对CSR行为的影响，外部制度环境和社会期望。这两种力量推动企业CSR行为不断演化。当CSR行为产生的影响同时存在利己和利他（如战略性社会责任）的情形下，企业有可能内化社会规范；如果CSR行为产生的影响主要是利他（如反应性社会责任），企业则不会内化规范，而是服从或认可规范。在企业CSR演化过程中，企业的战略性和反应性社会责任表现出不一样的演化路径。

①企业履行社会责任受社会规范（外部制度环境和社会期望）的推动进行演化。已有研究大多关注企业承担社会责任合法性和正当性的问题，多采用静态视角展开研究，对企业承担社会责任过程的动态研究关注较少。本书采用动态过程视角，揭示企业在履行社会责任过程中，外部制度环境和社会期望与个体CSR行为的互动关系，系统地打开了企业在履行社会责任不同阶段中，CSR行为演化的"黑箱"。研究结论表明，企业在外部制度环境的约束和社会期望的压力下，推动其社会责任从低规范行为—规范一致行为—超规范行为的转变。而企业是服从规范还是内化规范，根本原因在于利己或是利他。对战略性社会责任，同时存在利己和利他行为，企业才有可能内化规范；而反应性社会责任主要是利他，企业更多的是服从或认可规范，而不会内化规范。

②战略性社会责任促使企业内化社会规范。现有研究认为在外部力量的作用下，社会规范可能会内化到企业的价值链活动中，但是没有研究如何进行内化规范。本书提出，不是所有的社会责任都会与企业的价值链进行融合，只有战略性的社会责任才能内化到企业的价值链活动中。其内化过程经历了服从—认同—内化的路径，是天时地利人和（外部制度环境、社会公众期望、企业发展需要）的结果。

③已有研究解释反应性社会责任是企业为了获得外部合法性而采用的自发利他行为。然而，本书认为，反应性社会责任行为也是企业回应社会规范约束的形式，企业的社会责任行为受到政策的推动才会持续产生利他的作用。由于企业履行反应性社会责任得不到直接经济回报，因此，企业会服从社会规范，但没有动机去内化责任规范。

（3）揭示了群体 CSR 规范的形成与演化机理。通过案例研究，以钢铁行业的环保责任规范的形成和提升过程，为群体 CSR 规范演化提供解释。特别是，在政企能力共演化的作用下，钢铁行业的环保责任规范表现出非均衡的演化路径，而不是已有研究提出的高位均衡或低位均衡。本书突破"制度安排——企业行为"的群体规范分析范式，将政府的作用机制建立在行为影响之上，扩展了行为视角的群体规范研究。本书发现，在群体规范形成的过程中，政府作为政策制定者、战略引领者和污染治理者，运用自身能力直接参与经营战略、技术标准、环保目标的微观进程，启动群体环保责任规范的提升工程。通过引入政府的市场主体行为，考察政企行为的共变，揭示政府行为如何与企业行为共演化。政企关系不断发生变化，有利于全面认识政府影响力的产生，以及群体规范的形成和提升过程机制，为理解群体规范形成这一主题研究提供新的理解。

①群体 CSR 规范的非均衡性演化路径

群体 CSR 规范演化不同于已有研究发现的均衡性演变，从时间顺序来看，规范执行（与技术融合）和行为结果的发展先于战略选择；在能力结构上，规范观念和规范行为的能力也高于战略选择能力。从群体社会规范的已有研究来看，社会规范的演化路径（战略内化—生产融合—CSR 超规范行为）呈现均衡收敛。群体 CSR 规范要么受到低规范维度影响，向群体抑制发展，要么受高规范维度影响，整体向群体助长发展，最终趋于相对均衡状态。但是钢铁行业环保责任规范呈现出非均衡收敛，是政府和企业两类行为主体共同演化的结果。政府起着战略选择的功能，政府和企业行为的叠加弥补企业环保责任动机不足的状态，从而打破群体低规范均衡的局面。

②政府与企业对环保责任规范的非对称互动机制

群体 CSR 规范能在非均衡状态下持续得到突破性的提升，得益于政企之间的互动反馈。由于环保规范的形成对钢铁企业具有明显的战略意图，加上行业整体发展放缓，政府对企业行为的影响更加主动，企业对政府行为的影响更加被动，路径相对单一。

从政府影响企业行为的机制来看，政府在战略选择、规范执行、行为结果 3 个演化环节均对企业施加直接的影响。从演化视角来看，已有研究认为政府可以介入战略选择，但不宜介入规范执行和行为结果，以免削弱企业的竞争力和技术的多样性发展。本书认为，政府从战略选择和规范执行两个角度来提升钢铁行业的环保规范，在激烈的市场竞争下，企业用数字化、智能化技术内化环保规范，改造生产流程，提升产品质量，不仅没有限制企业技术改进力度，而且加快了技术多样性的形成速度。钢铁行业的环保规范问题，不仅是企业的伦理责任问题，更多地受制于原有的生产工艺和技术装备水平，反应的是落后产能问题。如果任由企业自行发展，经营困境则会带来环保困境。

从企业对政府行为的影响机制来看，企业在规范执行和行为结果这两个维度影响政府战略选择的发展方向。表现为政府主动识别企业能力的变化，调整产业扶持政策，匹配企业内化环保规范的需要，逐步将更多的主动性让位给企业。尽管企业对政府行为的影响强度较低，但对整个行业的技术水平提升，提高环保规范不可或缺。如果政府只是单向对企业施加压力，不根据企业的发展调整政策，则政府行为可能被挤出市场，从而阻碍企业内化环保责任规范。这种现象在其他社会责任领域中并不少见。

③政企行为的共演化模式与行业环保责任规范提升

政企行为的共演化模式从行为分离、行为替代、行为互补的适时转变，构成了钢铁行业环保规范提升的微观基础。钢铁行业的环保问题很大程度是设施、工艺老化的结果，不完全是企业 CSR 理念问题。因此，通过淘汰落后产能，改造工艺流程，并以此为基础，逐步提升技术能力和环保责任规范，是有效方法。为了加快钢铁行业环保责任规范的提升，政府主体对经营战略、技术标准和环保目标的推动十分必要。企业主动内化群体环保责任规范，与生产过程进行融合，提高行业整体的环保责任水平。

(4) 指出了群体规范对个体 CSR 行为影响的中间机制。通过实证研究方法，讨论群体规范对个体 CSR 行为的规范同构效应，企业需要与社会规范同构，才能获得合法性和必要的生存资源。因此，这表明同一行业的 CSR 行为具有一定的相似性。在规范理论的框架下，群体 CSR 规范通过社会规范和社会网络连接影响个体 CSR 行为。群体 CSR 规范与企业社会责任绩效正相关，同时，当企业的行业竞争期望为正时，群体 CSR 规范与企业社会责任之间的正向关系更为显著，当企业的行业竞争期望为负时，群体 CSR 规范与企业社会责任的相关关系不显著，企业更愿意履行社会责任偏离行为。这是以往企业社会责任研究的有益补充。

现有研究更多地关注正式制度对个体 CSR 行为的影响，本研究促进 CSR 研究范式由正式制度驱动转向规范驱动。我们指出群体 CSR 规范在解释企业社会责任行为中起着重要作用，通过约束企业行为，提高了企业的社会责任绩效。本研究通过识别社会规范力量，阐明了其如何影响与社会责任相关决策，有助于理解企业社会责任绩效的决定因素。由于企业社会责任对利益相关者有着实质性的影响，本研究也有助于理解群体 CSR 规范影响企业行为和利益相关者的重要作用，促进全面地理解群体 CSR 规范与企业社会责任绩效。

（5）探索群体 CSR 互动对提升社会信任的影响。本节研究以武汉新冠肺炎疫情期间发生的社会责任互动事件为背景，研究群体 CSR 互动如何建设社会信任生态系统，揭示了群体互动对社会信任系统发生影响的过程和机理。新冠肺炎疫情期间，全国人民对武汉人民的慷慨支援，造就了全民参与社会责任的良好信任环境，社会的快速反应能力体现出群体 CSR 良性互动特征。群体 CSR 良性互动和相互影响对迅速提升社会信任度、建设社会信任生态系统提供了重要支持。

群体 CSR 互动经历了中心互动—平台互动—生态互动三个阶段，推动社会信任从初始化阶段—规范化阶段—生态化阶段演化。党的强有力领导是有效实现生态信任的保障，良性的 CSR 群体互动是社会信任构建的基础，个体 CSR 超规范行为是群体高效反应的保障。群体 CSR 互动产生了不可替代的责任意识，使得群体能够将自身的资源、能力和社会需要联系起来，适应内外环境的动态变化，持续对社会需要做出快速的反应，逐渐形成社会信任的动态能力演化。群体 CSR 互动在开始阶段主要通过教育群体成员的责任意识，促使群体 CSR 规范形成，并以制度的形式明确下来。当群体具备这种能力后，会促进个体 CSR 超规范行为输出。群体互动构建的信任生态系统有利于责任和爱心的传递及复制，这种信任可以复制到其他情景中，表现为社会责任价值理性。这为社会信任的构建提供了新的研究视角。

二、管理启示

本书除上述的理论贡献之外，对企业社会责任实践、对 CSR 管理部门也有着一定的实践意义，具体体现在以下五个方面。

规范偏离视角下企业社会责任群体行为演化及其管理研究

第一，有利于企业认识到自己的社会责任行为与规范是否一致。随着互联网技术的发展，企业的社会责任行为被放大和监督，由此对群体造成的影响也随之放大，群体中的个体可能会因此受到负面（正面）的溢出效应。因此，企业在履行社会责任行为偏离时应谨慎决策。从社会舆论来看，媒体和公众更倾向于 CSR 的偏离行为。偏离行为划分的依据是社会规范和公众预期。事实上，利益相关者对不同企业的 CSR 预期是不同的，那么，同样的 CSR 行为对于一些企业来说是规范一致行为，而对另一些企业来说是低规范行为。有研究表明，与利益相关者的沟通方式（正式或非正式沟通）和动机感知（主动偏离还是被动偏离）对企业规范一致行为感知产生影响，所以企业社会责任实践不仅要关注企业是否有偏离意愿，还要关注社会公众对企业 CSR 期望的高低，这会影响到社会公众对企业 CSR 行为的判断。

第二，从个体 CSR 行为演化过程来看，有利于外部管理者在社会规范的影响下，引导企业积极履行社会责任行为。通过外部制度环境和社会期望的作用，推动企业社会责任从低规范行为—规范一致行为—超规范行为转变。要想企业内化社会规范，履行超规范行为，需要营造出天时地利人和的 CSR 环境。外部政策对 CSR 低规范行为予以严惩，对规范一致行为进行引导；利益相关者对社会 CSR 规范行为形成预期；最重要的是，超规范行为将有助于推动企业的发展。当这三个要素同时成立时，企业才会主动内化社会责任规范。当然，企业的社会责任可以分为战略性社会责任和反应性社会责任。对于战略性社会责任，通过社会规范的影响，是可能内化到企业的经营活动中的；对于反应性社会责任，是企业对社会规范的被动/主动回应，不会实质性地内化到企业的生产链活动中，有助于帮助管理者选择哪种责任行为进行内化。

第三，针对群体环保责任规范的形成和提升难题，本研究发现环保责任规范演化背后的实质是对落后产能的更新和替代的过程。在技术更新换代的过程中，政府在为行业提供制度支持的同时，也要考虑是否可能运用经营、技术力量影响行业规范的形成和提升。在设计企业战略发展的路径时，政府可以同时推动经营、技术、环保等条件的改善，激发企业的能动性，引导企业主动内化群体环保责任规范。政府应根据不同阶段产业发展基础和企业的能动性的具体情况，调整自身的能力结构和行为，既引导企业形成群体规范，又给予企业空间提升群体规范。

第四,从群体规范对个体行为的影响来看,群体 CSR 规范是企业履行社会责任的外部驱动力,对规范企业、监管机构和市场参与者的 CSR 行为有重大影响。对于企业而言,需要考虑外部规范对企业行为的约束,本研究可以引导群体 CSR 规范较高地区的企业积极开展有利于利益相关者的企业社会责任活动,抑制有损利益相关者利益的消极社会行为。对于监管者来说,本研究结果表明,群体 CSR 规范较低地区的企业在社会责任方面的表现通常较差。建议政府部门制订有针对性的措施,鼓励群体 CSR 规范较低地区的企业积极履行社会责任。政府在引导企业承担社会责任时,要促进良好的群体 CSR 规范建设。对市场参与者而言,良好的群体 CSR 规范环境有助于企业更好地履行社会责任。客户和供应商在与企业拓展业务时,应考虑企业所处的群体 CSR 规范环境。

第五,从群体 CSR 互动对社会信任的影响来看,群体互动对社会信任系统构建的过程和机理有指导意义。已有研究讨论通过个体因素、制度因素、社会因素和环境因素形成社会信任,本书提出通过群体 CSR 良性互动可以提升社会信任。社会信任生态系统的建设要根据所处的不同阶段制订相应的规范。社会信任需要根据内部资源和外部需求的变化实现快速响应和调整,需要坚强有力的党的领导。社会信任生态系统的构建历经三个阶段的演化,群体互动从核心成员的个体辐射,到群体力量的形成,到社会各界力量的参与,推动社会信任从中心信任—平台信任—生态信任演化得以形成。

第三节 研究局限和未来研究方向

本节主要是根据前文的研究内容阐述本书的研究局限和未来研究方向,研究局限主要存在案例的选择、具体社会责任的选取以及社会责任的测量、适用的情景等方面,而未来研究方向主要从社会责任内涵的扩展、传统文化思想的引入、内在机制的探讨以及竞争优势的获取等方面给予说明。

规范偏离视角下企业社会责任群体行为演化及其管理研究

一、研究局限

尽管在漫长的群体 CSR 研究过程中，我们通过文献解读、案例分析、实证研究，以及与项目组成员、项目组外其他专业人士的反复沟通，不断修改、完善本研究，但终因专业能力、知识积累、时间精力等方面的限制，本研究仍然存在以下几个方面的局限性。

第一，对于个体企业 CSR 从服从到内化的演化，采用单案例研究。尽管本研究揭示了国企的外部制度环境和社会期望对其社会责任行为的演化之间的关系，得出了一些有理论价值和实践意义的结论，但还存在一些不足之处。无论是企业的超规范还是低规范行为，都有其当时存在的合理性，因此通过了解企业规范偏离行为的动机和影响因素，有助于更深入地研究企业规范偏离行为的影响路径。此外，本研究采用国企的社会责任演化个案，而国企与民营企业在社会责任表现上具有差异性，可能导致得出的结论没有代表性。在今后的研究中，我们将进一步采集和分析其他类型企业行业和市场的案例，对本节研究得出的结论进行补充和完善，系统地揭示企业社会责任行为演化和管理机理。

第二，对于群体 CSR 规范形成和变迁的研究，采用纵向案例研究。但是政企行为共演化模式并不排他，不同情境下，不同群体规范的形成可能表现出不同的演化模式。值得注意的是，钢铁行业大多是国企，政府对这些企业的经营行为可以直接领导，而对其他行业，政府并不具备这样的地位。因此，将来的研究可以选择多案例进行分析，找到更有普适性的结论。政企互动并不是行业环保责任规范的形成和提升的唯一方式，比如群体规范与社会网络结构及其互动特征密切相关，探索企业的社会网络结构对群体 CSR 规范演化的影响，对完善本研究框架有重要意义。此外，政府对企业行为形成补充或替代关系，要求政府本身高度关注群体规范。但是对政府没有深度嵌入的行业，如何促进规范提升，还有待深入研究。

第三，在群体规范对个体 CSR 影响的研究中，采用实证研究方法，不可避免地存在一些局限性。群体 CSR 规范采用行业的 CSR 数据，而企业所属的群体不仅只有行业，还可能有地区、产业链、社会网络等。在未来的研究中，我们可以将群体 CSR 规范研究扩展到社会网络结构，更准确地探讨群体 CSR

规范的影响。本书的另一个局限性与我们对企业社会责任绩效的衡量有关。我们用来衡量企业社会责任的变量是基于一家专业评级机构对企业社会责任绩效的评级。但任何专业机构的评级都不足以全面、准确地评价上市公司的社会责任绩效，因为每个评级机构采用的评价体系不同。因此，需要采用多种方法对企业社会责任进行多维测量。此外，企业社会责任的影响因素正从正式制度研究向社会规范研究过渡，将来的研究可以在社会规范视角下更深入地研究社会舆论或社会关系等。

第四，在群体 CSR 互动对社会信任影响的研究中，研究的局限性在于以二手数据为主要来源，容易造成信息选择的偏差。为了解决以上问题，本书使用网络、新闻、文献等二手数据进行相互验证，确保案例信息的准确性。新冠肺炎疫情作为突发性的重大公共事件，得到了政府强有力的干预，吸引了社会各界的广泛关注和爱心传递，推动企业履行社会责任规范一致行为，社会信任生态系统得以形成。但疫情背景下建立的高社会信任度是否能复制到其他情景中，是否提高整体社会信任度；疫情常态化期间，社会信任度会保持高位均衡，还是恢复到原来的水平，尚不清楚。同时，本书采用案例到理论的分析性归纳原理，在未来的研究中，可以尝试通过定量研究的方法，更好地揭示群体 CSR 互动对社会信任生态系统构建的过程机理，深入探讨在正常的社会情景下，如何通过群体 CSR 互动，构建重复博弈模型，提高社会信任度。

二、未来研究方向

在本书的写作过程中，笔者发现规范偏离视角下企业社会责任群体行为演化和管理这一主题的研究空间越来越大。而本书针对企业社会责任群体行为演化的研究仅仅是其冰山之一角，为了更好地研究这一主题，笔者认为未来可以从以下几个方向着手。

第一，关于个体企业 CSR 从服从到内化的演化研究，本研究采用单案例分析方法，希望可以剖析企业社会责任演化的黑箱。由于案例样本的原因，国企的环保责任问题受到政府、主管部门和社会公众的广泛监督，那么通过案例得出的企业社会责任内化过程是否适用于其他企业还有待进一步研究。比如对民营或中小企业，其社会责任问题不那么受关注，这些企业如何去内化社会责任规范，值得进一步研究。企业社会责任从 CSR 低规范行为到规范一致行为的转变过程中，有很多因素起作用，本研究选取外部制度环境和公众的期望两个影响因素，它们对案例企业内化社会责任规范有重要作用。但是，如果分析其他行业，可能会有其他的影响因素推动其企业社会责任行为改变，将来可以从社会舆论、媒体关注、技术进步等方面进行探讨。通过对案例企业的分析，我们发现企业社会责任的工具理性起作用，战略性责任行为含有利己行为，更容易内化规范。而反应性责任行为更多的是利他行为，不容易内化规范。CSR 工具理性有一个基本的假设，在没有外界压力的情况下，企业自己会选择 CSR 低规范行为。这一基本假设在某些特殊的情景下是不成立的，比如武汉新冠肺炎疫情期间，很多企业和个人主动选择 CSR 超规范行为，完全是一种利他行为，CSR 工具理性没法很好地解释这种现象。在后面的研究中，我们指出这是企业层面输出结果的限制，如果从社会价值的角度，可以更好地解释这种现象，因此，未来的研究可以从这个思路出发，研究企业的社会价值理性行为。

第二，关于群体规范形成和变迁的研究，我们通过纵向的案例研究，指出政企共同演化对钢铁行业环保责任规范的形成和提升有很大影响。但是，我们选择的行业具有典型性，研究结论是否适用于其他行业还值得商榷。对一些政府干预少的行业，还存在其他的重要利益相关者的影响，比如消费者、投资者、价值链的参与者、平台生态企业与企业共演化，推动群体 CSR 的形成和提升，还值得进一步研究。群体规范的形成分为三个阶段，规范形成—规范转入—规范固化，这是从过程角度来进行划分的，也可以从其他的角度来进行研究，比如从群体 CSR 规范对企业的约束程度，与企业在社会网络中的位置有关，政企共演化关系可能会发生变化。此外，群体 CSR 规范具有不连续性，在 2020 年新冠肺炎疫情期间，社会信任度很高，群体 CSR 规范水平自然会提高。在疫情常态化阶段，群体 CSR 规范如何来约束个体行为，利益相关者如何来评价企业的 CSR 行为值得进一步研究。

第三，在群体规范对个体 CSR 影响的研究中，通过第三方机构对上市公司的 CSR 评分来衡量群体的 CSR 水平，但是第三方机构主要采用企业主动提供的数据进行评价，公众对企业的态度和评价可能与第三方机构数据有差异，从不同利益相关者角度来研究社会规范的同构效应还值得进一步研究。对上市公司来讲，行业的竞争预期是重要的绩效指标，我们验证了行业的竞争预期对规范同构效应的调节作用，事实上，从社会学的角度来看，社会比较的不同方向也会产生不同的效果；也有研究证实对不同产权属性的企业，群体对个体的影响不同；对不同生态位的企业来说，规范同构效应的程度可能不同，后续的研究可以进一步讨论规范同构效应的边界问题。规范同构相对于制度同形来讲，可能不是独立存在的，在一些行业，制度同形的影响更大，比如钢铁行业，那么对这些行业，规范同构效应与制度同形的交互影响也值得研究。

第四，在群体 CSR 互动对社会信任影响的研究中，大部分研究承认社会信任度的差异会影响企业的社会责任行为，也会促进影响群体 CSR 良性互动。但是很少研究关注企业的社会责任偏离行为如何推动群体 CSR 良性互动，进一步影响社会信任。在实际的社会情景中，社会信任是以人性为基础的，由于人性的变化不大，社会信任的整体变化也不大，我们很难观察到社会信任的形成和提升过程，更容易看到的是社会信任对个体行为的影响。选择武汉新冠肺炎疫情期间企业 CSR 互动对社会信任的影响作为案例进行研究，我们指出社会信任在这一背景下具有明显的良性互动性和生态性。但是，疫情过后，这一社会信任度会如何发生变化，是会回落到之前的水平，还是有一定的提升作用，值得进一步的追踪研究。同时，也存在某些群体、某些地方的社会信任度显著地高于其他群体和地区，识别不同情境下群体 CSR 互动对社会信任的影响程度是未来研究的方向之一。

综上所述，在规范偏离视角下企业社会责任群体行为的演化和管理这一大的主题下，本书的研究才刚刚开始，还有很多的问题没有解决，在上述认识研究的局限性和未来研究方向的描述基础上，可以看到还有很多有价值、有意义的问题等待着我们继续研究，期待在以后的研究中可以产出更多的成果。

参考文献

[1] 陈瑞,郑毓煌,刘文静. 中介效应分析:原理、程序、Bootstrap方法及应用[J]. 营销科学学报,2013(4):120-135.

[2] 陈天祥,姚明. 个人捐赠非营利组织的行为影响因素研究——基于广州市的问卷调查[J]. 浙江大学学报(人文社会科学版),2012(4):114-131.

[3] 崔淼,欧阳桃花,徐志. 基于资源演化的跨国公司在华合资企业控制权的动态配置——科隆公司的案例研究[J]. 管理世界,2013(6):153-169.

[4] 陈晓萍,徐淑英,樊景立. 组织与管理研究的实证方法[M]. 北京:北京大学出版社,2010.

[5] 戴维. 迈尔斯. 社会心理学:8版[M]. 张智勇,乐国安,侯玉波,等译. 北京:人民邮电出版社,2006.

[6] 杜兰英. 中国非营利组织个人捐赠吸引力研究[M]. 北京:科学出版社,2012.

[7] 方杰,张敏强,邱皓政. 中介效应的检验方法和效果量测量:回顾与展望[J]. 心理发展与教育,2012(1):105-111.

[8] 菲利普·科特勒. 营销管理[M]. 梅清豪,译. 上海:上海人民出版社,2003.

[9] 高辉,郝佳,周懿瑾. 洋名好还是土名好——中国仿洋和仿古品牌命名研究[J]. 商业经济与管理,2010年(10):61-68.

[10] 高鉴国. 中国慈善捐赠机制研究[M]. 北京:社会科学文献出版社,2015.

[11] 高勇强,陈亚静,张云均. "红领巾"还是"绿领巾":民营企业慈善捐赠动机研究[J]. 管理世界,2012(8):106-114.

[12] 高勇强,何晓斌,李路路. 民营企业家社会身份、经济条件与企业慈善捐赠[J]. 经济研究,2011(12):111-123.

[13] 葛建华,冯云霞. 企业家公众形象、媒体呈现与认知合法性——基于中国民营企业的探索性实证分析[J]. 经济管理,2011(3):101-107.

参考文献

[14] 侯俊东, 杜兰英. 影响个人捐赠决策的感知特性及其维度结构——基于中国的实证经验 [J]. 公共管理学报, 2011, 8 (2): 109-118.

[15] 侯俊东. 非营利组织感知特性对个人捐赠行为影响研究 [D]. 武汉: 华中科技大学, 2009.

[16] 黄敏学, 李小玲, 朱华伟. 企业被"逼捐"现象的剖析: 是大众"无理"还是企业"无良"? [J]. 管理世界, 2008 (10): 115-126.

[17] 贾磊, 刘春雷, 张庆林. 群体实体性在社会认知中的作用 [J]. 宁波大学学报, 2010, 32 (2): 32-34.

[18] 江鸿, 吕铁. 政企能力共演化与复杂产品系统集成能力提升——中国高速列车产业技术追赶的纵向案例研究 [J]. 管理世界, 2019 (5): 112-131, 205.

[19] 姜永志, 张海钟. 文化品性: 中国本土心理学的传统超越 [J]. 阴山学刊, 2012 (2): 16-20.

[20] 克里斯托弗. 洛夫洛克, 约亨. 沃茨. 服务营销 [M]. 谢晓燕, 赵伟韬, 译. 北京: 中国人民大学出版社, 2010 (6).

[21] 孔维民. 道德品质中利他与利己关系分析 [J]. 教育理论与实践, 2006, (21): 60-62.

[22] 李爱梅, 等. 金钱概念启动对亲社会行为的影响及其决策机制 [J]. 心理科学进展, 2014, 22 (5): 845-856.

[23] 李彬, 鲁芳. "做人"是一种德性——兼论个体道德的起点 [J]. 道德与文明, 2017 (3): 61-64.

[24] 李敬强, 刘凤军. 企业慈善捐赠对市场影响的实证研究 [J]. 中国软科学, 2019 (6): 160-166.

[25] 李清, 卫海英, 杨德锋. 顾客——一线员工拟亲关系对顾客重购意愿的影响——沟通风格、感知背叛的调节作用 [D]. 广州: 暨南大学, 2013.

[26] 李天紫. "时间就是金钱"文化内涵的认知对比分析 [J]. 太原大学教育学院学报, 2008 (4): 89-94.

[27] 连燕玲, 叶文平, 刘依琳. 行业竞争期望与组织战略背离——基于中国制造业上市公司的经验分析 [J]. 管理世界, 2019 (8): 155-172.

[28] 梁建, 陈爽英, 盖庆恩. 民营企业的整治参与、治理结构与慈善捐赠 [J]. 管理世界, 2010 (7): 109-118.

[29] 梁漱溟. 中国文化要义 [M]. 上海: 上海世纪出版集团, 2005.

[30] 林志扬，肖前，周志强. 道德倾向与慈善捐赠行为关系实证研究——基于道德认同的调节作用 [J]. 外国经济与管理, 2014, 36 (6): 15-23.

[31] 刘柏，卢家锐. "顺应潮流"还是"投机取巧"：企业社会责任的传染机制研究 [J]. 南开管理评论, 2019 (4): 182-194.

[32] 刘海健. 制度环境、组织冗余与捐赠行为分析：在华中外合资企业捐赠动机对比研究 [J]. 管理评论, 2013, 26 (8): 71-76.

[33] 卢正文，刘春林. 产品市场竞争影响企业慈善捐赠的实证研究 [J]. 管理学报, 2011 (7): 1067-1074.

[34] 吕铁，贺俊. 政府干预何以有效：对中国高铁技术赶超的调查研究 [J]. 管理世界, 2019 (9): 152-163.

[35] 任杰，金志成，壮嘉慧. 信息模糊性与时间充裕性在社会两难决策中的作用 [J]. 心理研究, 2009 (2): 32-36.

[36] 沈琴. 道德认同 [D]. 长沙：湖南师范大学, 2009.

[37] 孙芝慧. CSR信息披露对企业融资约束的非单调作用机制——基于和讯网企业社会责任评级数据的分析 [J]. 绿色财会, 2016 (4): 16-23.

[38] 孙彦，李纾，殷晓莉. 决策与推理的双系统——启发式系统和分析系统 [J]. 心理科学进展, 2007 (5): 721-845.

[39] 田雪莹，蔡宁. 企业慈善捐赠行为研究——基于上海企业的实证分析 [J]. 科技进步与对策, 2009 (20): 102-105.

[40] 王端旭，潘奇. 企业慈善捐赠带来价值回报吗——以利益相关者满足程度为调节变量的上市公司实证研究 [J]. 中国工业经济, 2011 (7): 118-128.

[41] 王官城. 消费者心理学 [M]. 北京：电子工业出版社, 2006.

[42] 王景峰，田虹. "惩恶扬善"与"隐恶扬善"——企业环境社会责任的真实作用 [J]. 经济管理, 2017 (9): 49-65.

[43] 王新刚，熊涛，贾淑青. 中国企业家慈善捐赠行为特征研究 [J]. 中南财经政法大学研究生学报, 2014 (1): 103-109.

[44] 王新刚，黄静. 企业家社会责任行为偏离对品牌形象的影响 [J]. 软科学, 2014 (28): 66-69.

[45] 王雁飞，朱瑜. 利他主义行为发展的理论研究述评 [J]. 华南理工大学学报（社会科学版）, 2003 (4): 37-41.

[46] 文崇一. 道德与富贵：中国人的价值冲突 [M] //汉学研究中心. 中国人的价值

观：国际研讨会论文集. 台北：汉学研究中心，1992.

[47] 吴明隆. 问卷统计分析实务——SPSS 操作与运用 [M]. 重庆：重庆大学出版社，2010.

[48] 吴小勇. 身份凸显性：启动自我的开关 [J]. 心理科学进展，2011（5）：712-722.

[49] 吴艳，温忠麟. 与零假设检验有关的统计分析流程 [J]. 心理科学，2011（1）：230-234.

[50] 肖红军. 国有企业社会责任的发展与演进：40 年回顾和深度透视 [J]. 经济管理，2018（10）：7-28.

[51] 谢天，周静，俞国良. 金钱启动研究的理论与方法 [J]. 心理科学进展，2012（6）：918-925.

[52] 许正良，刘娜. 基于持续发展的企业社会责任与企业战略目标管理融合研究 [J]. 中国工业经济，2008，246（9）：129-141.

[53] 徐麟. 中国慈善事业发展研究 [M]. 北京：中国社会出版社，2005.

[54] 杨国枢. 中国人的社会取向：社会互动的观点 [J]. 中国社会心理学评论，2005（1）：21-54.

[55] 杨韶刚. 西方道德心理学的新发展 [M]. 上海：上海教育出版社，2007.

[56] 杨晓莉，刘力. 社会群体的实体性：回顾与展望 [J]. 心理科学进展，2012，20（8）：1314-1321.

[57] 张宏伟，李晔. 两种道德自我调节机制下的道德行为 [J]. 心理科学进展，2014，22（7）：1178-1187.

[58] 赵晓琴，万迪昉. 影响中国企业赈灾捐款的省区因素——"5·12"地震内地企业捐款实证研究 [J]. 管理评论，2012，24（2）：171-176.

[59] 郑琴琴，陆亚东. "随波逐流" 还是 "战略选择"：企业社会责任的响应机制研究 [J]. 南开管理评论，2019，21（4）：169-191.

[60] 邹萍. "言行一致" 还是 "投桃报李"？——企业社会责任信息披露与实际税负 [J]. 经济管理，2018（3）：159-176.

[61] 庄贵军，周南，周连喜. 国货意识、品牌特性与消费者本土品牌偏好 [J]. 管理世界，2006（7）：85-95.

[62] Aaker J L, Akutsu S. Why do people give? The role of identity in giving [J]. Journal of Consumer Psychology, 2009, 19（3）：267-270.

[63] Aaker, Jennifer Lynn, Benet Martínez, Verónica; Garolera, Jordi. Consumption Symbols as Carriers of Culture: A Study of Japanese and Spanish Brand Personality Constructs [J]. Journal of Personality and Social Psychology, 2001, 81 (3): 492-508.

[64] Abagail Mcwilliams, Donald Siegel. Corporate Social Responsibility: a Theory of the Firm Perspective [J]. Academy of Management Review, 2001, 26 (1): 117-127.

[65] Aggarwal, P., and Law, S. Role of Relationship Norms in Processing Brand Information [J]. Journal of Consumer Research, 2005, 32 (12): 453-464.

[66] Aggarwal, P. The Effects of Brand Relationship Norms on Consumer Attitudes and Behavior [J]. Journal of Consumer Research, 2004, 31 (1): 87-101.

[67] Andreoni J. Giving with impure altruism: applications to charity and Ricardian equivalence [J]. The Journal of Political Economy, 1989, 23 (3): 1447-1458.

[68] Aron, Arthur, Elaine N. Aron, and Danny Smollan. Inclusion of the Other in the Self Scale and the Structure of Interpersonal Closeness [J]. Journal of Personality and Social Psychology, 1992, 63 (10): 596-612.

[69] Baron R. M., Kenny D. A. The moderator-mediator variable distinction in social psychological research: Conceptual, strategic, and statistical considerations [J]. Journal of personality and social psychology, 1986, 51 (6): 1173-1182.

[70] Bartels D M, Burnett R C. A group construal account of drop-in-the-bucket thinking in policy preference and moral judgment [J]. Journal of Experimental Social Psychology, 2011, 47 (1): 50-57.

[71] Batson C D. Prosocial motivation: Is it ever truly altruistic? [J]. Advances in Experimental Social. 1987, 20.

[72] Baumeister R. F., Campbell J. D., Krueger J. I., et al. Does high self-esteem cause better performance, interpersonal success, happiness, or healthier lifestyles? [J]. Psychological science in the public interest, 2003, 4 (1): 1-44.

[73] Becker G. M., DeGroot M. H., Marschak J. Measuring utility by a single-response sequential method [J]. Behavioral science, 1964, 9 (3): 226-232.

[74] Bekkers R. Giving Time and/or Money: Trade-off or Spill-over? [D]. Groningen: University of Groningen, 2002.

[75] Belacchi C, Farina E. Prosocial/Hostile Roles and Emotion Comprehension in Preschoolers [J]. Aggressive Behavior, 2010, 36 (10): 371-389.

[76] Blau, P. Exchange and Power in Social Life [M], New York: Wiley, 1964.

[77] Brammer S., A. Millington and S. Pavelin. Is Philanthropy Strategic? An Analysis of the Management of Charitable Giving in Large UK Companies [J]. Business Ethics: A European Review, 2006, 15 (3): 234-245.

[78] Broemer P., Diehl M. Evaluative contrast in social comparison: The role of distinct and shared features of the self and comparison others [J]. European journal of social psychology, 2017, 34 (1): 25-38.

[79] Burger et al. The Effect of Fleeting Attraction on Compliance to Requests [J]. Personality and Social Psychology Bulletin, 2001, 27 (12): 1578-1586.

[80] Burger et al. What a coincidence! The effects of incidental similarity on compliance [J]. Personality and Social Psychology Bulletin, 2018, 30 (1): 35-43.

[81] Burt C et al. Use of images in charity advertising: Improving donations and compliance rates [J]. International Journal of Organizational Behavior, 2014, 8 (8): 571-580.

[82] Callero P L. Role-identity salience [J]. Social Psychology Quarterly, 1985, 48 (3): 203-215.

[83] Campbell L, Gulas C S. The Effect of Cause Related Marketing (CRM) on Emotions and Attitudes//Proceedings of the 1996 Academy of Marketing Science (AMS) Annual Conference [C]. Paris: Springer International Publishing, 2015: 238-242.

[84] Campbell T D. Common Fate, Similarity and Other Indices of the Status of Aggregates of Persons as Social Entities [J]. Behavioral Science, 1958, 3 (1): 14-25.

[85] Campbell W. K., Sedikides C. Self-threat magnifies the self-serving bias: A meta-analytic integration [J]. Review of general Psychology, 1999, 3 (1): 23-43.

[86] Carroll, Archie B. Corporate social responsibility evolution of a definitional construct [J]. Business and society, 1999, 38 (3): 268-295.

[87] Chang, C. T. To donate or not to donate? product characteristics and framing effects of cause-related marketing on consumer purchase behavior [J]. Psychology and Marketing, 2008, 25 (12), 1089-1110.

[88] Cialdini R. B., Demaine L. J., Sagarin B. J., et al. Managing social norms for persuasive impact [J]. Social influence, 2006, 1 (1): 3-15.

[89] Cialdini R. B., Kallgren C. A., Reno R. R. A focus theory of normative conduct: A theoretical refinement and reevaluation of the role of norms in human behavior [J]. Ad-

vances in experimental social psychology, 1991, 24 (20): 1-24.

[90] Cialdini R. B., Reno R. R., Kallgren C. A. A focus theory of normative conduct: recycling the concept of norms to reduce littering in public places [J]. Journal of personality and social psychology, 1990, 58 (6): 1015-1026.

[91] Clark, M. S., and Mill, J., The Difference between Communal and Exchange Relationship: What it is and is not [J]. Personality and Social Psychology Bulletin, 1993, 4 (15): 684-691.

[92] Clark, M. S. Evidence for the Effectiveness of Manipulations of Communal and Exchange Relationships [J]. Personality and Social Psychology Bulletin, 1986, 12 (4): 414-425.

[93] Coopersmith S. The antecedents of self-esteem [M]. Palo Alto: Consulting Psychologists Press, 1967.

[94] Côtè, and Stèphane. Reconciling the feelings – as – information and hedonic contingency models of how mood influences systematic information processing [J]. Journal of Applied Social Psychology, 2005, 35 (8): 1656-1679.

[95] Deborah J. Webb, Corliss L. Green, Thomas G. Brashear, 2000, Development and Validation of Scales to Measure Attitudes Influencing Monetary Donations to Charitable Organizations [J]. Journal of the Academy of Marketing Science, 2000, 28 (2): 299-309.

[96] Debra, G., and Deborah, G. Exploring conspicuousness in the context of donation behavior [J]. International Journal of Nonprofit and Voluntary Sector Marketing, 2006 (11): 147-154.

[97] Dickert, S, Namika, and PauL S. Affective Motivations to Help Others: A Two-Stage Model of Donation Decisions [J]. Journal of Behavioral Decision Making, 2018, 24 (4): 331-442.

[98] Eisenberg, N. and Strayer, J. Critical Issues in the Study of Empathy. In N. Eisenberg, and Strayer (Eds), Empathy and Its Development [M]. New York: Cambridge University Press, 1987.

[99] Ellingsen, T., and Johannesson, M. Conspicuous generosity [J]. Journal of Public Economics, 2011, 95 (9): 1131-1143.

[100] Feldman N E. Time is money: Choosing between charitable activities [J]. American

Economic Journal: Economic Policy, 2010 (1): 103-130.

[101] Finkel E. J., Eastwick P W. Speed-dating [J]. Current Directions in Psychological Science, 2008, 17 (3): 193-197.

[102] Fisher R J, Vandenbosch M, Antia K D. An empathy - helping perspective on consumers' responses to fund-raising appeals [J]. Journal of Consumer Research, 2008, 35 (3): 519-531.

[103] Fontana G. Money, uncertainty and time [M]. London: Routledge, 2008.

[104] Foreh and M. R., Deshpande R. What we see makes us who we are: Priming ethnic self-awareness and advertising response [J]. Journal of Marketing Research, 2015, 38 (3): 336-348.

[105] Fornell C., Larcker D. F. Evaluating structural equation models with unobservable variables and measurement error [J]. Journal of marketing research, 1981, 18 (1): 39-50.

[106] Friedman, Milton. The Social Responsibility of Business Is to Increase Profits [J]. New York Times Magazine, 1970 (9): 32-33.

[107] Galak, Jeff, Deborah Small, and Andrew Stephen. Micro Finance Decision Making: A Field Study of Prosocial Lending [J]. Journal of Marketing Research, 2011 (48): 130-137.

[108] Geier, Andrew B., Paul Rozin, and Gheor GheDoros. Unit Bias: A New Heuristic That Helps Explain the Effect of Portion Size on Food Intake [J]. Psychological Science, 2006, 17 (6): 521-535.

[109] Grace D, Griffin D. Conspicuous donation behaviour: scale development and validation [J]. Journal of Consumer Behavior, 2009, 8 (1): 14-25.

[110] Greenwald A G, Banaji M R, Rudman L A, et al. A unified theory of implicit attitudes, stereotypes, self-esteem, and self-concept [J]. Psychological review, 2002, 109 (1): 3-25.

[111] Guéguen et al. The Effects of Incidental Similarity with a Stranger on Mimicry Behavior [J]. Open Behavioral Science Journal, 2012 (6): 15-22.

[112] Hair J. F., Black W. C., Babin B. J., et al. Multivariate data analysis [M]. New York: Pearson Prentice Hall, 2006.

[113] Han C M. Country Images: Halo oh Summary Construct? [J]. Journal of Marketing

Research, 1989, (2): 235-256.

[114] Harrison J. S., Freeman R. E. Stakeholders, social responsibility, and performance: empirical evidence and theoretical perspectives [J]. Academy of management Journal, 1999, 42 (5): 479-485.

[115] Harter S. The perceived competence scale for children [J]. Child development, 1982: 87-97.

[116] Hoelter J. W. The analysis of covariance structures goodness-of-fit indices. Sociological Methods and Research [J]. 1983, 11 (3): 325-344.

[117] Hoffman M L. Empathy and Moral Development Implications for Caring and Justice [M]. Cambridge: Cambridge University Press, 2000.

[118] Hogg M. A., Turner J. C, Davidson B. Polarized norms and social frames of reference: A test of the self-categorization theory of group polarization [J]. Basic and Applied Social Psychology, 1990, 11 (1): 77-100.

[119] J A Piliavin et al. Altruism: A Review of Recent Theory and Research [J]. Annual Review of Sociology, 1990 (16): 27-65.

[120] Jaffe, E. D. and Nebenzahl, I. D. National Image and Competitive Advantage: the Theory and Practice of Country-of-Origin Effect [J]. Copenhagen: Copenhagen Business School Press, 2001.

[121] Jeff Galak, Deborah A. Small, and Stephen, A. T. Microfinance decision making: a field study of prosocial lending [J]. Journal of Marketing Research, 2011, 48 (47): 130-137.

[122] Jing, L., N. Dawar, et al. Negative Spillover in Brand Portfolios: Exploring the Antecedents of Asymmetric Effects [J]. Journal of Marketing, 2018, 72 (3): 111-123.

[123] Karl Aquino et al. The self-importance of moral identity [J]. Journal of Personality and Social Psychology, 2002, 83 (6): 1423-1440.

[124] Kaynak E., Ali Kara, Orsay Kucukemiroglu, and Desalegn Abraha. An Empirical Examination of the Characteristics and Behavioral Tendencies of Swedish Consumers in Patronizing Different Retail Stores [J]. Journal of Euro-marketing, 2005, 14 (4): 35-51.

[125] Keim G. D. Corporate social responsibility: An assessment of the enlightened self-in-

terest model [J]. Academy of Management Review, 1978, 3 (1): 32-39.

[126] Kirmani, Amn. The Effect of Perceived Advertising Costs on Brand Perceptions [J]. Journal of Consumer Research, 1990, 17 (9): 160-171.

[127] Kivetz, Ran, Yift Kivetz. Reconciling Mood Contingency and Mood Regulation: The Role of Psychological Distance [D]. New York: Columbia University, 2006.

[128] Kocher, M. G., and Sutter, M. Time is money—Time pressure, incentives, and the quality of decision-making [J]. Journal of Economic Behavior and Organization, 2006, 61 (3), 375-392.

[129] Korenok, O., Millner, E. L., and Razzolini, L. Taking, giving, and impure altruism in dictator games [J]. Experimental Economics, 2013, 17 (3), 488-500.

[130] Koschate-Fischer, N., and Hoyer, W. D. Willingness to pay for cause-related marketing: the impact of donation amount and moderating effects [J]. Journal of Marketing Research, 2012, 49 (6), 910-927.

[131] Kulviwat, S., Ii, G. C. B., and Al-Shuridah, O. The role of social influence on adoption of high tech innovations: the moderating effect of public/private consumption [J]. Journal of Business Research, 2009, 62 (7), 706-712.

[132] Kurt, and Didem. The influence of friends on consumer spending: the role of agency—communion orientation and self-monitoring [J]. Journal of Marketing Research, 2011, 48 (4), 741-754.

[133] Kyeonhheui Kim, Meng Zhang. Effects of Temporal and Social Distance on Consumer Evaluations [J]. Journal of Consumer Research, 2008, 25 (10): 62-71.

[134] Lam T C, Small K A. The value of time and reliability: measurement from a value pricing experiment [J]. Transportation Research Part E: Logistics and Transportation Review, 2001, 37 (2): 231-251.

[135] Lan Jiang et al. The Persuasive Role of Incidental Similarity on Attitudes and Purchase Intentions in a Sales Context [J]. Journal of Consumer Research, 2010, 36 (5): 778-791.

[136] Lawrence E J, Shaw P, Baker D, et al. Measuring empathy: reliability and validity of the Empathy Quotient [J]. Psychological medicine, 2004, 34 (5): 911-920.

[137] Layard R. Happiness: Lessons from a New Science [M]. London: Penguin Books, 2005.

[138] Leary, Mark R., and Robin M. Kowalski. Impression Management: A Literature Review and Two-Component Model [J]. Psychological Bulletin, 1990, 107 (1): 34-47.

[139] Leclerc, France, Bernd Schmitt, and Laurette Dube. Waiting Time and Decision Making: Is Time Like Money? [J]. Journal of Consumer Research, 1995, 22 (6): 110-119.

[140] Lee et al. Measuring belongingness: The Social Connectedness and Social Assurance Scales [J]. Journal of Counseling Psychology, 1995 (42): 232-241.

[141] Lee et al. The relationship between social connectedness and anxiety, self-esteem, and social identity [J]. Journal of Counseling Psychology, 1998 (45): 338-345.

[142] Lee J., Shrum L. J. Conspicuous consumption versus charitable behavior in response to social exclusion: A differential needs explanation [J]. Journal of Consumer Research, 2012, 39 (3): 530-544.

[143] Lee L., Piliavin J. A., Call V. R. A. Giving time, money, and blood: Similarities and differences [J]. Social psychology quarterly, 1999, 62 (3): 276-290.

[144] Leland Campbell, Charles S. Gulas, Thomas S. Gruca. Corporate Giving Behavior and Decision-Maker Social Consciousness [J]. Journal of Business Ethics, 1999, 19 (4): 375-383.

[145] Lennox R. D., Wolfe R. N. Revision of the self-monitoring scale [J]. Journal of Personality and Social Psychology, 1984, 46 (6): 1349-1364.

[146] Lichtenthal et al. Toward a Theory of Business Buyer-Seller Similarity [J]. Journal of Personal Selling and Sales Management, 2001, 21 (1): 1-14.

[147] Lickel B, Hamiltion D L, Wieczorkowska G, et al. Varieties of Group and the Perception of Group Entitativity [J]. Journal of Personality and Social Psychology, 2000, 78 (2): 223-46.

[148] List, J. A. The market for charitable giving [J]. Journal of Economic Perspectives, 2011, 25 (2), 157-80.

[149] Liu, W. and J. Aaker. The Happiness of Giving: The Time-Ask Effect [J]. Journal of Consumer Research, 2008, 35 (3): 543-557.

[150] Lobel S A, Clair L S. Effects of family responsibilities, gender, and career identity salience on performance outcomes [J]. Academy of Management Journal, 1992, 35 (5): 1057-1069.

[151] Louis H. Amato, Christie H. Amato. The Effects of Firm Size and Industry on Corporate Giving [J]. Journal of Business Ethics, 2007, 2 (3): 229-241.

[152] Mark S. LeClair, Kelly Gordon. Corporate Support for Artistic and Cultural Activities: What Determines the Distribution of Corporate Giving? [J]. Journal of Cultural Economics, 2000, 24 (3): 225-241.

[153] Marsh H. W., Shavelson R. Self-concept: Its multifaceted, hierarchical structure [J]. Educational psychologist, 1985, 20 (3): 107-123.

[154] May Meijer, Frank G. A. de Bakker, Johannes H. Smit, Theo Schuyt. Corporate Giving in the Netherlands 1995-2003: Exploring the Amounts Involved and the Motivations for Donating [J]. International Journal of Nonprofit and Voluntary Sector Marketing, 2006, 11 (1): 13-28.

[155] Mead G, H. Mind. Self and Society from the standpoint of a social behaviorist [M]. Chicago: University of Chicago Press, 1934.

[156] Miller et al. Interpersonal vulnerability and narcissism: A conceptual continuum for understanding and treating narcissistic psychopathology [J]. Psychotherapy, 1992, 29 (3): 216-224.

[157] Mogilner C, Aaker J. The time vs. money effect: Shifting product attitudes and decisions through personal connection [J]. Journal of Consumer Research, 2009, 36 (2): 277-291.

[158] Morris R. I., Biederman D. A. How to give away money intelligently [J]. Harvard Business Review, 1985, 63 (6): 151-159.

[159] Nagashima. A. a Comparison of Japanese and U. S. attitudes Toward Foreign Products [J]. Journal of Marketing Research, 1970 (4): 68-74.

[160] Neugebauer, T., and Traub, S. Public good and private good valuation for waiting time reduction: a laboratory study [M]. Social Choice and Welfare, 2012, 39 (6), 35-57.

[161] Novak Thomas and Donna L, Hoffman. The Fit of Thinking Style and Situation: New Measures of Situation-Specific Experiential and Rational Cognition [J]. Journal of Consumer Research, 2009, 36 (1): 56-72.

[162] Okada E. M., Hoch S. J. Spending time versus spending money [J]. Journal of consumer research, 2004, 31 (2): 313-323.

[163] Ottoni-Wilhelm M, Vesterlund L, Xie H. Why Do People Give? Testing Pure and Impure Altruism [J]. American Economic Review, 2017, 107 (11): 3617-3633.

[164] Owens, T. J., Stryker S., and Goodman. Extending self-esteem theory and research: sociological and psychological currents [M]. Cambridge: Cambridge University Press, 2006.

[165] Park, J. K., and John, D. R. Got to get you into my life: do brand personalities rub off on consumers? [J]. Journal of Consumer Research, 2010, 37 (4), 655-669.

[166] Payne, J. W., Bettman, J. R., and Luce, M. F. When time is money: decision behavior under opportunity-cost time pressure [J]. Organizational Behavior and Human Decision Processes, 1996, 66 (2), 131-152.

[167] Penner L A, Dovidio J F, Piliavin J A, et al. Prosocial behavior: Multilevel perspectives [J]. Annu. Rev. Psychol, 2005, 56 (8): 365-392.

[168] Pfeffer, J., and Devoe, S. E. Economic evaluation: the effect of money and economics on attitudes about volunteering [J]. Journal of Economic Psychology, 2009, 30 (3), 500-508.

[169] Pfeffer, J., and Devoe, S. E. The economic evaluation of time: organizational causes and individual consequences [J]. Research in Organizational Behavior, 2012, 32 (5), 47-62.

[170] Reed A., Aquino K., Levy E. Moral identity and judgments of charitable behaviors [J]. Journal of Marketing, 2007, 71 (1): 178-193.

[171] Reed II A., Aquino K. F. Moral identity and the expanding circle of moral regard toward out-groups [J]. Journal of personality and social psychology, 2003, 84 (6): 1270-1286.

[172] Reno R. R., Cialdini R. B., Kallgren C. A. The trans-situational influence of social norms Moral identity and the expanding circle of moral regard toward out-groups [J]. Journal of personality and social psychology, 1993, 64 (1): 104-112.

[173] Robert J. Williams. Women on Corporate Boards of Directors and their Influence on Corporate Philanthropy [J]. Journal of Business Ethics, 2003, 42 (1): 1-10.

[174] Robert Smith, David Faro and Katherine A. Burson. More for the Many: The Influence of Entitativity on Charitable Giving [J]. Journal of Consumer Research, 2013, 39 (5): 961-976.

[175] Rogers T. B. , Kuiper N. A. , Kirker W. S. Self-reference and the encoding of personal information [J]. Journal of personality and social psychology, 1977, 35 (9): 677-688.

[176] Rosenfeld P. , Giacalone R. A. , Riordan C A. Impression management in organizations: Theory, measurement, practice [M]. New York: Van Nostrand Reinhold, 1995.

[177] Roy F et al. The need to belong: Desire for interpersonal attachments as a fundamental human motivation [J]. Psychological Bulletin, 1995, 117 (3): 497-529.

[178] Rubin K H, Schneider F W. The relationship between moral judgment, egocentrism, and altruistic behavior [J]. Child Development, 1973, 44 (3): 661-665.

[179] Schlenker B R. Impression management: The self-concept, social identity, and interpersonal relations [M]. california: Brooks/Cole Publishing Company, 1980.

[180] Schultz K. L. , Juran D. C. , Boudreau J. W. The effects of low inventory on the development of productivity norms [J]. Management Science, 1999, 45 (12): 1664-1678.

[181] Shang J. , Reed A. , Croson R. Identity congruency effects on donations [J]. Journal of Marketing Research, 2008, 45 (3): 351-361.

[182] Shavelson R. J. , Hubner J. J. , Stanton G. C. Self-concept: Validation of construct interpretations [J]. Review of educational research, 1976, 46 (3): 407-441.

[183] Shih M. , Pittinsky T. L. , Ambady N. Stereotype susceptibility: Identity salience and shifts in quantitative performance [J]. Psychological science, 1999, 10 (1): 80-83.

[184] Small D. A. , Simonsohn U. Friends of victims: Personal experience and prosocial behavior [J]. Journal of Consumer Research, 2008, 35 (3): 532-542.

[185] Small D. A. , Verrochi N. M. The face of need: Facial emotion expression on charity advertisements [J]. Journal of Marketing Research, 2009, 46 (6): 777-787.

[186] Small, D. A. , and Loewenstein, G. Helping a victim or helping the victim: Altruism and identifiability [J]. Journal of Risk and Uncertainty, 2003, 26 (1), 5-16.

[187] Smith J. R. , Louis W. R. Do as we say and as we do: The interplay of descriptive and injunctive group norms in the attitude-behaviour relationship [J]. British Journal of Social Psychology, 2008, 47 (4): 647-666.

[188] Snyder M, Gangestad S. On the nature of self-monitoring: matters of assessment, matters of validity [J]. Journal of personality and social psychology, 1986, 51 (1):

125-139.

[189] Snyder M. Public appearances, private realities: The psychology of self-monitoring [M]. New York: WH Freeman/Times Books/Henry Holt and Co, 1987.

[190] Snyder M. Self-monitoring of expressive behavior [J]. Journal of personality and social psychology, 1974, 30 (4): 526-537.

[191] Soster, R. L. Costs of time versus money: A mental accounting view of satisfaction [D]. Columbia: University of South Carolina, 2011.

[192] Sprott, David E., Eric R. Spangenber, Lauren Block, Gavan Fitzsimons, Vicki Morwitz, Patti Williams. the Question-Behavior Effect: What We Know and Where We Go From Here [J]. Social Influence, 2006, 1 (2): 128-137.

[193] Stephan, D., Namika, S., and Paul, S. Affective motivations to help others: a two-stage model of donation decisions [J]. Journal of Behavioral Decision Making, 2011, 24 (4), 361-376.

[194] Tajfel H. Turner, JC. The social identity theory of intergroup behavior [J]. Psychology of intergroup relations, 1986, 81 (4): 7-24.

[195] Thoits, P. A., and Hewitt, L. N. Volunteer work and well-being [J]. Journal of Health and Social Behavior, 2001, 42 (2): 115-131.

[196] Trope Y., Fishbach A. Counteractive self-control in overcoming temptation [J]. Journal of personality and social psychology, 2000, 79 (4): 493-506.

[197] Turnley W. H., Bolino M. C. Achieving desired images while avoiding undesired images: exploring the role of self-monitoring in impression management [J]. Journal of Applied Psychology, 2001, 86 (2): 351-360.

[198] Varadarajan, P. R., and Menon, A. Cause-related marketing: a coalignment of marketing strategy and corporate philanthropy [J]. Journal of Marketing, 1988, 52 (3): 58-74.

[199] Webb D J, Mohr L A. A typology of consumer responses to cause-related marketing: From skeptics to socially concerned [J]. Journal of Public Policy and Marketing, 1998, 17 (2): 226-238.

[200] White K, Simpson B. When do (and don't) normative appeals influence sustainable consumer behaviors? [J]. Journal of Marketing, 2013, 77 (2): 78-95.

[201] White, K., J. Peloza. Self-Benefit Versus Other-Benefit Marketing Appeals: Their

Effectiveness in Generating Charitable Support [J]. Journal of Marketing, 2009, 73 (4): 109-124.

[202] Winterich K. P., Mittal V., Ross Jr W. T. Donation behavior toward in-groups and out-groups: The role of gender and moral identity [J]. Journal of Consumer Research, 2009, 36 (2): 199-214.

[203] Wright D B. Time Is Money: Opportunity Cost and Physicians' Provision of Charity Care 1996-2005 [J]. Health services research, 2010, 45 (6p1): 1670-1692.

[204] Yin, R. K. Case Study Research: Design and Method (4th) [M]. London: Sage Publications, 2002.

[205] Zhang, R., Z. Rezaee, J. Zhu. Corporate Philanthropic Disaster Response and Ownership Type: Evidence from Chinese Firms' Response to the Sichuan Earthquake [J]. Journal of Business Ethics, 2010, 91 (1): 51-63.

[206] Zhang. Online reviews: The impact of power and incidental similarity [J]. Journal of Hospitality Marketing and Management, 2015, 24 (6): 633-651.

资料索引

1. 武钢集团（现宝武集团）2009—2018年社会责任报告
2. 武钢集团 2009—2018 年年报
3. 武钢集团 1995—2008 年年鉴
4. 钢铁行业发展"八五""九五""十五""十一五""十二五"发展规范
5. 钢铁行业大事记（2008—2018年）
6. 鞍钢股份有限公司 2015—2019 年社会责任报告
7. 鞍钢股份有限公司 2015—2019 年年报
8. 北京首钢股份有限公司 2012—2019 年社会责任报告
9. 北京首钢股份有限公司 2012—2019 年年报
10. 宝山钢铁股份有限公司 2011—2019 年年报
11. 内蒙古包钢钢联股份有限公司 2012—2019 年年报
12. 山东钢铁股份有限公司 2012—2019 年年报
13. 凌源钢铁股份有限公司 2012—2019 年社会责任报告
14. 南京钢铁股份有限公司 2012—2019 年社会责任报告
15. 甘肃酒钢集团钢铁股份有限公司 2012—2019 年年报
16. 安阳钢铁股份有限公司 2010—2018 年社会责任报告
17. 安阳钢铁股份有限公司 2010—2018 年年报
18. 马鞍山钢铁股份有限公司 2012—2019 年年报
19. 柳州钢铁股份有限公司 2010—2018 年年报
20. 重庆钢铁股份有限公司 2010—2018 年社会责任报告
21. 海南矿业股份有限公司 2010—2018 年年报

后　记

在新冠肺炎疫情全球大流行的当下，企业群体的社会责任行为成为抗击疫情战斗中的一支重要力量，受到学者、企业和消费者的广泛关注。然而，由于企业社会责任的理论探索还在起步阶段，目前我们依然无法对规范偏离视角下的企业社会责任群体行为做出具体清晰的描述及管理，因此，要想建立完整的企业社会责任群体行为规范管理体系还有很长的路要走。

在本书的写作过程中，我总感觉心有余而力不足。由于理论知识和实践经验方面的积累不够，我的研究和写作过程充满波折。幸运的是，在项目的申报和书稿的写作过程中，从研究选题到模型框架的构建，从撰写修改到最终成稿，都得到身边老师、亲人、同事及朋友的激励和帮助。每当我因没有方向而产生困惑和焦虑时，总会有人在关键的节点上指点迷津，我由衷地感谢。

我要感谢李忠云校长，李校长在武汉疫情最吃紧的时候，传递武汉战"疫"必胜的坚定信心，让我们积极抗疫、安心工作；在书稿进展不顺的时候，李校长鼓舞我们要有自强自立、自我突破的勇气；在书稿完成后，李校长配套经费支持，使书稿得以顺利出版。李校长赤忱的家国情怀和严谨的治学态度，教我在今后的工作生活中谨记责任和担当，将这份大爱传递给身边的同事和学生。

我要感谢我的团队成员，他们针对书稿研究框架的完善及写作过程中所存在的问题，提出宝贵的意见。正是他们多次在研讨会上给我提建议，不断地打磨，才有今天书稿的完成。我要感谢我的同事刘锡伟、梅秀花、江建亚等老师，中南财经政法大学的赖思源老师，正是他们的帮助才让我有足够的时间思考和完成本书稿的写作。我要感谢知识产权出版社的张水华编辑，她和她的同事们对本书进行了专业而细致的校审。

同时，我要感谢我的家人。是他们教我精进，启发我思考，推动我持续学习，一点一点加强我从事学术研究的信心。他们在我埋头工作的时候支持我，在我遭受怀疑的时候肯定我，在我想要放弃的时候给我希望，我才会在专业上逐渐有了小小的进步。

最后，我要感谢我的女儿杰杰和晓晓。她们满足了一个妈妈的所有期待：她们健康快乐，对我就是春暖花开；她们安稳入睡，对我就是岁月静好；至于她们的各种小调皮，给了我莫大的心安，足以让我勇于面对未来。

谨以此书献给我远在天国的父亲和母亲！

李祖兰
2020年5月于武汉学院